Corinna Koch

TEXTE UND MEDIEN IN FREMDSPRACHENUNTERRICHT UND ALLTAG

Eine empirische Bestandsaufnahme per Fragebogen mit einem Schwerpunkt auf Comics

ibidem-Verlag
Stuttgart

Bibliografische Information der Deutschen Nationalbibliothek
Die Deutsche Nationalbibliothek verzeichnet diese Publikation in der Deutschen Nationalbibliografie; detaillierte bibliografische Daten sind im Internet über http://dnb.d-nb.de abrufbar.

Bibliographic information published by the Deutsche Nationalbibliothek
Die Deutsche Nationalbibliothek lists this publication in the Deutsche Nationalbibliografie; detailed bibliographic data are available in the Internet at http://dnb.d-nb.de.

∞

Gedruckt auf alterungsbeständigem, säurefreien Papier
Printed on acid-free paper

ISSN 1862-2909

ISBN: 978-3-8382-0873-2

© *ibidem*-Verlag

Stuttgart 2017

Alle Rechte vorbehalten

Das Werk einschließlich aller seiner Teile ist urheberrechtlich geschützt. Jede Verwertung außerhalb der engen Grenzen des Urheberrechtsgesetzes ist ohne Zustimmung des Verlages unzulässig und strafbar. Dies gilt insbesondere für Vervielfältigungen, Übersetzungen, Mikroverfilmungen und elektronische Speicherformen sowie die Einspeicherung und Verarbeitung in elektronischen Systemen.

All rights reserved. No part of this publication may be reproduced, stored in or introduced into a retrieval system, or transmitted, in any form, or by any means (electronic, mechanical, photocopying, recording or otherwise) without the prior written permission of the publisher. Any person who does any unauthorized act in relation to this publication may be liable to criminal prosecution and civil claims for damages.

Printed in the EU

Inhaltsverzeichnis

Danksagung **5**
1. Einleitung **7**
2. Forschungsstand zu Comics, Erkenntnisinteresse und Fragestellungen **11**
3. Forschungsdesign **31**
   3.1. Forschungsmethode 31
   3.2. Aufbau des Fragebogens 33
   3.3. Durchführung der Befragung 40
   3.4. Vorgehen bei der Datenauswertung 41
4. Ergebnisse und Diskussion **45**
   4.1. Stichprobenbeschreibung 45
   4.2. Texte und Medien im Alltag der Lernenden 49
      4.2.1. Medienbesitz der Lernenden – Ergebnisse 49
      4.2.2. Medienbesitz der Lernenden – Diskussion 56
      4.2.3. Nutzung von Texten und Medien im Alltag – Ergebnisse 59
      4.2.4. Nutzung von Texten und Medien im Alltag – Diskussion 84
   4.3. Texte und Medien im Fremdsprachenunterricht 89
      4.3.1. Texte und Medien im Englischunterricht – Ergebnisse 89
      4.3.2. Texte und Medien im Französischunterricht – Ergebnisse 106
      4.3.3. Texte und Medien im Lateinunterricht – Ergebnisse 120
      4.3.4. Texte und Medien im Fremdsprachenunterricht – Diskussion 132
   4.4. Wünsche zu Texten und Medien im Fremdsprachenunterricht 142
      4.4.1. Wünsche zu Texten und Medien im FSU – Ergebnisse 142
      4.4.2. Wünsche zu Texten und Medien im FSU – Diskussion 166
   4.5. Bekanntheit von Comichelden 172
      4.5.1. Bekanntheit von Comichelden – Ergebnisse 172
      4.5.2. Bekanntheit von Comichelden – Diskussion 207
   4.6. Comickompetenz der Lernenden 211
      4.6.1. Comickompetenz der Lernenden – Ergebnisse 211
      4.6.2. Comickompetenz der Lernenden – Diskussion 219
   4.7. Comicmotivation der Lernenden 221
      4.7.1. Comicmotivation der Lernenden – Ergebnisse 221
      4.7.2. Comicmotivation der Lernenden – Diskussion 228
5. Konsequenzen für Fremdsprachendidaktik und -unterricht **231**
6. Literaturverzeichnis **239**
7. Anhang **249**

Danksagung

Die Durchführung der vorliegenden Studie wäre ohne die Bereitschaft und Mitwirkung der Schulleitungen, Lehrkräfte, Eltern sowie Schülerinnen und Schüler der drei Gymnasien nicht möglich gewesen. Ihnen allen gilt mein ausdrücklicher Dank. Für die Unterstützung bei der Durchführung, Auswertung und Korrektur danke ich meinem Hilfskräfteteam, allen voran Eva-Lotta Terberger, sowie Oliver Hörstmeier für die SPSS-Einführung.

1. Einleitung

Der Ursprung der vorliegenden Fragebogenstudie geht auf zwei gegensätzliche Einschätzungen zu Comics und Jugendlichen hinsichtlich des Einsatzes dieser Textgattung im Fremdsprachenunterricht zurück, die sich sowohl in der fachdidaktischen Literatur als auch in informellen Gesprächen mit Fremdsprachenlehrkräften und Ausbildern in den letzten Jahren immer wieder gezeigt haben:

Auf der einen Seite wird vielfach zum Ausdruck gebracht, dass es sich bei Comics um eine Textgattung handelt, „die Schüler häufig gern lesen und mit der sie sich zweifelsohne in ihrem Alltag beschäftigen" (Thiele 2013, 32; vgl. auch Leupold 2002, 341). Es wird somit davon ausgegangen, dass Jugendliche Comics rezipieren und schätzen, so dass Lehrkräfte mit dem „lernpsychologischen Faktor der Motivationssteigerung" (Nieweler 2006, 217; vgl. auch Bermejo Muñoz & Vernal Schmidt 2016, 14; Klün 2007, 142; Polleti 1993, 184) rechnen und auf vorhandene „Techniken der Rezeption des Wort-Bild-Mediums" (Leupold 2002, 341) zählen können – wobei bezüglich letzterem Punkt eingeräumt wird, dass diese „unterschiedlich gut" (ebd.) sein können. Zusammenfassend lässt sich diese Position folgendermaßen festhalten: Comics gehören zur jugendlichen Lebenswelt und motivieren per se.

Auf der anderen Seite finden sich zunehmend Studien und Äußerungen, die betonen, dass Comics im Zeitalter der Neuen Medien nur noch eine „Randbeschäftigung" (Treumann et al. 2007, 142 und 146) von Jugendlichen darstellen (vgl. auch Berndt 2014, 49; Dittmar 2011, 7) und gedruckte Bilder nicht (mehr) zwangsläufig die Aufmerksamkeit von Lernenden erlangen können. Dies zieht auch die Frage mit sich, welche Comichelden den Lernenden überhaupt bekannt sind und wie es um ihre Kompetenz bestellt ist, Comics zu rezipieren. Resümierend lässt sich diese Position folgendermaßen festhalten: Comics sind heutzutage kein bedeutsamer Teil der jugendlichen Lebenswelt mehr und motivieren nicht in gleichem Maße wie bewegte Bilder.

Aus diesem Widerspruch ist das Erkenntnisinteresse entstanden zu ergründen, ob heutige Lernende Comics in ihrem Alltag rezipieren, inwiefern Comics im Fremdsprachenunterricht eingesetzt werden, was sich Lernende diesbezüglich wünschen sowie – in Bezug auf ihre Comickenntnisse und -kompetenz – welche Helden fremdsprachlicher Comics die Lernenden kennen und wie es um ihre

Kompetenz bei der Comicrezeption bestellt ist. Gerade weil vermutet wird, dass andere Texte und Medien Comics in Sachen Beliebtheit Konkurrenz machen, liegt es nahe, Angaben zu Alltagsrezeption, Einsatz im Fremdsprachenunterricht und diesbezüglichen Wünschen nicht auf Comics zu beschränken, sondern jeweils Informationen zu weiteren relevanten Texten und Medien zu erheben. Die vorliegende Studie legt somit zwar ihren Schwerpunkt auf Comics, die ermittelten Ergebnisse bieten jedoch gleichzeitig wertvolle Hinweise zur häuslichen Verwendung sowie zum Einsatz im Fremdsprachenunterricht und der diesbezüglichen Wünsche der Lernenden hinsichtlich folgender Texte und Medien: Romane, Kurzgeschichten, Gedichte, Zeitungsartikel, Zeitschriftenartikel, Comics, Mangas, Karikaturen, Fotos, Lieder/Musik, Filme, Fernsehserien, Theaterstücke, Handys/Smart-/iPhones, Tablets/iPads, Laptops/Computer und Spielekonsolen.

Im Rahmen eines weiten Textbegriffs könnten Romane, Kurzgeschichten, Gedichte, Zeitungsartikel, Zeitschriftenartikel, Comics, Mangas, Karikaturen, Fotos, Lieder/Musik, Filme, Fernsehserien und Theaterstücke unter „Texte" gefasst werden sowie Handys/Smart-/iPhones, Tablets/iPads, Laptops/Computer und Spielekonsolen unter „Medien". Da eine klare Unterscheidung zwischen Text und Medium für die vorliegende Studie jedoch nicht von größerer Bedeutung ist und um die Lernenden nicht zu verwirren, wird im Fragebogen selbst immer von „Texten und Medien" gesprochen, ohne eine Differenzierung vorzunehmen. Für die Auswertung der Studie ist v.a. die Unterscheidung in Neue Medien und – äquivalent dazu – in Alte Medien entscheidend. Als Kriterium für die Unterscheidung wird hier die elektronische Übermittlung von Daten herangezogen. Ist im Folgenden von Neuen Medien die Rede, bezeichnet dieser Begriff somit alle elektronischen Geräte (Handys/Smart-/iPhones, Tablets/iPads, Laptops/Computer und Spielekonsolen) sowie die genannten Datenformate, die diese transportieren (Fotos, Lieder/Musik, Filme und Fernsehserien). Unter Alten Medien sind gedruckte, also nicht-elektronische Texte in weiterem Sinne zu verstehen (Romane, Kurzgeschichten, Gedichte, Zeitungsartikel, Zeitschriftenartikel, Comics, Mangas, Karikaturen und Theaterstücke).

Vor allem die Ergebnisdarstellung ist bewusst so verfasst, dass je nach Interesse auch nur einzelne Teilkapitel gelesen werden können, wenn z.B. lediglich Informationen zu einem Text oder Medium gesucht werden. Dadurch kommt es bei der Gesamtlektüre notwendigerweise zu Redundanzen, die jedoch zur genauen Darstellung der umfänglichen Ergebnisse unvermeidlich erscheinen. Die Ergebnisdiskussionen führen jeweils die wichtigsten Erkenntnisse bestimmter Teilkapitel mit Rückbezug auf die darin beantworteten Teilfragestellungen zusammen und interpretieren diese. Daher sind die Diskussionskapitel für jemanden, der sich lediglich einen ersten Überblick verschaffen will, ggf. am gewinnbringendsten zu lesen und können bei Bedarf durch die Lektüre der Einzelergebnisse unterfüttert werden. Befragt wurden, um die vorliegenden Ergebnisse zu generieren, wie noch detailliert erläutert wird, 932 Schülerinnen und Schüler dreier nordrhein-westfälischer Gymnasien. Da diese konkreten Lernenden v.a. Aussagen zum Unterricht in den Fremdsprachen Englisch, Französisch und Latein treffen konnten, liegt auf diesen dreien der Schwerpunkt. Für Spanisch sind die Fallzahlen so gering, dass keine valide Einzelauswertung möglich war.

Das nachfolgende Kapitel 2 widmet sich zunächst dem Forschungsstand zu Comics und diskutiert die kulturelle Bedeutung, gattungsspezifische Merkmale und das fremdsprachendidaktisches Potenzial, bevor das Erkenntnisinteresse der Studie und die konkreten Teilfragestellungen präzisiert werden. Kapitel 3 stellt das Forschungsdesign vor: Auf eine Begründung der gewählten Forschungsmethode folgen Ausführungen zum Aufbau des Fragebogens sowie zur Durchführung der Befragung und dem Vorgehen bei der Datenauswertung. Kapitel 4 stellt anschließend die gewonnenen Ergebnissen vor und interpretiert diese, bevor in Kapitel 5 aus den Ergebnissen resultierende Konsequenzen für die Fremdsprachendidaktik formuliert werden. Die Anhänge enthalten die Fragebögen sowie die Anschreiben an die Schulleitung, die Lehrkraft und die Erziehungsberechtigten der Lernenden – letztere auch um Beispiele für weitere Studien zu liefern.

2. Forschungsstand zu Comics, Erkenntnisinteresse und Fragestellungen

Zahlreiche divergierende Comicdefinitionen machen es notwendig, zunächst festzuhalten, was im Folgenden unter „Comic" verstanden wird. In loser Anlehnung an Dietrich Grünewald (vgl. Grünewald 2010, 20-21) wird ein Comic hier verstanden als eine statische, narrative Folge gezeichneter Bilder, die optional durch Text ergänzt werden kann (vgl. Koch 2013, 33). Auch eine reine Bildergeschichte ist somit ein Comic und eignet sich trotz der Abwesenheit fremdsprachlichen Textes für den Fremdsprachenunterricht, weil die Bilder zur Versprachlichung einladen (vgl. auch Groensteen 2014, 35; Dittmar 2011, 12). Eine zusammenhängende Folge, d.h. Sequentialität, entsteht im Comic „durch das Schaffen von Zusammenhängen zwischen den einzelnen Bildern und gegebenenfalls Textstücken, die nebeneinander abgebildet sind" (Dittmar 2011, 44).

Kulturelle Bedeutung von Comics in Deutschland und den Zielkulturen
Heutzutage sind Comics „ein globales, komplexes Phänomen der Populärkultur" (Friedel 2014, 2). Vor allem in Deutschland – im Rahmen der nachfolgenden Studie stehen Fremdsprachenlernende im Zentrum, die in Deutschland leben, – hatten Comics jedoch lange einen schweren Stand und haben ihn teilweise heute noch. Auch in anderen, hier durch die gängigen Schulfremdsprachen relevanten Ländern wie den USA, Frankreich und Belgien attestierten Anti-Comic-Kampagnen in den 1950er Jahren einen negativen Einfluss von Comics auf die Jugend und steuerten damit zu ihrem teilweise bis heute noch schlechten Ruf bei (vgl. Schüwer 2005, 3; Berthou & Martin 2015, 6). In den USA und dem frankobelgischen Raum bildete sich jedoch in den letzten Jahrzehnten eine „lebendige Comickultur" (Grünewald 2014, 42) heraus, während in Deutschland Comics bis heute nicht flächendeckend ernst genommen werden. Ein erster Aufschwung in den 1970er Jahren erreichte lediglich die Aufwertung von Comics in bestimmten Gruppen: „Die Präsenz der Comics an Schulen und Hochschulen war eher marginal, in Presse, Funk und Fernsehen fand ihre Reflexion so gut wie nicht statt" (ebd., 43). In Spanien florierte die landeseigene Comicindustrie nicht zuletzt dadurch, dass zeitweilig amerikanische Abenteuercomics verboten wurden. So wurden eigene Superhelden-Figuren wie El Capitán Trueno geschaffen (vgl. Hertrampf 2016, 5). Grundsätzlich kann dem spanischen und hispanoame-

rikanischen Raum wie dem US-amerikanischen und frankobelgischen eine lange und vielfältige Comictradition attestiert werden, flankiert durch Comic-Salons, diverse Auszeichnungen und zahlreiche Comichelden von internationaler Bekanntheit, die Teil des spanischsprachigen kollektiven Gedächtnisses sind und zu den wichtigsten hispanophonen Erinnerungsorten zählen (vgl. ebd.).

In Frankreich sorgte Literatur- und Filmkritiker Francis Lacassin bereits 1971 für die offizielle Aufnahme von Comics als „neunte Kunst" in die *Grande Encyclopédie Alphabétique Larousse*, wohingegen in Deutschland erst die Veröffentlichung der zweiteiligen, deutschen Ausgabe von Art Spiegelmans *Maus* 1989 und 1991, für die Spiegelman 1992 mit dem Pulitzerpreis geehrt wurde, als Meilenstein der gesellschaftlichen Anerkennung gilt (vgl. Thiessen 2012, 42). Der Blick eines Kindes auf seinen Vater als Auschwitzüberlebenden und seine Mutter zeigte der deutschen Öffentlichkeit, „dass Comics mehr als triviale Unterhaltung sein und auf ihre eigene künstlerische Weise anspruchsvoll ernste Themen aufgreifen können" (Grünewald 2014, 45) und „stets auch Spiegel gesellschaftlicher Befindlichkeiten" (Knigge 2014, 12) sind sowie „Ängste, Nöte und die Träume ihrer Epoche" (ebd.) konservieren.

Einen weiteren entscheidenden Impuls lieferte die Bezeichnung *Graphic Novel*, die den erfolgreichen Versuch darstellt, v.a. längere und ernsthaftere Comics für Erwachsene gesellschaftsfähig zu machen: „In Feuilletons diskutiert, in Museen ausgestellt, an Universitäten erforscht und im Schulunterricht eingesetzt, sind Comics [seit dem Aufkommen von *Graphic Novels*] heute weitgehend kulturell akzeptiert" (Friedel 2014, 2; Ergänzung: C.K.; vgl. auch Mälzer 2015, 12-13). Dabei ist die Sichtweise auf Comics als „graphische Literatur" nicht neu: Bereits Rodolphe Töpffer, „wesentlicher Wegbereiter des modernen Comics, tituliert seine ab 1827 aufgezeichneten und von Goethe bewunderten ‚Genfer Novellen' als ‚Literatur in Bildern'" (Knigge 2014, 12). Seine „littérature en estampes" hatte sogar didaktische Ziele, denn er setzte sie im Schulunterricht ein (vgl. Berthou & Martin 2015, 5). Dennoch kann durch das Aufkommen graphischer Romane nun auch in Deutschland zumindest von einer zunehmenden kulturellen Akzeptanz gesprochen werden (vgl. Grünewald 2014, 47), auch wenn kein Vergleich zur florierenden, staatlich geförderten Comickultur im frankobelgischen, spanischen, hispano- oder US-amerikanischen Raum hergestellt (vgl. z.B. Groensteen 2014, 36; Koch 2013, 31; Hertrampf 2010) und bezüglich des Schulunterrichts bei Weitem nicht von einem flächendeckenden Einsatz gesprochen werden kann.

Genrevielfalt und graphisches Ausdruckspotenzial
Andreas Knigge bezeichnet die Tatsache, dass „Comic" als zentrale Bezeichnung für die Vielfalt an narrativen Bildgeschichten beibehalten wurde, als „ein in der neueren Kulturgeschichte beispielloses Missverständnis" (Knigge 2014, 12), denn „Comics kennen inhaltlich keinerlei Einschränkung" (Grünewald 1984, 27) auf komische Geschichten, sondern decken alle bekannten Genres und Themen ab (vgl. u.a. Dittmar 2011, 184; Friedel 2014, 2). Auch im Englischen und Spanischen weisen die Begriffe „comic (book)" bzw. „cómic" bis heute auf die ursprüngliche Komik der Gattung hin, wobei im Spanischen zusätzlich „tebeo", auch als Abkürzung „TBO", und „historieta" – sowie regional noch einige weitere Begriffe (vgl. Hertrampf 2016, 4) – geläufig sind. Das Französische verweist mit „bandes dessinées" hingegen lediglich auf die gezeichneten Bildreihen. Im Folgenden wird „Comic" als Oberbegriff verwendet und impliziert dabei, wie die anfängliche Definition verdeutlicht, alle Genres und Spielarten inklusive lustigen, fantastischen, abenteuerlichen, historischen, (auto-)biographischen und generell ernsthaften Geschichten, die bei größerer Textlastigkeit, Komplexität und Länge seit einiger Zeit eben auch als graphische Romane bezeichnet werden (vgl. u.a. Dittmar 2011, 50; Hallet 2012a, 2; Bermejo Muñoz & Vernal Schmidt 2016, 15; Hertrampf 2016, 4).[1] Eine klare Definition von *Graphic Novel* kann jedoch nicht geliefert werden, da teilweise ein und dasselbe Werk mal als Comic, mal als *Graphic Novel* bezeichnet wird – die Übergänge sind somit fließend, wie auch Ulrike C. Lange im Basisartikel zum gleichnamigen Themenheft der Zeitschrift *Der Fremdsprachliche Unterricht Französisch*

---

[1] Auch japanische Mangas können – trotz einiger spezifischer Darstellungs- und Erzählweisen – unter die oben genannte Definition von Comics fallen, auch wenn sie von hinten nach vorne und von oben nach unten gelesen werden. Da sie im deutschen Sprachraum v.a. unter Jugendlichen durch den Begriff „Manga" explizit separat ausgewiesen werden und in der Befragung per Fragebogen die Sicht der Lernenden berücksichtigt werden soll, sind Mangas im Fragebogen als einzige Untergattung von Comics separat ausgewiesen.

hervorhebt und zugleich festhält, dass dies für den Einsatz im Fremdsprachenunterricht jedoch keine unmittelbaren Probleme birgt (vgl. Lange 2014, 3). Die Vielfalt des Comics spiegelt sich auch in den vielfältigen Zeichenstilen wider, die je nach Genre und Darstellungsabsicht verschiedene Farbgebungen, Strichführungen und unterschiedliche Grade von Realitätsnähe und Abstraktion beinhalten können. Der bekannteste, frankobelgische Stil, die sogenannte „ligne claire", geht auf Hergé zurück, der diesen Stil in seiner 1929 begonnenen Serie *Tintin* (*Tim und Struppi*) entwickelt und „mit der er die Ästhetik der Comics in Westeuropa über Jahrzehnte hinweg prägt" (Knigge 2014, 14). Der Stil lebt von klaren Konturen und einfarbigen Flächen, ohne Farbverläufe. Ziel ist es, dass sich möglichst viele mit den Protagonisten identifizieren können, denn:

> Je detaillierter – und damit individueller – Gesichter dargestellt sind, umso weniger allgemeingültig sind sie: Der Leser sieht sie nicht mehr als Maske oder Leerform, die er mit seinen Vorstellungen füllt, sondern als Beschreibung eines Charakters und dessen spezifischen Aussehens, das er über die Abbildung vorgestellt bekommt (Dittmar 2011, 152).

Dieser Theorie nach ist es somit leichter, sich mit Comicfiguren zu identifizieren „als mit realen Schauspielern oder anderen Menschen" (Thiessen 2012, 40), wodurch Comics die Einbeziehung des Lesenden – auch innerhalb des Fremdsprachenunterrichts – begünstigen. Damit einher geht auch das Potenzial von Comics, komplexe Themen verständlich darzustellen, da sie durch ihre Verfremdung einen konzentrierten Zugang zu rein sprachlich schwierig darzustellenden Sachverhalten ermöglichen (vgl. Thiessen 2012, III), worin ein weiterer Grund liegt, warum Comics für den Fremdsprachenunterricht verschiedener Altersgruppen von großem Interesse sind. Ist hingegen eine möglichst realistische Darstellung, z.B. einer vergangenen Epoche gewünscht, eignen sich auch realistisch gezeichnete Comics für den Unterricht – es hängt somit vom Lernziel und vom Thema ab, welcher Comicstil sich anbietet.

Stellenwert von Comics in der nationalen und internationalen Forschung
Neben medienwirksamen Einzelbeispielen wie der dreijährigen Gastprofessur des Franzosen Benoît Peeters für graphische Fiktion und Comic-Kunst an der Universität von Lancaster, die als erste Universität Großbritanniens eine Comic-Professur eingerichtet und damit ein großes Medienecho hervorgerufen hat (vgl.

z.B. Lauzier 2015; Zaschke 2015), zeigen v.a. einschlägige Publikationen zum Comic (vgl. z.B. McCloud 2001; Schüwer 2008) sowie verschiedene Institutionen und Zeitschriften die zunehmende interdisziplinäre Bedeutung von Comics im Forschungskontext. Zu nennen sind diesbezüglich in Deutschland u.a. das Institut für Jugendbuchforschung der Johann Wolfgang Goethe-Universität Frankfurt am Main[2], das seit den 1960er Jahren eine Comicbibliothek aufbaut, die Arbeitsstelle für Graphische Literatur (ArGL)[3] an der Universität Hamburg, das Institut für Germanistik der Rheinischen Friedrich-Wilhelms-Universität Bonn mit ihrer „Bonner Online-Bibliographie zur Comicforschung"[4] sowie die Gesellschaft für Comicforschung (ComFor)[5], die sich seit 2004 der interdisziplinären Vernetzung von Comicforschung widmet (vgl. u.a. Grünewald 2014, 47). Auch international zeugen die *Comic Scholarship Annotated Bibliographies*[6], die *comics research bibliography*[7] sowie die Zeitschriften *International Journal of Comic Art*[8], *European Comic Art*[9] und *Comicalités. Études de culture graphique*[10] exemplarisch vom steigenden interdisziplinären Interesse an Comics in der Forschung (vgl. u.a. Berthou & Martin 2015, 8). Deutsche Comics spielen dabei im Vergleich zu englisch- und französisch- sowie japanischsprachigen eine deutlich geringere Rolle und auch an deutschen Universitäten ist Comicforschung „nur punktuell verankert" (Galter 2012; vgl. Thiessen 2012, 42).

Comics in der fremdsprachendidaktischen Literatur
Auch wenn die oben genannten Publikationen, Institute und Zeitschriften bereits deutlich machen, dass für die Fremdsprachendidaktik zunehmend mehr bezugswissenschaftliche Orientierungspunkte zur Verfügung stehen, bleibt die Frage nach der aktuellen Bedeutung von Comics in der Fremdsprachendidaktik. Dass

---

[2] https://www.uni-frankfurt.de/50701264, Zugriff: 01.11.2016.
[3] https://www.slm.uni-hamburg.de/imk/forschung/arbeitsstellen-zentren/argl.html, Zugriff: 01.11.2016.
[4] http://www.comicforschung.uni-bonn.de/, Zugriff: 01.11.2016.
[5] http://www.comicgesellschaft.de/, Zugriff: 01.11.2016.
[6] http://www.comicsresearch.org/, Zugriff: 01.11.2016.
[7] http://homepages.rpi.edu/~bulloj/comxbib.html, Zugriff: 01.11.2016.
[8] http://www.ijoca.com/, Zugriff: 01.11.2016.
[9] http://journals.berghahnbooks.com/eca, Zugriff: 01.11.2016.
[10] https://comicalites.revues.org/, Zugriff: 01.11.2016.

Comics fremdsprachendidaktisches Potenzial bieten, ist im In- wie im Ausland bereits zahlreich festgehalten und an Beispielen exemplifiziert worden, obwohl hinsichtlich der systematischen fachdidaktischen Erarbeitung und des tatsächlichen Einsatzes im Fremdsprachenunterricht dennoch weiterhin Forschungsbedarf besteht. Zudem müsste überprüft werden, mit welchen Lernzielen Comics eingesetzt werden und ob dieser Einsatz ihr Potenzial wirklich ausschöpft:

> Alors même qu'il est admis que la bande dessinée peut être une ressource pour enseigner, elle est quasiment absente des programmes de français. Au demeurant, les œuvres du neuvième art sont surtout conçues dans le monde scolaire comme des aides pédagogiques, rarement comme des œuvres en soi, méritant une étude propre (Aquatias in Berthou 2015).

Eine Überprüfung der Art und Weise des Einsatzes von Comics – in fachdidaktischen Vorschlägen oder im tatsächlichen Unterricht – kann und soll im Rahmen der vorliegenden Studie nicht stattfinden. Nichtsdestotrotz soll ein Blick auf den Stellenwert von Comics in fremdsprachendidaktischen Veröffentlichungen einen Anhaltspunkt auf die ihnen aktuell zugeschriebene fremdsprachendidaktische Bedeutung liefern.

Von besonderem Gewicht für die Fremdsprachendidaktik sind die fachdidaktischen Zeitschriften. Für den Englischunterricht widmete die Zeitschrift *Praxis Fremdsprachenunterricht Englisch* Comics ein Themenheft mit dem Titel

> ➢ „Wort trifft Bild" (3/2014) (vgl. Bland 2014, Ludwig 2014a, Ludwig 2014b, Uzuner 2014, Nijhawan 2014, Elsner & Ludwig 2014)[11].

In *Der Fremdsprachliche Unterricht Englisch* sind ebenfalls zwei Themenhefte zu Comics erschienen:

> ➢ „Graphic Novels" (117/2012) (vgl. Hallet 2012a, Henseler 2012, Kimes-Link & Steininger 2012a, Panknin & Wieland 2012, Schäfers 2012, Kimes-Link & Steininger 2012b, Hallet 2012b, Schröter & Herrmann 2012) und
>
> ➢ „Teaching Comics" (73/2005) (vgl. Schüwer 2005, Doff & Wanders 2005, Gubesch & Schüwer 2005, Hochbruck & Hochbruck 2005, Moormann & Zerweck 2005, Thaler 2005, Hesse 2005).

---

[11] In Klammern sind hier und nachfolgend die Autoren aufgeführt, die Beiträge in den Themenheften veröffentlicht haben.

Für den Spanischunterricht erschien 2016 fast zeitgleich in den Zeitschriften *Der Fremdsprachliche Unterricht Spanisch* sowie *Hispanorama* das jeweils erste Themenheft zu Comics, was die Aktualität der Textgattung für den Spanischunterricht unterstreicht:
- „Cómic" (54/2016) in *Der Fremdsprachliche Unterricht Spanisch* (vgl. Hertrampf 2016, del Valle 2016, Manseck & Wirthmann 2016, Büter & Koch 2016, Popp 2016, von Kahlden 2016, Liebig 2016, Ángeles Castrillejo 2016a, Ángeles Castrillejo 2016b, Koch & Sommerfeldt 2016) und
- „Graphic novels im Spanischunterricht" (152/2016) in *Hispanorama* (vgl. Bermejo Muñoz & Vernal Schmidt 2016, Remmert 2016, Suárez Vega 2016, Vernal Schmidt 2016, Abós & Basar 2016, Kolbe 2016).

Der Französischunterricht legt hingegen bereits seit mehr als 20 Jahren besonderen Wert auf Themenhefte zu Comics. In *Der Fremdsprachliche Unterricht Französisch* erschienen bereits die folgenden:
- „Le roman graphique" (131/2014) (vgl. Lange 2014, Rogner 2014, Harms 2014, Koch 2014a, Sistig 2014, Schwemer 2014, Letz & Lintanf 2014),
- „BD, La vie en bulles" (97/2009) (vgl. Vignaud 2009a, Blume 2009a, Boisson-Zaric & Escalier 2009, Vignaud 2009b, Vignaud 2009c, Blume 2009b, Vignaud 2009d, Vignaud 2009e),
- „BD + Spracharbeit" (74-75/2005) (vgl. Kohl 2005a, Kohl 2005b, Nessler-Matuttis 2005, Kohl 2005c, Kohl 2005d, Kohl 2005e, Kohl 2005f, Kohl 2005g, Kolacki 2005) und
- „Bandes dessinées" (22/1996) (vgl. Kahl 1996, Christophel 1996a, Boiron 1996, Imgrund 1996, Christophel 1996b, Hagge 1996, Sword 1996, Reinfried 1996, Vignaud 1996a, Vignaud 1996b, Vignaud 1996c, Walther 1996).

In diesen Themenheften und darüber hinaus erschienenen Einzelbeiträgen lassen sich für den Französischunterricht über die Jahre hinweg immer wieder bestimmte, auch außerhalb des Unterrichts besonders bekannte Comichelden finden, z.B.
- Asterix und Obelix (vgl. Ploquín & Rolland 1999, Weiß 1998, Bähr 1995, Bursch 1983, Boos 1992, Albes 1987, Baudry 1986, Meidt 1976, Meidt 1979, Walter 1977),

- Tim und Struppi (Tintin) (vgl. Deharde & Lück-Hildebrandt 2008, Meer-Walter 2000, Arnold 1998a, Arnold 1998b, Gabel 1996, Heidrich & Hagge 1989) und
- Titeuf (vgl. Merlin 2013, Blume 2009a, Jopp-Lachner 2003, Kohl 2005g, Kolacki 2005),

aber auch weitere (mehr oder weniger bekannte) frankobelgische Comichelden sind in den veröffentlichten fachdidaktischen Vorschlägen anzutreffen:

- Die Schlümpfe (vgl. Meer-Walter 2000, Mertens 1998, Hochstein-Peschen 1979),
- Lucky Luke (Meer-Walter 2000) sowie
- Adèle Blanc-Sec (vgl. Koch 2011, Hagge 1996) und
- Gaston Lagaffe (vgl. Kohl 2005d).

Für das Fach Englisch spielen

- verschiedene Superhelden (vgl. Eisenmann 2013, Aue 2008, Behrendt & Schüwer 2008),
- Die Peanuts (vgl. z.B. Docwra 1991 und 1992) und
- Die Simpsons (vgl. z.B. Nijhawan 2014, Pranz & Basseler 2005) eine Rolle.

Für den Spanischunterricht finden sich vereinzelt Helden wie

- Clever und Smart (vgl. Koch 2014b) sowie
- Mafalda (vgl. Scheppelmann & Grovas Iturmendi 1995, Liebig 2016).

Letztere schaffte es sogar in die Jubiläumsausgabe der Zeitschrift *Der Fremdsprachliche Unterricht Spanisch* zum 50. Heft im Jahr 2015, in der neun einflussreiche *personalidades* der spanischsprachigen Welt vorgestellt wurden, die bedingungslos für ihre Überzeugungen einstehen.[12] Der enthaltene Beitrag, „Mafalda. Una heroína de hoy y de siempre", zielt auf eine kreative Charakterisierung der Hauptcharaktere ab (vgl. Sánchez Serdá 2015, 12-15). Im Beitrag „Aprender español con Mafalda y todos los sentidos: actividades para las clases de lengua y cultura argentina" von Eva Balada Rosa betont die Autorin zudem:

---

[12] Neben Mafalda werden in dem Heft folgende *personalidades* vorgestellt: Gael García Bernal, Gabriel García Márquez, Baltasar Garzón, Ernesto „Che" Guevara, Rigoberta Menchú, Edurne Pasaban, Shakira und Eudald Vehí.

El uso de [...] cómics en la clase de ELE es siempre un tema de actualidad. Pocas tiras cómicas parecen más aptas para el aula que las de Mafalda. [...] supone una herramienta pedagógica idónea para las clases de lengua y cultura para aprendientes de cualquier edad (Balada Rosa 2016, 32).

Auf die Frage, welche Comichelden heutige Fremdsprachenlernende erkennen und benennen können, soll der anschließende Fragebogen eine Antwort liefern.

Für die Englischdidaktik sind vor Kurzem zudem zwei Sammelbände u.a. zum Einsatz von Comics im Englischunterricht erschienen: *Teaching Comics in the Foreign Language Classroom* (Ludwig & Pointner 2013) und *Films, Graphic Novels & Visuals: Developing Multiliteracies in Foreign Language Education. An Interdisciplinary Approach* (Elsner & Helff & Viebrock 2013).

Empirische Studien sind bisher nur wenige nennenswerte durchgeführt worden, die Hinweise zur Auseinandersetzung Jugendlicher mit Comics in Alltag und Fremdsprachenunterricht liefern. Ergebnisse dieser wenigen Studien (vgl. Medienpädagogischer Forschungsverbund Südwest 2014; Lukesch et al. 1990; Grünewald 1984) werden im folgenden Kapitel in die Diskussion der im Rahmen der hier vorliegenden Fragebogenstudie gewonnenen Ergebnisse integriert.

Die theoretischen wissenschaftlichen Erkenntnisse haben mittlerweile auch Einzug in nicht-wissenschaftliche Veröffentlichungen gehalten. In der bekannten Kinderreihe *pixi Wissen – einfach gut erklärt* gibt es beispielsweise ein Büchlein mit dem Titel *Comic und Manga* (Schikowski & Wirbeleit 2011), das Kindern Comics erklärt. Die Autoren wurden von einem Literaturwissenschaftler und einer Grundschullehrerin beraten und bewegen sich bemerkenswert nah am aktuellen Forschungsstand und erläutern in klaren Worten auf nur 29 kleinen Seiten die wichtigsten Elemente von Comics: Beginnend mit einer knappen Definition, die Sequentialität, Text-Bild-Verhältnis und Fachbegriffe wie „Panel" enthält, über Gattungsspezifika wie Sprechblasen, Lautmalereien, Bewegungslinien und Symbole sowie Vergleiche zu anderen Medien wie Film und Roman inklusive Adaptionen und den verschiedenen Rezeptionsweisen bis hin zu *Graphic Novels*, Genrevielfalt, Geschichte des Comics – von Höhlenmalerei und dem Wandteppich von Bayeux über die Erfindung des Drucks – sowie dem aktuellen globalen sowie kulturspezifischen Phänomen Comic mit Schwerpunkten auf den USA, Frankreich und Belgien sowie Japan und Deutschland. Auch den internationalen Stellenwert deutscher Comics gibt das Büchlein wieder – „Aber trotz des Erfolgs deutscher Serien sind ausländische Comics in Deutschland beliebter" (ebd., 16) – und erwähnt zudem wichtige Veranstaltungen wie Comicbörsen, -festivals und -salons. Abschließend gibt es eine Anleitung, wie Kinder selbst Comics zeichnen können, eine Rätselseite, ein Lexikon und ein Wissensquiz. Könnte man bei allen Fremdsprachenlernenden von diesem Wissen ausgehen, könnte man im Unterricht direkt *in medias res* beginnen.

Comics in Bildungsstandards und Lehrplänen
Weder die bundesweit geltenden Bildungsstandards für die erste und fortgeführte Fremdsprache (vgl. KMK 2003 und 2012) erwähnen Comics als potenziellen Unterrichtsgegenstand noch findet sich in den gymnasialen Englisch- (vgl. Ministerium 2007 und 2013) und Spanisch-Kernlehrplänen (vgl. Ministerium 2009 und 2014b) des Landes Nordrhein-Westfalen, die hier aufgrund ihrer Bedeutung für die nachfolgende Studie herangezogen werden, weder in der Sekundarstufe I noch in der Sekundarstufe II ein expliziter Hinweis auf Comics. Alle erwähnen jedoch diskontinuierliche Texte als zu behandelnde Textsorte, so dass sich der Einsatz der Textgattung im Englisch- und Spanischunterricht nichtsdestotrotz rechtfertigen lässt. Wie bereits durch die Anzahl der Themenhefte zu Comics deutlich wurde, spielen Comics im Französischunterricht jedoch schon seit Längerem eine große Rolle. Dies spiegelt sich auch in den Lehrplänen wider.

In den gymnasialen NRW-Kernlehrplänen für Französisch finden sich vielfältige Hinweise auf Comicfiguren und *bandes dessinées*: Für Französisch ab Jahrgangsstufe 6 werden in den Kompetenzerwartungen am Ende des ersten Lernjahres „Comicfiguren" bereits als „wichtige französische (bzw. frankophone) Persönlichkeiten und Figuren" (Ministerium 2008, 23) unter interkultureller Kompetenz im Bereich „Orientierungswissen" aufgeführt. Auch unter „Werte, Haltungen und Einstellungen" wird erwartet, dass die Lernenden bereit und in der Lage sind, „ihre Lebenswelt nach Spuren der französischen Sprache und frankophonen Kulturen zu erkunden (u.a. [...] Figuren aus *bandes dessinées* [...])" (ebd., 24; vgl. auch ebd., 45 für Französisch ab Jahrgangsstufe 8). Für das Ende der Jahrgangsstufe 9 wird bei Französisch ab Jahrgangsstufe 6 zudem in Bezug auf den Umgang mit Texten und Medien erwartet, dass Lernende „Arbeitstechniken und Methoden einsetzen [können], um die Aussage und Wirkung von einfachen authentischen Texten zu erkunden" (ebd., 39) und dazu zählen auch *bandes dessinées* in der Kategorie „einfache, mehrfach kodierte Texte" (vgl. ebd.). Für die Sekundarstufe II sind *bandes dessinées* zudem am Ende aller drei Jahrgangsstufen und sowohl für Französisch als neueinsetzende als auch als fortgeführte Fremdsprache unter diskontinuierlichen Texten als zu behandelnde Textsorte explizit aufgeführt (vgl. Ministerium 2014a, 25, 34 und 43).

Gattungsspezifische Merkmale und ihr fremdsprachendidaktisches Potenzial
Die Verankerung diskontinuierlicher Texte in allen Lehrplänen belegt, dass die kompetente Rezeption von Text-Bild-Kombinationen für die Verwendung der Fremdsprache von Bedeutung ist. Die erschienenen fachdidaktischen Veröffentlichungen konkret zu Comics im Fremdsprachenunterricht zeigen zudem, dass ihre kulturelle Bedeutung und ihr Potenzial für den Fremdsprachenunterricht bereits erkannt worden sind. Das besondere Potenzial von Comics, das sie für den Einsatz im Fremdsprachenunterricht prädestiniert, ergibt sich – neben ihrer kulturellen Bedeutung in den Zielkulturen – v.a. aus ihren gattungsspezifischen Merkmalen. Das Erzählen durch eine statische, narrative Folge gezeichneter Bilder ist das zentrale Erkennungsmerkmal von Comics, die „Mehrheit der Comics präsentiert sich jedoch in gemischter Form" (Groensteen 2014, 35), also als Text-Bild-Kombination. Text und Bild verhalten sich dabei komplementär und ergänzen sich in ihrer Bedeutung für die Erzählung (vgl. Dittmar 2011, 47). Die Erzählung basiert somit zwar auf reiner Visualität, die nur über einen Sinn, den Sehsinn, aufgenommen wird (vgl. Mälzer 2014, 636), nutzt jedoch durch Text und Bild zwei Zeichensysteme, die zeitweise miteinander verschmelzen, z.B. wenn Lautmalereien sowohl sprachliche als auch bildliche Elemente in sich vereinen. Zudem zeigen Schriftart, Schriftgröße und die teilweise Kombination von Textbausteinen und Bildelementen, z.B. beim Fluchen, dass die beiden Zeichensysteme stetig miteinander interagieren und somit auch die Sprache im Comic zeitweise sowohl simultan (in ihrer bildlichen Komponente) als auch sequentiell (in ihrer sprachlichen Komponente) rezipiert wird (vgl. Mahne 2007, 47). Insgesamt erfolgt bei der Comicrezeption i.d.R. zunächst die bildorientierte simultane Wahrnehmung: „Für die Aufnahme eines Bildes und dessen Wiedergabe in Grundzügen benötigt das menschliche Gehirn ca. 1,8 Sekunden. In dieser Zeit-

spanne kann man zum Vergleich nur sieben Worte verstehen" (Dittmar 2011, 67). Doch nur der Teil, auf den der Blick gerade besonders fällt, wird im Detail wahrgenommen, daher braucht die genaue Betrachtung eines Bildes dennoch Zeit. Der Blick springt dabei „von Schwerpunkt zu Schwerpunkt" (ebd., 70), das Bild wird wie durch eine Kamera Schritt für Schritt abgetastet (vgl. Schrader 2007, 18). Inwiefern die Lernenden sich durch diese Art der Rezeption von statischem Text und Bild besonders angeregt fühlen und inwiefern sie die Text-Bild-Interaktion erkennen, sind Fragen, auf die die anschließende Fragebogenstudie Antworten finden soll.

Auch wenn Comics meist als Text-Bild-Kombination auftreten, findet man im allgemeinen Sprachgebrauch häufig die Formulierung, dass Comics „gelesen" (Dittmar 2011, 11) werden. Dies funktioniert dann, wenn man davon ausgeht, dass auch Bilder „gelesen" werden. Reserviert man das Lesen jedoch für sprachliche Zeichen und orientiert sich an den aktuellen Begrifflichkeiten der KMK-Bildungsstandards (KMK 2003 und 2012), die mit dem Hör-Seh-Verstehen, v.a. für Filme, vom „Sehen" statt vom „Lesen" von Bildern – im Film i.d.R. bewegt – ausgehen, wird deutlich, dass für Comics und andere Kombinationen aus geschriebenem Text und (statischem) Bild eine kombinierte, kommunikative Teilfertigkeit in den Bildungsvorgaben fehlt, nämlich das Seh-Lese-Verstehen. Dieses sollte, ebenso wie die anderen kommunikativen Teilfertigkeiten, nicht nur rein kommunikativ gedacht werden, denn auch im Bereich der Text- und Medienkompetenz spielt die Fähigkeit, (Comics) seh-lesend rezipieren zu können eine besondere Rolle (vgl. Blume 2014, 4 und 8).

Sowohl die Bilder als auch der Text werden somit in ihren eigenen Erzählweisen und v.a. in ihrem Zusammenspiel rezipiert, indem der Leser „die Sequenz der einzelnen Bilder [imaginierend] zu einer fließenden Narration verbindet, die Lücken zwischen den Einzelbildern" (Dittmar 2011, 27) füllt, die textlichen Informationen integriert und so in einem stetigen Wechsel aus *Bottom-up-* und *Top-down-*Prozessen sein Verständnis der Geschichte generiert. Der Anspruch an die Vorstellungskraft der Lernenden ist dabei „deutlich größer" (ebd., 20) als bei der Filmrezeption, bei der die Bilder bereits in bewegter Form vor dem Auge ablaufen. Zudem ist durch die imaginierende Komplettierung „beim Comic das Ganze mehr als die Summe seiner Teile" (Groensteen 2014, 38). Es werden somit auch mehr Sinne aktiviert als der Sehsinn, denn es werden „Assoziationen auf weiteren Kanälen" (Thiessen 2012, 36) hervorgerufen – und zwar gerade durch die nicht-sichtbaren Elemente zwischen den Bildern (vgl. Huber 2008, 55; Lieber 2008, 5).

Die Notwendigkeit und Möglichkeit, bestimmte Teile des Comics erneut zu rezipieren, wenn z.b. deutlich wird, dass einige Elemente ggf. doch größere Relevanz für die Geschichte aufweisen, als zunächst gedacht, führt zu einer in der Textgattung angelegten Zickzack- und Mehrfachlektüre, die dem fremdsprachlichen Lesen entgegenkommt. Wie Harald Weinrich in Bezug auf die Rezeptionsgeschwindigkeit und -art konstatiert, besteht eine Ähnlichkeit zwischen dem Lesen von Literatur in der Muttersprache und dem Lesen jeglicher fremdsprachlicher Texte (vgl. Weinrich 1983, 204). Besonders anfängliches fremdsprachliches Lesen ähnelt literarischem Lesen, da die Fremdsprachenlernenden „durch allerhand Hemmnisse und Behinderungen zu einer erschwerten und folglich verlangsamten Rezeption des Textes" (ebd.) gezwungen sind. Er plädiert daher für die Lektüre hochstrukturierter Texte im Fremdsprachenunterricht, die eine solche Mehrfachlektüre lohnenswert machen. Comics zählen definitiv zu dieser Art von Texten. Trotz Zickzack-Lektüre müssen Lernende jedoch generell der kulturell festgelegten Leserichtung folgen, um die Geschichte zu verstehen. Im westlichen Kulturkreis ist dies, dem Lesen rein sprachlicher Texte entsprechend, von links nach rechts und von oben nach unten. In der Regel wird die Leserichtung unbewusst eingehalten und eher Mangas, die von dieser Leserichtung abweichen, bereiten westlichen Lesenden zunächst Probleme. Ob die Lernenden jedoch auch ohne Sprechblaseninhalte, also ohne Text, wissen, dass es eine feste Leserichtung in westlichen Comics gibt und wie diese aussieht, testet der anschließende Fragebogen ab. Dieses Wissen ist auch für das Füllen geleerter Sprechblasen und die eigene Erstellung von Comics von besonderer Bedeutung.

Im Vergleich zum Film ermöglichen Comics in jedem Fall, dass alle Lernenden ihre eigene Rezeptionsgeschwindigkeit wählen, da die Bilder und Texte dauerhaft zur Verfügung stehen (vgl. u.a. Dittmar 2011, 11; Egmont 1997, 44; Groensteen 2014, 39). Nichtsdestotrotz versucht das Comic auf die Rezeptionsgeschwindigkeit durch entsprechende Gestaltung und im Einklang mit der Geschichte auch Einfluss zu nehmen: „Das heißt, dass schmale Bilder schnell zu lesen sind, während breite Bilder, wie zum Beispiel Formate über die ganze Seitenbreite, entsprechend viel Zeit benötigen, um mit dem Auge abgetastet zu werden" (Dittmar 2011, 60). Das Comic hat also auch gestalterische Möglichkeiten, die der Zeitlupe im Film ähneln (vgl. ebd., 87-88). Durch die abwechselnd simultane wie linearsukzessive Rezeption der Bildergeschichten kommt dem Seitenlayout eine besondere Bedeutung im Comic zu. Große Bilder mit spektakulären Inhalten ziehen die Aufmerksamkeit als erstes auf sich, ebenso wie rahmenüberschreitende Aktionen oder ungewöhnliche Bildformen (vgl. ebd., 66), und der Seitenumbruch wird meist für einen Spannungsaufbau, ähnlich eines *Cliffhangers* genutzt, so dass Neugier zum Umblättern motiviert (vgl. u.a. Groensteen 2014, 41). Im Fremdsprachenunterricht bietet dies die Gelegenheit, dass sich die Lernenden zunächst selbst spekulativ über den Fortgang der Geschichte ausdrücken. Neben der Förderung rezeptiver Kompetenzen bietet sich bei der Arbeit mit Comics somit auch die Förderung produktiver Kompetenzen in besonderem Maße an – auch weil „Bilder in hohem Maß sowohl die Fantasie als auch das Bedürfnis nach sprachlichem Ausdruck innerer, ganzheitlicher erfahrener Eindrücke anregen" (Blume 2014, 3). Zum Vorlesen eignen sich Comics durch die Kombination von Text und Bild nicht, ein aktives Vorspielen ist hingegen möglich, weil die Lernenden in dem Moment notwendigerweise auch die Lücken zwischen den Bildern und generell die statischen Bilder durch ihr Spiel mit Leben füllen müssen.

Grundsätzlich wird davon ausgegangen, dass das Zusammenspiel von Bild und Text den Verstehensprozess bei der Comicrezeption erleichtert (vgl. Lange 2014, 2; Schrader 2007, 18), indem die Lernenden die Möglichkeit haben, sich „sprachlich besonders sperrige Informationen über bildliche Informationen zu erschließen" (Wilts 2005, 3). „Sperrige Informationen" können z.B. durch unbekanntes Vokabular entstehen oder auch generell durch Besonderheiten der gesprochenen Sprache, Jugendsprache oder geographischen Varietäten. Inwiefern die „Verstehenshilfe" durch die Bilder genutzt wird, hängt vom individuellen Leseprozess ab, so dass „die zusätzliche visuelle Ebene" (Bermejo Muñoz & Vernal Schmidt 2016, 16) auch als eine binnendifferenzierende „Unterstützung beim Leseprozess" (ebd.) verstanden werden kann – ggf. verstehen einige auch den Text besser und erschließen sich dadurch sperrige bildliche Informationen.

Dies funktioniert für deutsche Fremdsprachenlernende bei englisch-, französisch- und spanischsprachigen Comics aus dem Grund relativ gut, weil die Comics dieser Sprachen „mit demselben bildlichen Inventar" (Dittmar 2011, 11) arbeiten, „aber auch bei den Bildern muss man von einer Bedeutungsverschiebung aufgrund der kulturellen Unterschiede im Zeichengebrauch ausgehen" (ebd., 140) und das Material vor dem Einsatz im Unterricht – ebenso wie auf sprachliche Herausforderungen – auch auf bildliche Schwierigkeiten überprüfen.

Neben der ikonischen Darstellung von Landschaften und Figuren finden sich in Comics auch Indexe, z.b. Rauch für Feuer, und Symbole, d.h. ursprünglich willkürliche, durch kulturelle Konventionen festgelegte Zeichen wie ein Herz für Liebe (vgl. ebd., 145). Symbole decken sich dabei häufig mit sprichwörtlichen Redensarten wie eine Glühbirne für eine Idee, weil der Figur „ein Licht aufgeht" (vgl. Thiessen 2012, 37-38). Inwiefern Lernende solche Symbole in Bezug auf die Gefühle einer Person oder ihre Sprechweise deuten können, wird im Fragebogen ebenfalls abgefragt. Durch solche bildlichen Gestaltungselemente schafft es die Gattung Comic trotz ihrer reinen Statik Bewegung auszudrücken, z.b. durch Bewegungslinien und Staubwolken, und trotz ihrer reinen Visualität Geräusche und Sprechweisen, z.B. durch Schriftgröße und Schriftart sowohl innerhalb der Sprechblasen als auch bei Lautmalereien, darzustellen (vgl. Dittmar 2011, 87 und 113). Bei Lautmalereien ist jedoch die Sprachabhängigkeit zu beachten, denn wie die Lernenden vermutlich schon aus dem Anfangsunterricht wissen, werden die Geräusche von Tieren in den verschiedenen Sprachen unterschiedlich repräsentiert (vgl. Koch erscheint 2017).

Ein weiteres Potenzial, das sich aus der Kombination von Text und Bild ergibt, ist die bessere Memorisierung der Inhalte. Untersuchungen zur Mediennutzung von Kindern – die Ergebnisse sind jedoch schon 20 Jahre alt und müssten erneut verifiziert werden – deuten an, dass Comics „die beste Detailerinnerung" (Egmont 1997, 45) hervorrufen: „Schärfster Indikator für die Bewertung eines Mediums als Vermittler von Inhalten ist die Zeitspanne, die ein Medium durchschnittlich genutzt werden muß, um später ein Detail zu erinnern" (ebd., 50). Comics zeigten in den Untersuchungen „das beste Verhältnis von Nutzungszeit zu erinnerten Details" (ebd.). Obwohl bereits 1997 dem Fernsehen eindeutig die längste Nutzungs*dauer* bescheinigt wurde, wurden Comics aufgrund der Nutzungs*intensität* durch eine „Welt von einzeln betrachteten und erinnerten Bildern" (ebd., 53) deutlich vor allen filmischen Elementen platziert (vgl. ebd.). Ein weiterer Hinweis aus der Studie suggeriert zudem, dass selbst wenn die nachfolgende Studie ergeben würde, dass Comics im Alltag kaum noch gelesen werden, gerade die Abweichung von „der alltäglichen Mediennutzung" (ebd., 55) eine Motivationssteigerung auslösen könnte. Ob somit durch die Nutzung von Medien im Alltag Motivation generiert wird oder genau durch das Gegenteil, wird in der Literatur ebenfalls unterschiedlich diskutiert. Die Hypothese, dass Text-Bild-Kombinationen die Memorisierung der Inhalte begünstigen, deckt sich jedoch mit verschiedenen anderen Theorien, z.B. mit Paivios *Dual Coding Theory*, nach der verbale und bildliche Informationen im Gehirn separat hinterlegt werden und somit Text-Bild-Kombinationen für eine zweifache Verarbeitung und Speicherung sorgen (vgl. Paivio 1971, 178-179): „Die Kombination aus verbalen und visuellen Informationen kann demnach förderlich für Behaltens- und Lerneffekte sein" (Thiessen 2012, 29).

Abschließend lässt sich festhalten, dass für die Comicrezeption „ein gewisses Repertoire an Rezeptionsmodalitäten" (ebd., 41) beherrscht werden muss, damit das vielfältige Potenzial von Comics im Fremdsprachenunterricht ausgeschöpft werden kann. Aus diesem Grund generiert der nachfolgende Fragebogen Ergebnisse zur „Comickompetenz" der Lernenden. Der Begriff „Comickompetenz" vereint hier solche zentralen Rezeptionsmodalitäten, stellt jedoch nicht den Anspruch als separater Kompetenzbereich gesehen zu werden. Vielmehr beschreibt er zugeschnitten auf Comics relevante Rezeptionsmodalitäten, die jedoch in leicht abgewandelter Form auch für andere Textgattungen relevant sind. Dazu zählen andere statische Text-Bild-Kombinationen wie Karikaturen, Infographiken, Produktverpackungen, Werbung, Verkehrsschilder u.v.m. (vgl. Kruse 2013, 4), die ein Seh-Lese-Verstehen fordern (vgl. Thaler 2015, 13). Sowohl in Vorbereitung auf diese Textgattungen als auch „als Vorstufe zur Beschäftigung mit anderen Medien" (Bermejo Muñoz & Vernal Schmidt 2016, 16) wie Filmen, z.B. in Bezug auf Kameraperspektiven, kann die Arbeit mit Comics somit förderlich sein. Letzteres gilt v.a. für die Transformation von Comicinhalten in Filme und umgekehrt.

Inwiefern Comics heute noch die Lebenswelt der Lernenden prägen und inwiefern Lernende in der Folge über die notwendige Comickompetenz verfügen, um Comics im Fremdsprachenunterricht kompetent rezipieren zu können, sind Fragen, denen die folgende Fragebogenstudie nachgeht: zum einen um aus den Aussagen der Lernenden Rückschlüsse auf die tatsächliche Motivationskraft von Comics abzuleiten und um zum anderen Schlussfolgerungen für die Fremdsprachendidaktik formulieren zu können, z.B. auf welchem Vorwissen von Lernenden (auch heute noch) aufgebaut werden kann. Ausgelöst werden diese Fragen ohne Zweifel durch die hohe Präsenz Neuer Medien im Alltag der Lernenden (vgl. u.a. Schaumburg & Küster 2016, 40), die auch der Comicindustrie weltweit Schwierigkeiten bereitet (vgl. z.B. Hertrampf 2016, 8). Die Besonderheit digitaler Medien liegt in ihrer konvergenten Natur: „Sie vereinen vormals getrennte Einzelmedien, zum Beispiel Radio, Fernsehen und Zeitung in einem technischen Gerät, wie dem Computer oder dem Smartphone" (Schaumburg & Küster 2016, 41) und keine andere Altersgruppe nutzt häufiger Internet, Web 2.0, Smartphone etc. als die 14- bis 19-Jährigen (vgl. ebd., 40-41; Busemann & Gscheidle 2012; Eimeren & Frees 2013). Aktuelle Studien belegen jedoch, dass kaum ein anderer Unterricht so wenig digitale Medien einsetzt wie der Fremdsprachenunterricht (vgl. Bos et al. 2014), so dass die Frage nach der Präsenz Neuer Medien im aktuellen Unterricht und damit ihrer Konkurrenz zu Comics berechtigt ist, und dass zudem auch Comics als multicodale Texte Interesse generieren können, da sie verschiedene Zeichensysteme miteinander verbinden (vgl. Elsner 2014, 5). Somit könnten Comics auch das Potenzial bergen, eine Brücke „zwischen dem klassischen Buch und digitalen Medien" (ebd., 8) zu schlagen sowie grundsätzlich in „einer immer stärker vom Visuellen geprägten Welt" auf kompetenten, aber auch kritischen Umgang „in ihrer Lebensumwelt vorhandenen bildlichen Elementen" (Bermejo Muñoz & Vernal Schmidt 2016, 14) vorzubereiten (vgl. auch Gundermann 2014, 27).

Erkenntnisinteresse und Fragestellungen der nachfolgenden Fragebogenstudie
Auf der Grundlage des dargelegten Forschungsstandes zu Comics und ihrem Einsatz im Fremdsprachenunterricht widmet sich die nachfolgende Fragebogenstudie drei großen Bereichen (siehe Abb. 1): der Comicrezeption, der Comickompetenz und der Comicmotivation.

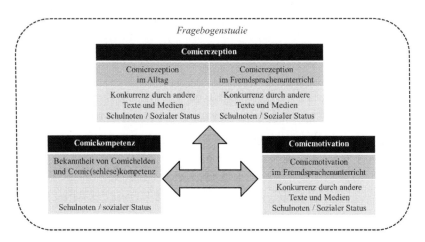

Abb. 1: Erkenntnisinteressen der Fragebogenstudie

Bezüglich der Comicrezeption stellt sich zunächst die Frage, wie häufig Lernende Comics – in Konkurrenz zu anderen Texten und Medien – nach eigenen Angaben in ihrem Alltag und im Fremdsprachenunterricht rezipieren und ob sich dabei Zusammenhänge mit den Schulnoten der Lernenden in den Fremdsprachen als Indikatoren für ihre (fremdsprachliche) Leistungsfähigkeit sowie ihrem sozialen Status ergeben. Hinsichtlich der Comickompetenz interessieren die Bekanntheit von Comichelden aus englisch-, französisch- und spanischsprachigen Comics sowie die Fähigkeiten der Lernenden bei der Rezeption. Zudem wird die Motivation der Lernenden ermittelt, sich im Fremdsprachenunterricht mit Comics – oder anderen Texten und Medien – zu beschäftigen. Sowohl Comickompetenz als auch Comicmotivation werden dabei auf einen Zusammenhang mit den Noten und dem sozialem Status der Lernenden untersucht, um möglichst genaue Aussagen über eventuelle Gründe für die Ergebnisse treffen und konkrete Konsequenzen für den Fremdsprachenunterricht formulieren zu können.

Antworten auf diese Erkenntnisinteressen sollen durch folgende operationalisierte Teilfragestellungen ermittelt werden:

Texte und Medien im Alltag der Lernenden (siehe Kap. 4.2.)
- Welche Neuen Medien besitzen die Lernenden?
  ➢ Gibt es Geschlechter- oder Jahrgangsstufenunterschiede?
  ➢ Gibt es einen Zusammenhang mit dem sozialen Status der Lernenden oder mit ihrer Englisch-, Französisch-, Latein- und/oder Spanischnote?
- Wie häufig rezipieren Lernende in ihrem Alltag Comics? Wie häufig nutzen sie (im Vergleich dazu) andere Texte und Medien in ihrem Alltag?
  ➢ Gibt es Geschlechter- oder Jahrgangsstufenunterschiede?
  ➢ Gibt es einen Zusammenhang mit dem sozialen Status der Lernenden oder mit ihrer Englisch-, Französisch-, Latein- und/oder Spanischnote?

Text und Medien im Fremdsprachenunterricht der Lernenden (siehe Kap. 4.3.)
(jeweils separat für Englisch, Französisch, Latein und Spanisch)
- Wie häufig werden laut Angabe der Lernenden in den einzelnen Fremdsprachenunterrichten Comics eingesetzt? Wie häufig kommen andere Texte und Medien zum Einsatz?
  ➢ Gibt es Jahrgangsstufenunterschiede? Lassen sich Unterschiede zwischen den Ergebnissen der Fremdsprachenunterrichte feststellen?

Wünsche für den Fremdsprachenunterricht der Lernenden (siehe Kap. 4.4.)
- Wie häufig wünschen sich Lernende, dass Comics im Fremdsprachenunterricht eingesetzt werden? Wie häufig wünschen sie sich im Vergleich dazu andere Texte und Medien?
  ➢ Gibt es Geschlechter- oder Jahrgangsstufenunterschiede?
  ➢ Gibt es einen Zusammenhang mit der Englisch-, Französisch-, Latein- und/ oder Spanischnote?

Bekanntheit von Comichelden (siehe Kap. 4.5.)
- Welche Helden aus englisch-, französisch- und spanischsprachigen Comics kennen die Lernenden?

➤ Gibt es Geschlechter-[13] oder Jahrgangsstufenunterschiede?
➤ Gibt es bei französisch- bzw. spanischsprachigen Comichelden Unterschiede zwischen Lernenden, die Französisch bzw. Spanisch lernen, und denjenigen, die die jeweilige Sprache nicht lernen?
- Welche Medien dieser Comichelden haben die Lernenden rezipiert?
  ➤ Gibt es Geschlechter- oder Jahrgangsstufenunterschiede?
- Welche Comichelden kennen die Lernenden mit Namen?
  ➤ Gibt es Geschlechter- oder Jahrgangsstufenunterschiede?
- Gibt es einen Zusammenhang zwischen Medienrezeption und Kenntnis des Namens?

Comickompetenz (siehe Kap. 4.6.)
- Wie hoch ist die Comickompetenz der Lernenden?
  ➤ Wie sieht es in den Teilbereichen Sprechreihenfolge, Gefühle, Sprechweise und Text-Bild-Bezüge aus?
  ➤ Gibt es Geschlechter- oder Jahrgangsstufenunterschiede?
  ➤ Gibt es einen Zusammenhang mit dem sozialen Status der Lernenden oder mit ihrer Englisch-, Französisch-, Latein- und/oder Spanischnote?
  ➤ Gibt es einen Zusammenhang damit, wie häufig im Alltag Comics rezipiert werden?
  ➤ Gibt es einen Zusammenhang damit, wie häufig Comics im ersten oder zweiten Fremdsprachenunterricht eingesetzt werden?
  ➤ Gibt es einen Zusammenhang zwischen Comickompetenz und Comicwunsch für den Fremdsprachenunterricht?

Comicmotivation (siehe Kap. 4.7.)
- Aus welchen Gründen sind Lernende (nicht) für den Einsatz von Comics im Fremdsprachenunterricht motiviert?
  ➤ Gibt es Geschlechter- oder Jahrgangsstufenunterschiede?
  ➤ Gibt es einen Zusammenhang mit der Englisch-, Französisch-, Latein- und/ oder Spanischnote?

---

[13] Da die Comichelden insgesamt nicht gleich bekannt sind, wurde auf eine Auswertung verzichtet, die ermittelt ob männliche oder weibliche Comichelden bekannter sind sowie ob Mädchen eher weibliche und Jungen eher männliche Comichelden kennen. Die meisten Comichelden sind Teil von Serien, in denen immer mehrere – sowohl männliche als auch weibliche – Hauptcharaktere auftreten, z.B. Simpsons, Ducktales, etc.

3. Forschungsdesign
3.1. Forschungsmethode

Für die Beantwortung der vorgestellten Fragestellungen ist eine schriftliche Befragung aller Lernenden jeder zweiten Jahrgangsstufe dreier nordrhein-westfälischer Gymnasien mithilfe eines Fragebogens – in *paper-and-pencil*-Form – ausgewählt worden, der hauptsächlich geschlossene Fragen enthält (siehe Kap. 3.2). Der Erkenntnisgewinn erfolgt somit datengeleitet und geplant systematisch – sowohl bezogen auf die Erhebung der Daten als auch auf ihre Auswertung und Interpretation –, so dass von empirischer Forschung gesprochen werden kann (vgl. Riemer 2014, 15).

Die Forschung ist weitestgehend geschlossen und quantitativ, um möglichst „generalisierbare Gesetzmäßigkeiten größerer Reichweite zu erkennen" (ebd., 20-21). Die eng fokussierten Fragestellungen basieren auf klar begrenzten theoretischen Vorannahmen (vgl. Daase & Hinrichs & Settinieri 2014, 104), die in der Realität überprüft werden sollen (Grotjahn 2007, 495) und sich aus dem Forschungsstand ableiten (siehe Kap. 2). Für die Ausnahmen, bei denen das Frageformat von dem ansonsten verwendeten geschlossenen abweicht („Wünsche für weitere Texte und Medien im Fremdsprachenunterricht" und „Gründe gegen Comics"), werden halboffene Fragen verwendet, die neben den vorgegebenen Antworten auch die Möglichkeit einer weiteren freien Antwort ermöglichen, da „das tatsächliche Universum möglicher Antworten auf eine Frage zwar gut abgeschätzt (geschlossene Frage), aber nicht definitiv bestimmt werden kann (offene Frage)" (Porst 1996, 739). Des Weiteren ist bei der Eintragung von Namen vorgegebener Comichelden im Fragebogen sowie bei der Begründung bestimmter Auswahlen bezüglich der Comickompetenz (siehe Anhang 1 und 2) ein Textfeld gegeben, um die Lernenden nicht durch Auswahlmöglichkeiten zu beeinflussen. Die Auswertung der Begründungen erfolgt jedoch quantitativ.

Es wurde eine Befragung der *Lernenden* ausgewählt, da so alle relevanten Bereiche abgedeckt werden können (Alltag, Fremdsprachenunterricht, Kompetenz, Wünsche und Motivation). In einzelnen Fällen, z.B. bezüglich des Einsatzes im Fremdsprachenunterricht, hätten zusätzlich die Lehrkräfte befragt werden können, da die durch den Lernendenfragebogen generierten Ergebnisse lediglich die Erinnerung der Lernenden abbilden. Dies ist jedoch aus kapazitären Gründen im

Rahmen der vorliegenden Studie nicht möglich. Ein *Paper-and-pencil*-Fragebogen ist zum einen ausgewählt worden, um eine möglichst hohe Rücklaufquote zu erreichen, da das Ausfüllen im Unterricht erfolgt, und zum anderen um den Lernenden, v.a. bezogen auf die Bekanntheit der Comichelden, keine Nachschlagemöglichkeit, z.b. im Internet, zu geben. Damit der Fragebogen für alle Lernenden ab der 6. Jahrgangsstufe verständlich ist, wurden ausschließlich kurze Fragen gestellt und der Fragebogen mit 50 Studierenden und zehn schulischen Lernenden im Nachhilfekontext pilotiert, um ihn so einer Güteprüfung zu unterziehen (vgl. Daase & Hinrichs & Settinieri 2014, 106). Dabei sollte der Bogen sowohl ausgefüllt als auch spontane Äußerungen in Form lauten Denkens geäußert werden, um z.b. mögliche Missverständnisse in den Fragestellungen aufzudecken.

Des Weiteren wurden Anstrengungen unternommen, um die Forschung objektiv, reliabel und valide vorzubereiten, durchzuführen und auszuwerten. Die „intersubjektive Nachvollziehbarkeit" (Schmelter 2014, 35) des Fragebogens wurde durch die Pilotierung erreicht, die Intersubjektivität der Methode durch die zweifache, parallele Auswertung der Bögen durch die Unterstützung einer Hilfskraft. Diese doppelte Auswertung hat gezeigt, dass die Auswertung der Bögen eindeutig möglich war, so dass sehr wahrscheinlich ist, dass auch andere Forscherinnen und Forscher bei der Auswertung der Bögen zu demselben Ergebnis gekommen wären (vgl. Meyer & Fichten 2009, 56). Die Reliabilität der Forschung im Sinne einer zuverlässigen Datenerhebung und einer prinzipiellen Reproduzierbarkeit der Forschungsergebnisse (vgl. Grotjahn 2007, 496; Meyer & Fichten 2009, 56) ist durch die genaue Beschreibung der Prozesse der Datenerhebung, -aufbereitung, -auswertung und -interpretation weitgehend gegeben. Es ist dabei unbestritten, dass bei der Durchführung der Befragung an anderen Schulen oder an denselben Schulen zu einem späteren Zeitpunkt durchaus auch abweichende Ergebnisse durch andere Einflussfaktoren denkbar sind.

Dass die Forschung valide ist, indem sie wirklich das erforscht, was sie zu forschen vorgibt (vgl. Meyer & Fichten 2009, 57), zeigt die Ableitung von Fragestellungen und Fragebogen aus dem Forschungsstand. Interne Validität, d.h. die Eindeutigkeit, „mit der ein Untersuchungsergebnis inhaltlich auf die Hypothese bezogen werden kann" (Bortz & Döring 2006, 33), ist dabei miteingeschlossen. Inwiefern von externer Validität durch eine „Generalisierbarkeit der Ergebnisse einer Untersuchung auf andere Personen, Objekte, Situationen und/ oder Zeitpunkte" (ebd.) ausgegangen werden kann, bleibt wie bereits angedeutet vage. Zwar bemüht sich die Studie mit 932 Probanden um eine große Stichprobe, die Gesamtheit der Fremdsprachenlernenden und eine über den Zeitpunkt der Erhebung hinausgehende Gültigkeit kann aber nur beschränkt attestiert werden. Nur begrenzt valide ist in jedem Fall die letzte Seite des Fragebogens (siehe Anhang 1 und 2), da nur wenige, ausgewählte Elemente von Comickompetenz durch den Fragebogen erfasst werden konnten. Hier wäre ein umfänglicher, sprachspezifischer Test, damit auch fremdsprachliche Textinhalte einbezogen werden können, in zukünftigen Forschungsprojekten wünschenswert, im Rahmen der aktuellen Studie ist dieser aufgrund der Vielfalt der Fragestellungen nicht möglich.

Hinsichtlich der Ausrichtung der Studie bleibt zu betonen, dass mit dem Ziel, möglichst hohe Objektivität, Reliabilität und Validität zu erreichen, auf Standardisierung und Kontrolle gesetzt worden ist. Dies schränkt unbestritten „Umgang und ‚Tiefe' der erhaltenen Informationen" (Grotjahn 2007, 496) deutlich ein und führt damit zur „Vernachlässigung des Einzelfalls" (ebd.), der im Rahmen dieser Forschung jedoch nicht im Zentrum steht bzw. den Fragestellungen entsprechend auch nicht im Zentrum stehen soll. Ziel der Fragebogenstudie ist vielmehr, Fachdidaktikerinnen und Fachdidaktikern sowie Fremdsprachenlehrkräften verlässliche Erkenntnisse rund um den Einsatz von Comics im Fremdsprachenunterricht vorzustellen und durch die generierten Ergebnisse „wissenschaftlich begründete Handlungsempfehlungen" (ebd.) zum Einsatz von Comics zu liefern, die „zu einer Verbesserung der Unterrichtspraxis" (ebd.) beitragen können.

3.2. Aufbau des Fragebogens
Die Lernenden der Stufe 6 erhielten eine Version des Fragebogens (siehe Anhang 1), die hinsichtlich des Fremdsprachenunterrichtes nur Bezug auf Englisch nimmt. Die Lernenden der Stufen 8, 10, 12, die schon seit Längerem mehrere Fremdsprachen lernen, erhielten eine erweiterte Version (siehe Anhang 2).

Der Fragebogen[14] beginnt mit einem kurzen Einleitungstext. Darin werden die Lernenden begrüßt und ihnen wird für ihre Teilnahme an der Umfrage gedankt[15]. Anschließend wird die reine Wissenschaftlichkeit des Fragebogens betont sowie akzentuiert, dass es größtenteils um Angaben zur eigenen Person und um Einschätzungen geht. Des Weiteren wird um Ehrlichkeit gebeten und Anonymität sowie Vertraulichkeit werden zugesichert.

Der anschließende Fragebogen „Texte und Medien in Fremdsprachenunterricht und Alltag" gliedert sich in zwei große Segmente: Auf den ersten drei Seiten geht es nach persönlichen Angaben um den Umgang mit Texten und Medien; auf den letzten drei Seiten werden gezielt Comics in den Blick genommen.

Teil I: Texte und Medien in Fremdsprachenunterricht und Alltag
Demographische Angaben
Zunächst werden die Lernenden gebeten, ihre Klassenstufe und ihr Geschlecht durch Ankreuzen kenntlich zu machen sowie ihr Alter einzutragen. Es folgt ein Block zum Besitz moderner Medien, in dem die Lernenden jeweils ankreuzen können, welche Medien sie selbst besitzen. Die Auswahl der Medien beinhaltet die klassischen modernen Freizeitmedien heutiger Jugendlicher: Handy/Smartphone/iPhone mit oder ohne Internetzugang, iPod/mp3-Player, Tablet/iPad, Computer/Laptop, Spielekonsolen und Fernseher.

Zur Erfassung des sozialen Status bzw. des kulturellen Kapitals der befragten Lernenden wird die klassische Bücherfrage verwendet, die sich in zahlreichen Studien als reliabel und valide erwiesen hat. Dabei geben die Lernenden durch Ankreuzen an, wie viele Bücher es bei ihnen zu Hause ungefähr gibt: sehr wenige (bis zehn Bücher), etwa ein Bücherbrett (11-24 Bücher), etwa ein Bücherregal (25-100 Bücher), etwa zwei Bücherregale (101-200 Bücher) oder als letzte Möglichkeit drei oder mehr Bücherregale (mehr als 200 Bücher). Es sei an dieser Stelle angemerkt, dass angesichts der steigenden Anzahl von E-Books in naher Zukunft möglicherweise eine Überarbeitung dieser Frage für weitere Studien notwendig sein könnte. Für den Moment wird noch davon ausgegangen, dass die

---

[14] Der Fragebogen für die Lernenden hatte nur vier Seiten. Aufgrund der notwendigen Layoutveränderungen ist der Fragebogen in dieser Veröffentlichung etwas länger geworden.
[15] Am Ende des Fragebogens wird dieser Dank noch einmal wiederholt.

meisten Bücher in gedruckter Form anzutreffen sind, sodass die Lernenden anhand des visuellen Eindrucks der heimischen Bücherregale eine Einschätzung vornehmen können. Dies deckt sich auch mit den Ergebnissen der JIM-Studie (Jugend, Information, (Multi-)Media, 2014), die belegen, dass bisher nur 5 % der 12- bis 19-Jährigen regelmäßig E-Books lesen (vgl. Medienpädagogischer Forschungsverbund Südwest 2014, 11-12).

Für die Stufe 6 sieht dieser erste Teil des Fragebogens etwas anders aus als für die anderen drei Stufen. Dies liegt darin begründet, dass die Erhebung so früh im Schuljahr durchgeführt wurde, dass die Lernenden noch keine aussagekräftigen Angaben zum zweiten Fremdsprachenunterricht, der gerade erst begonnen hatte, hätten treffen können.[16] Aus diesem Grund müssen die Lernenden der Stufe 6 nicht ankreuzen, welche Klasse sie besuchen, denn ihr Bogen war eindeutig zu identifizieren, und es entfallen die nachfolgend erläuterten Fragen zu den Fremdsprachen und ihrer Reihenfolge. Lediglich die letzte Englischzeugnisnote soll eingetragen werden (siehe Anhang 1). Durch dieses Vorgehen konnte auf „Filterfragen" verzichtet werden, die nur von bestimmten Lernenden beantwortet werden und somit v.a. bei jüngeren Lernenden leicht zu Verwirrungen führen könnten (vgl. Daase & Hinrichs & Settinieri 2014, 107).

Fremdsprachenunterricht

Der nächste Block fordert die Lernenden dazu auf anzukreuzen, welche Fremdsprachen sie lernen. Zur Auswahl stehen Englisch, Französisch, Spanisch, Latein und Sonstige. Des Weiteren werden die Lernenden gebeten, die Reihenfolge der gelernten Fremdsprachen sowie die jeweils letzte Zeugnisnote in den Fremdsprachen einzutragen. Diese Angaben sind von Bedeutung, um die darauffolgenden Blöcke bezüglich des Text- und Medieneinsatzes im ersten bzw. zweiten Fremdsprachenunterricht im Nachhinein den jeweiligen Sprachen zuordnen zu können. Mithilfe der Noten als Indikatoren können zudem Korrelationen mit dem Leistungsniveau der Lernenden im jeweiligen Fremdsprachenunterricht hergestellt werden.

---

[16] Es stand bei der Konzeption des Fragebogens bereits fest, dass ausschließlich Schulen für die Befragung infrage kommen, die Englisch als erste Fremdsprache anbieten.

Bei den Angaben zur Einsatzhäufigkeit bestimmter Texte und Medien in ihrem ersten bzw. zweiten Fremdsprachenunterricht können die Lernenden auf einer vierstufigen, verbal bezeichneten Skala zwischen „nie", „einmal im Schuljahr", „monatlich" und „wöchentlich" wählen. Auch wenn damit nicht alle Zeiträume abgedeckt sind, z.b. „zweimal im Monat", ist an dieser Stelle ein Schätzwert der Lernenden ausreichend. Die Entscheidung für die vorgestellten Bezeichnungen ist zudem getroffen worden, damit möglichst wenig Interpretationsspielraum bei den einzelnen Lernenden liegt, wie es bei Angaben wie „selten" und „häufig" der Fall wäre. Zudem ist diese Skala realitätsnah und einfach lesbar (vgl. Daase & Hinrichs & Settinieri 2014, 107). Die zur Auswahl stehenden Texte und Medien beinhalten sowohl klassische Texte und Medien, die im Fremdsprachenunterricht eingesetzt werden, als auch moderne bis hin zu Spielekonsolen. Dies ist darauf zurückzuführen, dass der gleiche Block von Texten und Medien auch für den Alltag genutzt wird. Diese Liste ist somit als Gesamtkatalog für die Lebenswelt von Jugendlichen zu verstehen und beinhaltet konkret folgende Texte und Medien: Romane, Kurzgeschichten, Gedichte, Zeitungsartikel, Zeitschriftenartikel, Comics, Mangas, Karikaturen, Fotos, Lieder/Musik, Filme, Fernsehserien, Theaterstücke, Handys/Smartphones/iPhones, Tablets/iPads, Laptops/Computer und Spielekonsolen. Angegeben werden soll ihre Einsatzhäufigkeit im ersten und zweiten Fremdsprachenunterricht. Für die Stufe 6 gibt es – den obigen Bemerkungen entsprechend – nur einen Block zum Einsatz im Englischunterricht.

Der anschließende Block mit demselben Text-Medien-Katalog fragt die Lernenden nun nach ihren Wünschen bezüglich der Einsatzhäufigkeit der jeweiligen Texte und Medien im Fremdsprachen- bzw. Englischunterricht. Anschließend wird ein Textfeld zur Verfügung gestellt, in das die Lernenden weitere Texte und Medien eintragen können, die ihnen in dem Katalog fehlen, mit denen sie sich jedoch gerne im Fremdsprachenunterricht beschäftigen würden.

Alltagsnutzung
Mittels der letzten Frage des ersten Teils des Fragebogens sollen die Lernenden in Bezug auf den bekannten Text-Medien-Katalog ihre Nutzungshäufigkeit im Alltag angeben. Die Skala ist hier fünfstufig, da im Gegensatz zum Fremdsprachenunterricht, der nicht täglich stattfindet, die kleinste Einheit für das Alltagsverhalten der tägliche Gebrauch sein soll. Zur Auswahl stehen hier die Skalenpunkte „nie", „einmal im Jahr", „monatlich", „wöchentlich" und „täglich".

Teil II: Bekanntheit von Comichelden, Comickompetenz und -motivation
Bekanntheit vom Comichelden und ihren Medien
Die dritte Seite des Fragebogens fordert die Lernenden anhand von 20 Bildern auf, die abgebildeten Comichelden als ihnen „bekannt" oder „unbekannt" einzustufen. Des Weiteren werden sie gebeten anzukreuzen, ob sie die dazugehörigen Comics gelesen und/oder die Filme oder Serien der Comichelden gesehen haben. Abschließend sollen sie, wenn möglich, die Namen eintragen, wobei bei divergierenden Übersetzungen sowohl fremdsprachliche als auch deutsche Namen anerkannt werden. Die Auswahl der Comichelden gründet auf folgenden drei Kriterien: erstens auf Internetrecherchen, welche englisch-, französisch- und spanischsprachigen Comics in deutscher Übersetzung in Deutschland verkauft werden; zweitens darauf, welche Comichelden in den Zielkulturen von besonderer Bedeutung sind, und drittens auf Recherchen, welche Comichelden laut Unterrichtsvorschlägen in Fachzeitschriften (siehe Kap. 2) im Fremdsprachenunterricht vermutlich schon eingesetzt werden. Teilweise erfüllen Comichelden wie *Asterix* alle drei Kriterien; andere wie *Las hermanas Gilda* sind in Deutschland und im Fremdsprachenunterricht aller Wahrscheinlichkeit nach eher unbekannt. Aufgrund des sich aus der unterschiedlichen Bekanntheit ergebenden breiten Spektrums an Comichelden werden die Lernenden somit angeregt, ihre Antworten für jeden Helden genau zu bedenken. Die Anordnung im Fragebogen beruht auf einer bewussten Mischung aus englisch-, französisch- und spanischsprachigen Comichelden und platziert vermutlich bekanntere sowohl zu Beginn als auch in der Mitte und gegen Ende der Seite, um die Motivation durchgängig durch Erfolgserlebnisse aufrecht zu erhalten.

Aus englischsprachigen Comics sind zehn Helden vertreten, da die Auswahl nach den obigen Kriterien hier deutlich größer ist als für Französisch und Spanisch: Superhelden (Catwoman, Superman, Spiderman, Batman, The Flash und Wonder Woman), Disneyfiguren (Minnie Mouse und Daisy Duck), The Simpsons (Lisa Simpson) sowie The Peanuts (Charlie Brown). Für den Französischunterricht sind sieben Comichelden vertreten: Asterix und Obelix, Lucky Luke, Schlumpfine (Schtroumpfette), Titeuf, Adèle Blanc-Sec, Gaston Lagaffe und Tim und Struppi (Tintin). Die verbleibenden drei Comichelden kommen aus der spanischsprachigen Comicszene: Mafalda, Las hermanas Gilda und Clever und Smart (Mortadelo y Filemón). Das teilweise Auswählen von weiblichen Charakteren, z.b. Minnie Mouse statt Mickey Mouse, geht darauf zurück, dass ein möglichst ausgeglichenes Verhältnis von weiblichen und männlichen Comichelden aufgeführt werden soll, um eine Verzerrung der Bekanntheit bei Mädchen und Jungen durch das Geschlecht des Comichelden zu verhindern. Insgesamt machen die Rechercheergebnisse jedoch deutlich, dass häufiger männliche Charaktere als Titelhelden fungieren und die Bekanntheit ggf. die ganze Comicreihe betrifft, sodass dieser Effekt nicht ganz kontrolliert werden kann.

<u>Comickompetenz</u>
Es ist unbestritten, dass vier kurze Aufgaben keine valide oder reliable Aussage über die Comickompetenz von Lernenden treffen können. Die Ergebnisse der gestellten Aufgaben sollen somit lediglich erste Hinweise auf die Fähigkeit der Lernenden geben, vier zentrale Anforderungen zu erfüllen, die Comics an ihre Leserinnen und Leser stellen: Leserichtung, Darstellung von Gefühlen, Sprechweisen und Text-Bild-Bezüge. Dabei liegt der Schwerpunkt aufgrund der breiten Stichprobe mit unterschiedlichen Fremdsprachen und unterschiedlichen fremdsprachlichen Kompetenzniveaus auf den visuellen Elementen des Comics sowie auf solchen, die Bezüge zwischen Text und Bild herstellen, wobei jedoch immer auch eine Übersetzung ins Deutsche angegeben wird, weil nicht alle Probanden die ausgewählten französischsprachigen Ausschnitte verstehen würden.

Wie in Kapitel 2 bereits dargestellt, entspricht die Leserichtung von westlichen Comics der Leserichtung rein sprachlicher Texte von oben nach unten und von links nach rechts. Ob Lernenden dies bewusst ist, wird anhand einer Aufgabe überprüft, in der drei nicht zusammenhängende Comicbilder abgedruckt sind, in denen der Text in den Sprechblasen gelöscht worden ist. Aufgabe der Lernenden ist es, die Sprechblasen in der Reihenfolge durchzunummerieren, in der sie in dieser Szene geäußert werden. Damit die Lernenden die Aufgabenstellung unmittelbar verstehen, wird ein Beispiel angegeben.

Die zweite Aufgabe beschäftigt sich mit der Darstellung von Gefühlen anhand eines Bildes, in dem ein Herz über Obelix zerbricht, der erschrocken und angespannt auf einer Bank sitzt, wie Gestik, Mimik, sein hochfliegender Helm und Striche anzeigen. Um die Interpretation rein auf die bildliche Darstellung von Gefühlen zu lenken, wurde der Text in den Sprechblasen auch hier getilgt. Die Lernenden sollen zunächst auswählen, wie sich Obelix fühlt, der zur eindeutigen Identifizierung entsprechend benannt worden ist. Hierfür stehen folgende Möglichkeiten zur Auswahl: „glücklich verliebt", „unglücklich verliebt", „positiv überrascht" oder „entspannt". Anschließend sollen sie in eigenen Worten eine Begründung für die ausgewählte Antwort formulieren. Auf vorgegebene Antworten wird hier bewusst verzichtet, um die Lernenden nicht zu beeinflussen.

Die dritte Aufgabe widmet sich bildlichen Darstellungsmöglichkeiten für Sprechweisen im Comic. Ein Koch fragt Asterix und Obelix, die Legionärsuniformen tragen, ob sie vielleicht raffiniertere Speisen zu essen wünschen. Sowohl seine Frage als auch die Antworten von Asterix und Obelix, die sofort konkrete Essenswünsche äußern, sind auf Deutsch übersetzt abgebildet. Anhand der kleinen Vögel und Blumen in der Sprechblase des Kochs in Kombination mit seiner Gestik und Mimik sollen die Lernenden hier den ironischen, übertrieben freundlichen Ton des Kochs erkennen. Zur Auswahl stehen neben „übertrieben freundlich" noch „so wie Asterix und Obelix" sowie „verärgert". Anschließend soll die eigene Auswahl erneut in eigenen Worten begründet werden.

Die vierte Aufgabe nimmt tiefergehende Text-Bild-Bezüge in den Blick. Es sind zwei aufeinanderfolgende Bilder abgedruckt. Im ersten Bild begrüßt der Wirt einer Herberge Asterix und Obelix und fragt sie, ob sie ein Zimmer beziehen möchten. Asterix bejaht dies und bestellt zwei Wildschweine, Obelix bestellt für sich auch zwei. Die Übersetzung des Dialogs ins Deutsche ist wieder angegeben. Zum darauffolgenden Bild, in dem die Sprechblaseninhalte gelöscht worden sind, sollen die Lernenden nun notieren, worüber Obelix und der Wirt in dieser Szene sprechen. Dabei sollen sie erkennen, dass die beiden nicht mehr über die Wildschweine, sondern über den Hinkelstein sprechen, der neben der Eingangstür steht und auf den Obelix mit dem Finger zeigt. Der Wirt schaut auf den Stein und die Striche über seinem Kopf suggerieren eine überraschte, ggf. geschockte Reaktion auf Obelix' Aussage zu dem Hinkelstein. Hier sollen sowohl der Inhalt des Gesprächs als auch die Begründung selbst verfasst werden, um keine Lenkung durch vorgegebene Antwortmöglichkeiten vorzunehmen.

Comicmotivation
Der letzte Teil des Fragebogens beschäftigt sich mit Gründen für oder gegen den Einsatz von Comics im Fremdsprachenunterricht aus Sicht der Lernenden. Dafür wird eine vierstufige Skala verwendet – „stimme nicht zu", „stimme eher nicht zu", „stimme eher zu" und „stimme zu" –, damit die Lernenden zumindest eine Tendenz bezüglich ihrer Zustimmung oder Ablehnung angeben müssen (vgl. Daase & Hinrichs & Settinieri 2014, 106). Anhand der vier Skalenpunkte sollen die Lernenden angeben, inwiefern sie erstens zustimmen, dass die Komik in Comics diese für den Fremdsprachenunterricht prädestiniert, zweitens, dass die vielen Bilder in Comics ein Grund für ihren Einsatz im Unterricht sind, drittens, dass der wenige Text von Vorteil ist, viertens, dass die Bilder in Comics das Textverständnis erleichtern und fünftens, dass Comics eine willkommene Abwechslung im Fremdsprachenunterricht darstellen (würden). Es handelt sich dabei um Gründe, die in der Forschungsliteratur und in den Unterrichtsvorschlägen (siehe Kap. 2) sowie bei informellen Gesprächen mit Lehrkräften häufig genannt werden. Hier soll erfasst werden, inwiefern diese Gründe auch für Lernende von Relevanz sind. Abschließend gibt es noch ein Textfeld, in dem v.a. die Lernenden, die mehr als zweimal „stimme nicht zu" oder „stimme eher nicht zu" angekreuzt haben, die Gelegenheit erhalten aufzuschreiben, warum sie sich im Fremdsprachenunterricht (eher) nicht mit Comics beschäftigen möchten.

3.3. Durchführung der Befragung

Zu Beginn des Schuljahres 2014/15 wurde Kontakt zu drei persönlich bekannten Gymnasien in drei verschiedenen Städten Nordrhein-Westfalens aufgenommen (für Details zu den Schulen siehe Kap. 4.1. „Stichprobe"). Die Kontaktaufnahme erfolgte anhand eines Anschreibens an die Schulleitung (siehe Anhang 3), dem als Anhänge die zwei Fragebogenversionen in einfacher Ausführung zur Ansicht (siehe Anhänge 1 und 2) sowie eine Anleitung für die Lehrkräfte (siehe Anhang 4) und eine an die Eltern aller (minderjährigen) Lernenden gerichtete Einverständniserklärung (siehe Anhang 5) beigefügt waren.

Nachdem sich die drei Schulen bereit erklärt hatten, an der Fragebogenstudie teilzunehmen, wurden von den Kontaktpersonen an den Schulen Listen mit einer Übersicht über die Lehrkräfte, die die Befragung in den einzelnen Lerngruppen durchführen sollten, und der Anzahl der jeweiligen Lernenden gemeldet. Auf dieser Grundlage konnten Umschläge mit einer ausreichenden Anzahl von Fragebögen und Elterneinverständniserklärungen zusammen mit einer an die Lehrkraft adressierten Durchführungsanleitung an die Schulen geliefert werden. Die Befragung wurde in den Stufen 6 und 8 vom Klassenlehrer, in den Stufen 10 und 12 von den Deutschlehrkräften im Unterricht durchgeführt. Zunächst wurden die Einverständniserklärungen für die Eltern an die minderjährigen Lernenden verteilt. Nach Rückerhalt nahmen diejenigen Lernenden teil, deren Eltern – bzw. bei den volljährigen Lernenden diejenigen, die selbst – der Befragung zugestimmt hatten. Die Lehrkräfte achteten auf Einzelarbeit, um individuelle Antworten sicherzustellen, und eine maximale Bearbeitungszeit von 20 Minuten, die sich in Probeläufen als ausreichend erwiesen hatte. Anschließend wurden die Fragebögen jeder Lerngruppe in einem Umschlag gesammelt, der mit den Umschlägen der anderen Lerngruppen zurück an die Universität gegeben wurde. Zu Beginn des zweiten Halbjahres war die Datenerhebung abgeschlossen.

3.4. Vorgehen bei der Datenauswertung

Die quantitative Auswertung der anhand der Fragebögen erhobenen Daten erfolgte mittels SPSS (*Statistical Package for Social Sciences*) in der Version 22. Zunächst wurden im Bereich der deskriptiven Statistik Häufigkeiten sowie Kreuztabellen, z.B. bei Fragestellungen zu Geschlechts- und Klassenstufenunterschieden, Mittelwerte (MW), Standardabweichungen (SD) und Prozentverteilungen genutzt. Um Unterschiede zwischen den Befragten zu ermitteln, nutzen viele Forscher einen T-Test. Voraussetzungen für dessen Nutzung sind jedoch intervallskalierte Daten sowie das Vorliegen einer Normalverteilung. Ob diese gegeben ist, wurde mittels eines Kolmogorov-Smirnov-Tests geprüft (vgl. Brosius 2013, 412-413, 479; Bühl 2014, 380-381). Da diese Tests in weiten Teilen ergaben, dass keine Normalverteilung gegeben ist, wurde für die gesamte Studie, um Unterschiede zwischen den Befragten aufzudecken, auf nicht parametrische Tests zurückgegriffen – und kein T-Test durchgeführt.[17] Zur Ermittlung von Signifikanzwerten bei Fragestellungen nach Unterschieden kamen somit der Kruskal-Wallis-Test für mehrere unabhängige Stichproben wie die Klassenstufen und der Mann-Whitney-U-Test für zwei abhängige Stichproben wie Geschlechter oder zwei benachbarte Klassenstufen zum Einsatz. Beurteilt wurde auf einem Signifikanzniveau von 0,05.[18]

Bei Fragestellungen nach Zusammenhängen wurden bei zwei ordinal- oder intervallskalierten Variablen bivariate Korrelationen anhand des auf die Werte von -1 bis 1 normierten Spearman-Rho-Tests ermittelt – je nach Ergebnis auf einem Signifikanzniveau von 0,01 oder 0,05 (siehe die Angaben in Kap. 4). Bei der Kombination einer ordinal- oder einer intervallskalierten Variable mit einer nominalskalierten Variablen kam der auf Werte zwischen 0 und 1 normierte Cramers-V-Test auf einem Signifikanzniveau von 0,05 zum Einsatz.

Bei den Namen der Comichelden, die die befragten Lernenden aufschreiben sollten, sofern sie ihnen bekannt waren, wurden die Antworten als richtig oder falsch bewertet. Als richtig galt die Angabe des Namens der/s gezeigten Comichelden – auf Deutsch oder in der jeweiligen Fremdsprache – oder die Angabe des Titels der Comics, z.B. „Schlümpfe" statt „Schlumpfine" oder „Simpsons" statt „Lisa Simpson". Als falsch wurde keine Angabe oder die Angabe einer anderen Person der Serie gewertet, z.B. „Marge" statt „Lisa Simpson".

Die Begründungen der Lernenden bezüglich der Comickompetenzaufgaben, die ebenfalls in eigenen Worten erfolgen sollten, sind – in Kombination mit der vorherigen Auswahlaufgabe – hingegen den Stufen „falsche Antwort", „richtige

---

[17] Beispielhaft sei erwähnt, dass sich der mithilfe des Kolmogorov-Smirnov-Tests registrierte Signifikanzwert bei der Prüfung auf eine Normalverteilung bei der Alltagsnutzung von Comics oder Kurzgeschichten auf 0,000 beläuft. Laut Bühl und Brosius ist eine signifikante Abweichung von der Normalverteilung bei einem Signifikanzwert gegeben, der unter 0,05 liegt (vgl. Bühl 2014, 381; Brosius 2013, 405), was hier der Fall ist. Abgesehen davon kann eine Debatte über das Skalenniveau der Daten geführt werden (vgl. Brosius 2013, 78-79). Dass einigen Daten das Ordinalskalenniveau zugewiesen wird, ist ein zweiter Grund, keinen T-Test durchzuführen.

[18] Die Adjektive „signifikant" und „veritabel" werden im Folgenden synonym verwendet.

Auswahl, falsche Begründung", „richtige Auswahl, halbrichtige Begründung" (wenn in der Begründung nur Teile der korrekten Antwort geliefert wurden) und „richtige Auswahl, richtige Begründung" zugeordnet und anschließend rein quantitativ ausgewertet worden, um hier zu einem Kompetenzniveau zu gelangen. Anschließend sind die Teilergebnisse der vier Comickompetenzbereiche zu einem Wert zusammengezogen worden: Die Lernenden konnten dabei zwischen 0 und 12 Punkte erreichen, die drei Niveaustufen zugeordnet wurden: 0-3 Punkte: geringe Comickompetenz, 4-8 Punkte: mittlere Comickompetenz und 9-12 Punkte: hohe Comickompetenz.

An zwei Stellen war zudem eine qualitative Auswertung notwendig: zum einen bei den frei zu formulierenden sonstigen Wünschen für den Einsatz von Texten und Medien im Fremdsprachenunterricht, zum anderen bei der letzten Frage nach Gründen gegen den Einsatz von Comics im Fremdsprachenunterricht. In diesem Fall wurden die freien Antworten nach Oberthemen geclustert und deskriptiv dargestellt (siehe Kap. 4.4.1. und 4.7.1.).

4. Ergebnisse und Diskussion

4.1. Stichprobenbeschreibung

Die Stichprobe setzt sich aus 932 Schülerinnen und Schülern dreier nordrheinwestfälischer Gymnasien zusammen: 488 Mädchen (52,4 %) und 430 Jungen (46,1 %). 14 Lernende (1,5 %) machen keine Angabe zu ihrem Geschlecht. An den drei Gymnasien wurden jeweils die Lernenden der Stufen 6, 8, 10 und 12 befragt: Insgesamt haben 262 Sechstklässler (28,1 %), 226 Achtklässler (24,2 %) sowie 227 Lernende der Stufe 10 (24,4 %) und 217 Lernende der Stufe 12 (23,3 %) den Fragebogen ausgefüllt (siehe Abb. 2). Die Teilstichproben sind somit ungefähr gleich groß. Die leicht abnehmende Anzahl an Befragten mit steigender Jahrgangsstufe lässt sich auch auf die sinkenden Schülerzahlen an den drei Gymnasien mit zunehmender Stufenhöhe zurückführen.

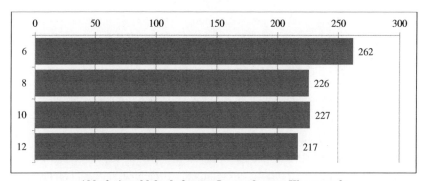

Abb. 2: Anzahl der befragten Lernenden pro Klassenstufe

Die Altersstruktur der Lernenden innerhalb der Stufen gliedert sich wie folgt: In der Stufe 6 sind die Lernenden der drei Gymnasien zu 97 % 11 bis 12 Jahre alt (Mittelwert (MW) = 11,34; Standardabweichung *(standard deviation* (SD) = 0,536). In der Stufe 8 sind die Lernenden zu 97,4 % 13 bis 14 Jahre alt (MW = 13,42; SD = 0,546). In der Stufe 10 sind die Lernenden zu 88,9 % 15 bis 16 Jahre alt (MW = 15,69; SD = 0,701). In der Stufe 12 sind die Lernenden zu 81,1 % 17 bis 18 Jahre alt (MW = 17,74; SD = 0,821). Die an der ansteigenden Standardabweichung abzulesende breitere Streuung der Altersstufen in den höheren Klassenstufen kann durch die zunehmende Heterogenität der schulischen Laufbahnen erklärt werden, die sich u.a. aus dem Wiederholen und Überspringen von Klassen sowie Schulwechseln ergibt.

Die Anzahl der Befragten verteilt sich ungleichmäßig auf die drei Gymnasien, da die drei Schulen unterschiedlich groß sind: 335 Lernende stammen von Gymnasium 1, 181 Lernende von Gymnasium 2 und 416 Lernende von Gymnasium 3. Entscheidend für die vorliegende Untersuchung ist u.a. die Sprachreihenfolge: An allen drei Gymnasien lernen die Schülerinnen und Schüler als erste Fremdsprache Englisch und können in der Stufe 6 zwischen Französisch und Latein wählen. An Gymnasium 1 ist zudem ein Drehtürmodell möglich, das Lernenden die hälftige Teilnahme sowohl am Französisch- als auch am Lateinunterricht ermöglicht. Französisch kann zudem in allen drei Schulen auch als neue Fremdsprache in der Stufe 8 und Stufe 10 gewählt werden. An Gymnasium 1 gibt es in der Stufe 8 zudem die Möglichkeit, Italienisch neu zu beginnen. Spanisch kann ausschließlich an Gymnasium 3 und dort ab der Stufe 10 als ordentliches Schulfach gewählt werden. An Gymnasium 1 wird Spanisch gar nicht angeboten, an Gymnasium 2 nur als unbenotete AG in der Oberstufe.

Für die konkrete Stichprobe (n = 932) stellt sich die Sprachenwahl wie folgt dar: 99,4 % der Lernenden geben an, Englisch als erste Fremdsprache zu lernen. Da an allen drei Schulen nur Englisch als erste Fremdsprache angeboten wird, kann es sich bei den abweichenden Angaben nur um irrtümliche Eintragungen oder ggf. Schulwechsler handeln. Die zweite Fremdsprache wurde nur für die Stufe 8 und die Stufen 10 und 12 erfragt, da der Erhebungszeitpunkt an Gymnasium 1 unmittelbar nach den Sommerferien lag, so dass die Lernenden noch keine Aussagen über den Unterricht in ihrer zweiten Fremdsprache hätten treffen können. In den Stufen 8, 10 und 12 (n = 635) lernen 41,0 % Französisch als zweite Fremdsprache, 46,3 % Latein und 5,7 % Spanisch. Die übrigen Schülerinnen und Schüler (7,0 %) geben an, eine andere Sprache zu lernen. Die Angabe zu Spanisch als zweite Fremdsprache ist nach der skizzierten Sprachreihenfolge im Prinzip an keiner Schule möglich. Sie könnte jedoch auch auf die vorherige Abwahl einer anderen Sprache zurückgeführt werden, die bei der Befragung nicht mehr angegeben worden ist, oder auf außerschulisches Sprachenlernen. Von den 119 Lernenden der Stufen 10 und 12, die eine dritte Fremdsprache lernen, geben 37,8 % Spanisch als dritte Fremdsprache an, 19,3 % Französisch und 10,9 % Latein. 0,8 % der Lernenden machen die Angabe, Englisch als dritte Fremdsprache zu lernen. 31,1 % geben an, sonstige Sprachen zu lernen, wobei es sich vermutlich um ein Sprachenlernen außerhalb des Schulunterrichts handelt. Insgesamt bedeutet dies, dass insgesamt 99,7 % der 932 Lernenden der Stichprobe Englisch, 32,5 % Französisch, 35,3 % Latein, 9 % Spanisch und 7,3 % sonstige Fremdsprachen lernen (siehe Abb. 3).

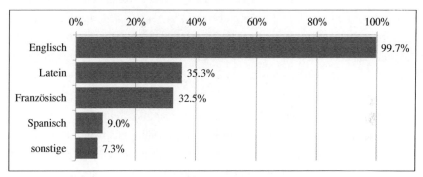

Abb. 3: Gelernte Fremdsprachen

Bezüglich der letzten Zeugnisnoten in den Fremdsprachen ergibt sich folgendes Bild: Von den 910 Lernenden, die Englisch lernen (19 weitere Englischlernende machen keine Angabe), hatten 8,6 % eine Eins, 28,0 % eine Zwei, 41,1 % eine Drei, 20,3 % eine Vier und 2,0 % eine Fünf (MW = 2,79; SD = 0,929). Von den 285 Lernenden, die Französisch lernen und ihre letzte Französischzeugnisnote angegeben haben (18 weitere Französischlernende machen keine Angabe), hatten 9,1 % eine Eins, 32,3 % eine Zwei, 39,6 % eine Drei, 16,8 % eine Vier und 2,1 % eine Fünf (MW = 2,71; SD = 0,925). Von den 319 Lernenden, die Latein lernen und ihre letzte Zeugnisnote preisgegeben haben (10 weitere Lateinlernende machen keine Angabe), hatten 12,5 % eine Eins, 26,3 % eine Zwei, 35,7 % eine Drei, 19,7 % eine Vier und 5,6 % eine Fünf (MW = 2,80; SD 1,072). Von den 79 Lernenden, die Spanisch lernen und ihre letzte Spanischzeugnisnote angegeben haben (fünf weitere Spanischlernende machen keine Angabe), hatten 10,1 % eine Eins, 45,6 % eine Zwei, 32,9 % eine Drei, 11,4 % eine Vier und keiner eine Fünf (MW = 2,46; SD = 0,829). Zu Spanisch muss bedacht werden, dass dies nur an Gymnasium 3 als benotetes Schulfach angeboten wird. Bei den

Noten der anderen Spanischlernenden handelt es sich folglich um nicht versetzungsrelevante Noten aus Arbeitsgemeinschaften oder außerschulischen Angeboten. Allerdings gehen 95,2 % auf den benoteten Spanischunterricht in Gymnasium 3 zurück, so dass diese Feinheit hier vernachlässigt werden kann. Insgesamt kann festgehalten werden, dass die Noten der vier Fremdsprachen in etwa gleiche Mittelwerte im Bereich zwischen 2,46 bis 2,80 aufweisen und auch die Standardabweichung zwischen 0,829 und 1,072 nicht wesentlich variiert. Tendenziell weist Spanisch – in seiner oben skizzierten Besonderheit – die beste Durchschnittsnote auf, Latein die schwächste. Latein hat jedoch auch die größte Streuung bei den Noten.

Die Ergebnisse der Bücherfrage, die zur Erfassung des sozialen Status der Lernenden (n = 932) eingesetzt worden ist, machen anhand des Ergebnisses des Kruskal-Wallis-Tests von 0,621 deutlich, dass sich die drei Gymnasien bezüglich des sozialen Status ihrer Schülerinnen und Schüler nicht signifikant unterscheiden, obwohl die Schulen unterschiedlich verortet sind: Gymnasium 1 und 3 befinden sich in einem eher ländlichen Gebiet in kleineren Städten mit etwa 56.000 bzw. 16.000 Einwohnern, während Gymnasium 2 in einer Stadt mit 164.000 Einwohnern zu finden ist. Für die Gesamtstichprobe lässt sich festhalten, dass 3,9 % der befragten Lernenden angeben, sehr wenige Bücher zu Hause zu haben (0 = sehr niedriger sozioökonomischer Status), 11,1 % ein Bücherbrett (1 = niedriger sozioökonomischer Status), 31,1 % etwa ein Bücherregal (2 = mittlerer sozioökonomischer Status), 24,6 % etwa zwei Bücherregale (3 = hoher sozioökonomischer Status) und 29,3 % drei oder mehr Bücherregale (4 = sehr hoher sozioökonomischer Status) (MW = 2,64; SD = 1,128) (siehe Abb. 4). Der Mittelwert von 2,64 macht trotz der großen Standardabweichung deutlich, dass die Lernenden aus Familien mit hohem bis sehr hohem sozioökonomischen Status stammen.

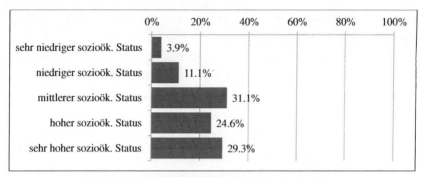

Abb. 4: Der sozioökonomische Status der Lernenden

Es lassen sich dabei zwischen dem sozialen Status und der Englisch- (n = 904) bzw. Französischnote (n = 285) mit Spearman-Rho-Signifikanzwerten von 0,001 bei Niveau 0,01 bzw. 0,043 bei Niveau 0,05 veritable, wenn auch sehr geringe negative Korrelationen mit den Korrelationskoeffizienten -0,113 und -0,120 feststellen, d.h.: Je höher der soziale Status, desto besser ist die Englisch- bzw. Französischnote. Dies lässt sich für die Latein- (n = 318) oder Spanischnote (n = 79) nicht feststellen: Die Spearman-Rho-Signifikanzwerte liegen dort bei 0,396 und 0,377.

4.2. Texte und Medien im Alltag der Lernenden
4.2.1. Medienbesitz der Lernenden – Ergebnisse

Dieses Teilkapitel beantwortet die folgenden Fragestellungen: Welche Neuen Medien besitzen die Lernenden? Gibt es Geschlechter- oder Jahrgangsstufenunterschiede? Gibt es einen Zusammenhang mit dem sozialen Status der Lernenden und ihrer Englisch-, Französisch-, Latein- und/oder Spanischnote?

Besitz eines eigenen Handys[19] (mit oder ohne Internetzugang)
Von den 932 befragten Lernenden besitzen 91,6 % ein eigenes Handy mit Internetzugang (siehe Abb. 5). Von den 8,4 % der Befragten (n = 78), die kein eigenes Handy mit Internet besitzen, verfügen 79,5 % über ein eigenes Handy ohne

---

[19] Der Begriff „Handy" impliziert im Folgenden auch Smart- und iPhones. Im Fragebogen sind alle drei Begriffe als Synonyme aufgeführt (siehe Anhang 1 und 2).

Internetzugang (siehe Abb. 6). Insgesamt haben somit 98,3 % der befragten Lernenden ein eigenes Handy.

Beim Besitz eines eigenen Handys mit Internetzugang zeigen sich durch den angewandten Mann-Whitney-U-Test mit einem Signifikanzwert von 0,290 keine veritablen Geschlechterunterschiede. Beim Besitz eines eigenen Handys ohne Internetzugang weist der Wert von 0,007 hingegen auf veritable Unterschiede hin: Mit 16,8 % zu 23,7 % geben weniger Mädchen als Jungen an, ein eigenes Handy ohne Internetzugang zu besitzen.

In Bezug auf die Jahrgangsstufen weist der Wert von 0,000 im Kruskal-Wallis-Test darauf hin, dass beim Besitz eines eigenen Handys mit Internetzugang signifikante Unterschiede zwischen den Klassenstufen bestehen. Der Einzelstufenvergleich mithilfe des Mann-Whitney-U-Tests macht deutlich, dass zwischen den Stufen 6 (n = 262) und 8 (n = 226) mit 0,000 und zwischen den Stufen 8 und 10 (n = 227) mit 0,035 veritable Unterschiede vorliegen, hingegen nicht zwischen den Stufen 10 und 12 (n = 217) mit 0,842. Insgesamt lässt sich eine ansteigende Tendenz des Handybesitzes mit Internetzugang über die Jahrgangsstufen feststellen: In der Stufe 6 besitzen 81,7 % der Lernenden ein eigenes Handy, in der Stufe 8 sind es 92,5 %, in der Stufe 10 96,9 % und in der Stufe 12 97,2 %. Beim Besitz eines eigenen Handys ohne Internetzugang zeigt der Kruskal-Wallis-Wert von 0,232, dass keine signifikanten Unterschiede zwischen den Klassenstufen vorliegen. Auch eine Tendenz lässt sich diesbezüglich nicht feststellen: Die Werte in den Stufen 6 (21,8 %), 10 (22,0 %) und 12 (22,1 %) sind vergleichbar, der Besitz eines eigenen Handys ohne Internetzugang ist lediglich in der Stufe 8 mit 15,0 % etwas geringer.

Der Besitz eines eigenen Handys mit Internetzugang korreliert dabei ebenso wenig mit dem sozialen Status der Lernenden, wie der Signifikanzwert von 0,312 im Cramers-V-Test deutlich macht, wie der Besitz eines eigenen Handys ohne Internetzugang mit dem Signifikanzwert von 0,633. Auch zwischen dem Besitz eines eigenen Handys (mit oder ohne Internetzugang) und der Englisch-, (0,410 bzw. 0,804) Französisch- (0,568 bzw. 0,712), Latein- (0,059 bzw. 0,721) oder Spanischnote (0,751 bzw. 0,844) lässt sich kein Zusammenhang feststellen.

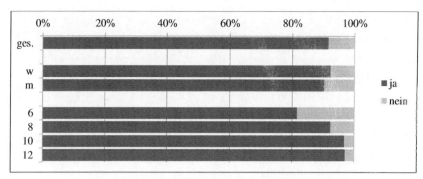

Abb. 5: Besitz eines eigenen Handys mit Internetzugang

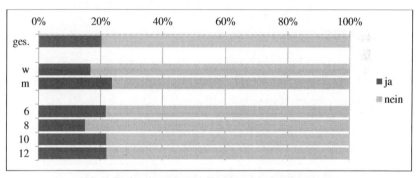

Abb. 6: Besitz eines eigenen Handys ohne Internetzugang

Besitz eines eigenen MP3-Players[20]

Von den 932 befragten Lernenden besitzen 54,9 % einen eigenen MP3-Player (siehe Abb. 7). Dabei lassen sich mit einem Signifikanzwert von 0,050 im angewandten Mann-Whitney-U-Test veritable Unterschiede zwischen den Geschlechtern feststellen: 58,0 % der Mädchen (n = 488), aber nur 51,2 % der Jungen (n = 430) verfügen über einen eigenen MP3-Player. Auch beim Vergleich der Jahrgangsstufen weist der Signifikanzwert von 0,018 im Kruskal-Wallis-Test auf veritable Unterschiede hin, die sich im Einzelstufenvergleich jedoch weder zwischen den Stufen 6 (n = 262) und 8 (n = 226) im Mann-Whitney-U-Test belegen lassen (0,234) noch zwischen den Stufen 8 und 10 (n = 227)

---

[20] Der Begriff „MP3-Player" impliziert im Folgenden auch iPods. Im Fragebogen sind beide Begriffe als Synonyme aufgeführt (siehe Anhang 1 und 2).

(0,919). Lediglich zwischen den Stufen 10 und 12 (n = 217) liegen mit dem Wert 0,044 im Mann-Whitney-U-Test signifikante Unterschiede vor. Ein Blick auf die Prozentzahlen verrät, dass der Besitz eines eigenen MP3-Players tendenziell mit der Jahrgangsstufe ansteigt: von 49,2 % (Stufe 6) zu 54,0 % (Stufe 8) zu 54,2 % (Stufe 10) auf 63,6 % (Stufe 12). Die Signifikanzwerte des Cramers-V-Tests machen darüber hinaus deutlich, dass weder eine Korrelation des MP3-Player-Besitzes mit dem sozialen Status der Lernenden (0,612) besteht noch mit ihrer Englisch- (0,565), Französisch- (0,239), Latein- (0,450) oder Spanischnote (0,647).

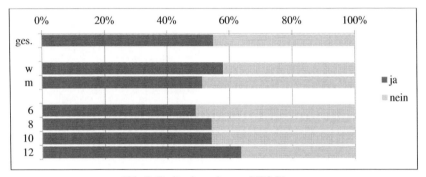

Abb. 7: Besitz eines eigenen MP3-Players

Besitz eines eigenen Tablets[21]
Von den 932 befragten Lernenden besitzen 28,0 % ein eigenes Tablet (siehe Abb. 8). Mit einem Signifikanzwert von 0,893 im Mann-Whitney-U-Test lassen sich diesbezüglich keine veritablen Unterschiede zwischen den Geschlechtern feststellen. Hinsichtlich der Klassenstufen weist der Wert von 0,000 im Kruskal-Wallis-Test hingegen auf signifikante Unterschiede beim Besitz eines eigenen Tablets hin. Der Einzelstufenvergleich per Mann-Whitney-U-Test macht deutlich, dass signifikante Unterschiede zwischen den Stufen 6 (n = 262) und 8 (n = 226) bestehen (0,006), nicht aber zwischen den Stufen 8 und 10 (n = 227) mit einem Signifikanzwert von 0,144 oder zwischen den Stufen 10 und 12 (n = 217)

---

[21] Der Begriff „Tablet" impliziert im Folgenden auch iPads. Im Fragebogen sind beide Begriffe als Synonyme aufgeführt (siehe Anhang 1 und 2).

mit einem Wert von 0,294. Ein Blick auf die Prozentzahlen lässt keine eindeutige Tendenz erkennen: In der Stufe 6 geben 38,2 % an, über ein eigenes Tablet zu verfügen, in den Stufen 8 sind es 26,5 %, in der Stufe 10 20,7 % und in der Stufe 12 24,9 %. Die Signifikanzwerte des Cramers-V-Tests machen zudem deutlich, dass der Besitz eines eigenen Tablets in keinem Zusammenhang mit dem sozialen Status (0,865), der Englisch- (0,734), Französisch- (0,204), Latein- (0,317) oder Spanischnote (0,868) der Lernenden steht.

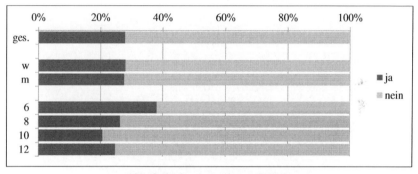

Abb. 8: Besitz eines eigenen Tablets

Besitz eines eigenen PCs[22]

Von den 932 befragten Lernenden besitzen 75,3 % einen eigenen PC (siehe Abb. 9). Der Signifikanzwert von 0,048 im Mann-Whitney-U-Test macht auf veritable Geschlechterunterschiede aufmerksam: 72,7 % der Mädchen (n = 488), aber 78,4 % der Jungen (n = 430) geben an, über einen eigenen PC zu verfügen. Auch der Wert von 0,000 im Kruskal-Wallis-Test deutet in Bezug auf die Jahrgangsstufen auf veritable Unterschiede hin, die sich im Einzelstufenvergleich zwischen den Stufen 6 (n = 262) und 8 (n = 226) mit 0,000 im Mann-Whitney-U-Test und zwischen den Stufen 8 und 10 (n = 227) mit 0,003 als signifikant erweisen, nicht aber mit 0,053 zwischen den Stufen 10 und 12 (n = 217). Ein Blick auf die Prozentzahlen lässt dabei eindeutig erkennen, dass mit der Jahrgangsstufe auch der Anteil der Lernenden ansteigt, die einen eigenen PC besit-

---

[22] Der Begriff „PC" impliziert im Folgenden auch Laptops. Im Fragebogen sind beide Begriffe als Synonyme aufgeführt (siehe Anhang 1 und 2).

zen: von 53,1 % in der Stufe 6 über 74,8 % in der Stufe 8 und 85,9 % in der Stufe 10 bis zu 91,7 % in der Stufe 12. Ein Signifikanzwert von 0,026 im Cramers-V-Test verdeutlicht, dass mit einem Wert von 0,109 eine sehr geringe Korrelation zwischen dem Besitz eines eigenen PCs und dem sozialen Status vorliegt: Je höher der soziale Status ist, desto häufiger besitzen die Lernenden einen eigenen PC. Zwischen dem Besitz eines eigenen PCs und der Englisch-, Französisch-, Latein- oder Spanischnote lassen sich im Test hingegen keine Zusammenhänge feststellen, wie die Werte 0,199, 0,478, 0,704 und 0,341 deutlich machen.

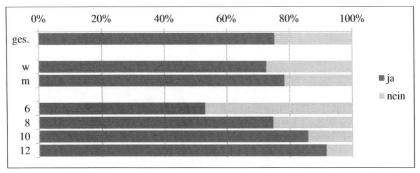

Abb. 9: Besitz eines eigenen PCs

Besitz mindestens einer eigenen Spielekonsole
Von den 932 befragten Lernenden besitzen 64,3 % eine eigene Spielekonsole (siehe Abb. 10). Der Mann-Whitney-U-Test-Signifikanzwert von 0,000 weist auf veritable Geschlechterunterschiede hin: 51,4 % der Mädchen (n = 488), aber 78,6 % der Jungen (n = 430) geben an, über mindestens eine eigene Spielekonsole zu verfügen. Mit einem Wert von 0,737 belegt der Kruskal-Wallis-Test, dass diesbezüglich keine signifikanten Jahrgangsstufenunterschiede vorliegen: 61,5 % (Stufe 6), 65,5 % (Stufe 8), 65,2 % (Stufe 10) und 65,4 % (Stufe 12). Im Cramers-V-Test lässt sich mit einem Signifikanzwert von 0,032 und einem Korrelationskoeffizienten von 0,107 eine sehr geringe Korrelation zwischen dem sozialen Status und dem Besitz mindestens einer eigenen Spielekonsole feststellen (n = 926). Das bedeutet: Je höher der soziale Status ist, desto häufiger haben die Lernenden mindestens eine Spielekonsole. Zusammenhänge zwischen dem Besitz mindestens einer eigenen Spielekonsole und den Noten im Fremdspra-

chenunterricht lassen sich hingegen nicht feststellen, weder mit der Englischnote mit einem Signifikanzwert von 0,092, noch mit der Französisch- (0,090), Latein- (0,820) oder der Spanischnote (0,507).

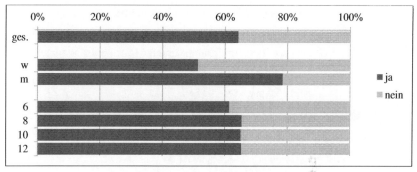

Abb. 10: Besitz einer eigenen Spielekonsole

Besitz eines eigenen Fernsehers
Von den 932 befragten Lernenden nennen 55,7 % einen Fernseher ihr Eigen (siehe Abb. 11). Der Signifikanzwert von 0,027 im Mann-Whitney-U-Test macht dabei deutlich, dass veritable Geschlechterunterschiede vorliegen: 52,3 % der Mädchen (n = 255) im Vergleich zu 59,5 % der Jungen (n = 256) geben an, über einen eigenen Fernseher zu verfügen. Auch in Bezug auf die Klassenstufen liegen laut Kruskal-Wallis-Test mit dem Wert von 0,000 signifikante Unterschiede vor, die sich im Einzelstufenvergleich per Mann-Whitney-U-Test mit 0,054 nicht zwischen den Stufen 6 (n = 262) und 8 (n = 226), aber mit 0,004 und 0,036 zwischen den Stufen 8 und 10 (n = 227) sowie mit 0,036 zwischen den Stufen 10 und 12 (n = 217) belegen lassen. Es wird deutlich, dass der Anteil der Lernenden, die einen eigenen Fernseher besitzen, von 40,8 % in der Stufe 6 über 49,6 % in der Stufe 8 und 63,0 % in der Stufe 10 bis zu 72,4 % in der Stufe 12 stetig ansteigt.

Bezüglich der Korrelation zwischen dem Besitz eines eigenen Fernsehers und dem sozialen Status der Lernenden lässt sich per Cramers-V mit einem Signifikanzwert von 0,000 und einem Korrelationskoeffizienten von 0,213 eine geringe Korrelation feststellen (n = 926): Je höher der soziale Status ist, desto häufiger wird der Besitz eines eigenen Fernsehers angegeben. Auch die Englischnote steht mit einem Korrelationskoeffizienten von 0,166 in einem sehr geringen positiven Zusammenhang mit dem Fernseherbesitz, wie der Cramers-V-Signifikanzwert von 0,000 verdeutlicht (n = 910): Je häufiger die Lernenden über einen eigenen Fernseher verfügen, desto schwächer ist die Englischnote. Es lassen sich hingegen keine Korrelationen zwischen dem Fernseherbesitz und der Französisch- (n = 285), Latein- (n = 319) und Spanischnote (n = 79) feststellen, wie die Werte von 0,161 (Französisch), 0,148 (Latein) und 0,615 (Spanisch) zeigen.

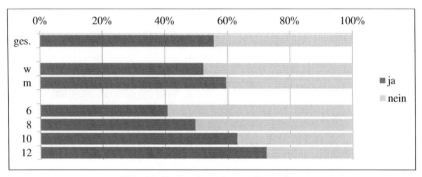

Abb. 11: Besitz eines eigenen Fernsehers

4.2.2. Medienbesitz der Lernenden – Diskussion

Die Ergebnisse offenbaren eine Rangfolge bezüglich des Medienbesitzes (siehe Abb. 12): Die meisten befragten Lernenden besitzen ein Handy (98,3 %; mit Internet: 91,6 %, ohne Internet: 20,3 %), gefolgt von PC (75,3 %), Spielekonsole(n) (64,3 %), Fernseher (55,7 %), MP3-Player (54,9 %) und Tablet (28,0 %). Die meisten Zahlen stimmen in hohem Maße mit der großangelegten JIM-Studie (Jugend, Information, (Multi-)Media) überein, die jedes Jahr mit der gleichen Altersgruppe durchgeführt wird (vgl. Medienpädagogischer Forschungsverbund Südwest 2014, 7). Lediglich der Wert beim MP3-Player-Besitz ist mit 66,0 % in der JIM-Studie etwas höher; beim Tablet liegt das JIM-Studien-Ergebnis hingegen mit 20 % etwas niedriger (vgl. ebd.). Insgesamt bestätigt die Übereinstimmung mit der JIM-Studie jedoch die Validität der Ergebnisse.

Wie zu erwarten, zeigt sich insgesamt die Tendenz, dass der Medienbesitz mit zunehmender Klassen-/Altersstufe ansteigt. Ausnahmen bilden Tablets, bei denen keine eindeutige Tendenz erkennbar ist, und Spielekonsolen, bei denen die

Werte ab der achten Klasse ungefähr konstant bleiben. Die JIM-Studie, die zusätzlich zwischen tragbaren und festen Spielekonsolen unterscheidet, hält sogar fest, dass deren Besitz mit zunehmendem Alter abnimmt (vgl. ebd., 8). Bezüglich der Geschlechter liegen Mädchen nur beim MP3-Player leicht vorne (58,0 % zu 51,2 %), in der JIM-Studie sind es sogar zehn Prozentpunkte Unterschied (vgl. ebd.). Ansonsten zeigt sich, dass Jungen mehr Medien besitzen. Am deutlichsten ist dies bei den Spielekonsolen (78,6 % zu 51,4 %), wie die JIM-Studie ebenfalls bestätigt (vgl. ebd., 7), aber auch beim PC (78,4 % zu 72,7 %), Fernseher (59,5 % zu 52,3 %) und Handy ohne Internet (23,7 % zu 16,8 %) liegen die Jungen der vorliegenden Befragung zufolge vorne. Ein Zusammenhang mit dem sozialen Status zeigt sich in Bezug auf PC, Spielekonsole(n) und Fernseher, deren Besitz mit dem sozialen Status ansteigt. Dies deckt sich ebenfalls mit den Ergebnissen der JIM-Studie (vgl. ebd., 8), vermutlich weil mehr Geld für Medien zur Verfügung steht. Eine Korrelation mit den Noten in den Fremdsprachen zeigt nur der Fernseher, bezüglich dessen sich rechnerisch ein leicht negativer Einfluss – wenn man von einer Richtung ausgeht – auf die Englischnote ergibt.

Für den Fremdsprachenunterricht bestätigen die Ergebnisse die vorherrschende Annahme, dass mit zunehmendem Alter, aufseiten der Jungen und bei Lernenden mit einem höheren sozialen Status mehr Medien besessen werden und damit auch die Medienkompetenz steigen müsste. Es gilt jedoch noch wissenschaftlich zu erforschen, inwiefern vom reinen Besitz eines Mediums tatsächlich auf Medienkompetenz geschlossen werden kann und welche Aspekte dieser Medienkompetenz im Unterricht und Alltagsleben tatsächlich dienlich sind. Einen direkten Einfluss auf die Leistungen in den Fremdsprachen zeigen die vorliegenden Ergebnisse zum Medienbesitz insgesamt nicht. Sie stellen somit zunächst einmal eine Bestandsaufnahme dar, die in den folgenden Kapiteln für die Ermittlung möglicher Zusammenhänge benötigt wird.

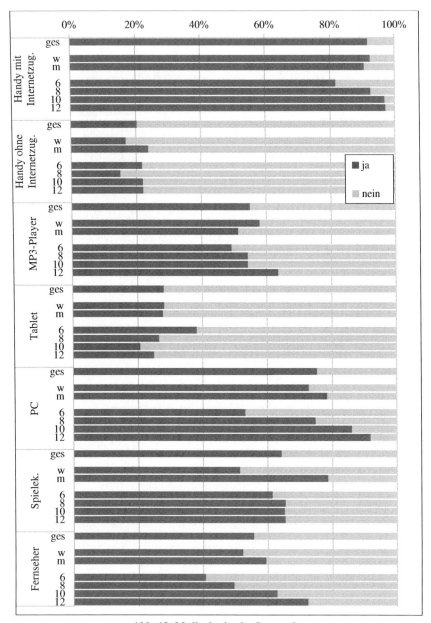

Abb. 12: Medienbesitz der Lernenden

4.2.3. Nutzung von Texten und Medien im Alltag – Ergebnisse

Dieses Teilkapitel liefert Ergebnisse zur Beantwortung der folgenden Fragestellungen: Wie häufig rezipieren Lernende in ihrem Alltag Comics, wie häufig andere Texte und Medien? Gibt es Geschlechter- oder Jahrgangsstufenunterschiede? Gibt es einen Zusammenhang mit dem sozialen Status der Lernenden oder mit ihrer Englisch-, Französisch-, Latein- und/oder Spanischnote?

Comics im Alltag der Lernenden

Von den 932 befragten Lernenden lesen 41,4 % in ihrem Alltag nie Comics, 19,5 % einmal im Jahr, 20,2 % monatlich, 11,8 % wöchentlich, 6,4 % täglich und 0,6 % machen keine Angabe (siehe Abb. 13). 57,9 % der Lernenden lesen somit Comics in ihrem Alltag, 38,4 % täglich bis monatlich.

Es zeigen sich beim Lesen von Comics im Alltag signifikante Unterschiede zwischen Mädchen (n = 483) und Jungen (n = 429), wie der Wert von 0,000 im Mann-Whitney-U-Test verdeutlicht: 50,1 % der Mädchen im Vergleich zu 32,6 % der Jungen lesen nie Comics, 19,0 % der Mädchen im Vergleich zu 20,0 % der Jungen einmal im Jahr, 18,2 % der Mädchen im Vergleich zu 23,1 % der Jungen monatlich, 9,3 % der Mädchen im Vergleich zu 14,5 % wöchentlich und 3,3 % der Mädchen im Vergleich zu 9,8 % der Jungen täglich. Jungen lesen somit insgesamt häufiger Comics als Mädchen.

Auch bezüglich der Klassenstufe – und damit verbunden bezüglich des Alters der Lernenden – deutet ein Signifikanzwert von 0,000 im Kruskal-Wallis-Test auf veritable Unterschiede hin. Beim Vergleich der Stufen 6 (n = 260) und 8 (n = 225) weist der Mann-Whitney-U-Test mit einem Signifikanzwert von 0,000 auf veritable Unterschiede hin: Die Lernenden in der Stufe 6 lesen mehr Comics im Alltag als die Lernenden der Stufe 8. Auch der Vergleich der Stufen 8 und 10 (n = 226) zeigt mit einem Wert von 0,000 im Mann-Whitney-U-Test, dass es einen signifikanten Unterschied gibt: Die Lernenden der Stufe 8 lesen häufiger Comics in ihrem Alltag als die Lernenden der Stufe 10. Zwischen den Stufen 10 und 12 (n = 215) deutet ein Signifikanzwert von 0,293 darauf hin, dass hier keine signifikanten Unterschiede zu finden sind. Insgesamt lässt sich die eindeutige Tendenz erkennen, dass die Lernenden mit zunehmender Klassenstufe im Alltag seltener Comics lesen.

Nach Spearman-Rho lässt sich an dem Wert von 0,162 eine sehr geringe positive Korrelation zwischen dem sozialen Status und dem Lesen von Comics ablesen, die anhand des Signifikanzwertes von 0,000 bei Niveau 0,01 als veritabel bezeichnet werden kann (n = 920). Daraus lässt sich ableiten: Je mehr Bücher zu Hause vorhanden sind, desto mehr Comics lesen die befragten Lernenden.

Hinsichtlich der Noten in den Fremdsprachen wird anhand der Signifikanzwerte im Spearman-Rho-Test deutlich, dass kein Zusammenhang zwischen dem Lesen von Comics im Alltag und der Englisch- (0,938), Französisch- (0,083), Latein- (0,458) oder Spanischnote (0,890) besteht.

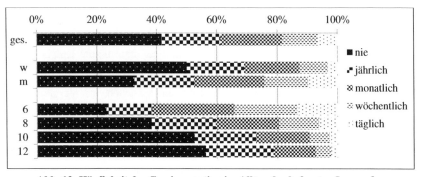

Abb. 13: Häufigkeit der Comicrezeption im Alltag der befragten Lernenden

Mangas im Alltag der Lernenden

Von den 932 befragten Lernenden lesen 78,9 % nie Mangas in ihrem Alltag, 4,9 % einmal im Jahr, 6,1 % monatlich, 5,0 % wöchentlich und 4,1 % täglich, 1,0 % machen keine Angabe (siehe Abb. 14). 20,1 % der Lernenden lesen somit Mangas in ihrem Alltag, 15,2 % täglich bis monatlich.

Es zeigen sich keine signifikanten Unterschiede beim Lesen von Mangas im Alltag zwischen Mädchen und Jungen, wie der Wert von 0,305 im Mann-Whitney-U-Test verdeutlicht.

Der Signifikanzwert von 0,014 im Kruskal-Wallis-Test deutet auf veritable Unterschiede bezüglich der Klassenstufe – und damit verbunden bezüglich des Alters der Lernenden – hin. Die Einzeljahrgangsstufenvergleiche lassen jedoch keine signifikanten Unterschiede erkennen. Beim Vergleich der Stufen 6 (n = 256) und 8 (n = 225) ergibt der Mann-Whitney-U-Test einen Signifikanzwert von 0,293. Zwischen den Stufen 8 und 10 (n = 226) zeigt der Signifikanzwert von 0,469, dass es keine veritablen Unterschiede gibt sowie beim Vergleich der Stufen 10 und 12 (n = 216) mit einem Wert von 0,156. Abbildung 14 zeigt die Tendenz, dass sich die Lernenden in ihrem Alltag mit ansteigender Klassenstufe zunehmend seltener mit Mangas beschäftigen.

Nach Spearman-Rho lässt sich an dem Wert von 0,073 eine sehr geringe positive Korrelation zwischen sozialem Status und dem Lesen von Mangas ablesen, die anhand des Signifikanzwertes von 0,028 bei Niveau 0,05 als veritabel bezeichnet werden kann (n = 917). Daraus lässt sich ableiten: Je mehr Bücher zu Hause vorhanden sind, desto mehr Mangas lesen die befragten Lernenden.

Bezüglich der Noten in den modernen Fremdsprachen wird anhand der Signifikanzwerte des Spearman-Rho-Tests deutlich, dass es keinen Zusammenhang zwischen dem Lesen von Mangas im Alltag und der Englisch- (0,922), Französisch- (0,896) oder Spanischnote (0,972) gibt. Zwischen der Lateinnote und dem Lesen von Mangas zeigt der Test mit einem Signifikanzwert von 0,049 und einem Korrelationskoeffizienten von 0,111, dass es eine sehr geringe positive Korrelation gibt: Je häufiger Mangas gelesen werden, desto schwächer ist die Lateinnote.

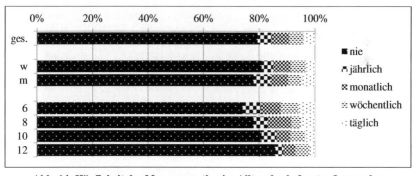

Abb. 14: Häufigkeit der Mangarezeption im Alltag der befragten Lernenden

Romane im Alltag der Lernenden

Von den 932 befragten Lernenden lesen 25,5 % nie Romane in ihrem Alltag (siehe Abb. 15), 19,2 % einmal im Jahr, 24,8 % monatlich, 12,8 % wöchentlich und 16,6 % täglich, 1,1 % machen keine Angabe. 73,4 % der Lernenden lesen somit Romane in ihrem Alltag, 54,2 % täglich bis monatlich.

Es zeigen sich beim Lesen von Romanen im Alltag signifikante Unterschiede zwischen Mädchen (n = 483) und Jungen (n = 425), wie der Wert von 0,000 im Mann-Whitney-U-Test verdeutlicht: 17,2 % der Mädchen im Vergleich zu 35,3 % der Jungen lesen nie Romane, 17,0 % der Mädchen im Vergleich zu 22,4 % der Jungen einmal im Jahr, 30,0 % der Mädchen im Vergleich zu 19,3 % der Jungen monatlich, 14,7 % der Mädchen im Vergleich zu 10,8 % der Jungen wöchentlich und 21,1 % der Mädchen im Vergleich zu 12,2 % der Jungen täglich. Mädchen lesen somit insgesamt häufiger Romane als Jungen.

Auch in Bezug auf die Klassenstufe – und damit verbunden bezüglich des Alters der Lernenden – deutet ein Signifikanzwert von 0,015 im Kruskal-Wallis-Test auf veritable Unterschiede hin. Beim Vergleich der Stufen 6 (n = 258) und 8 (n = 225) verweist der Mann-Whitney-U-Test mit einem Signifikanzwert von 0,006 auf veritable Unterschiede: Die Lernenden in der Stufe 8 lesen häufiger Romane im Alltag als die Lernenden der Stufe 6. Zwischen den Lernenden der Stufen 8 und 10 (n = 224) zeigt der Test mit einem Wert von 0,164 im Mann-Whitney-U-Test, dass es hier keine signifikanten Unterschiede gibt. Auch beim Vergleich der Stufen 10 und 12 (n = 215) deutet ein Signifikanzwert von 0,252 darauf hin, dass keine veritablen Unterschiede zu finden sind. Die Tendenz, dass sich die Lernenden mit zunehmender Klassenstufe häufiger mit Romanen beschäftigen, zeigt sich nur beim Vergleich der Stufen 6 und 8 (siehe Abb. 15). In der Stufe 6 geben 34,5 % an, nie in ihrem Alltag Romane zu lesen. In den anderen Stufen sind die Häufigkeiten in etwa gleich (22,7 % in der Stufe 8, 21,9 % in der Stufe 10 und 22,8 % in der Stufe 12). In der Stufe 12 geben nur 7,9 % der Lernenden an, täglich Romane zu lesen. In den Stufen 6 sind es 18,2 %, in der Stufe 8 21,8 % und in der Stufe 10 18,8 %.

Nach Spearman-Rho lässt sich an dem Wert von 0,284 eine geringe positive Korrelation zwischen dem sozialen Status und dem Lesen von Romanen erkennen, die anhand des Signifikanzwertes von 0,000 bei Niveau 0,01 als veritabel bezeichnet werden kann (n = 916). Daraus lässt sich ableiten: Je mehr Bücher zu Hause vorhanden sind, desto mehr Romane lesen die befragten Lernenden.

In Bezug auf die Noten in den Fremdsprachen wird deutlich, dass es eine sehr geringe negative Korrelation zwischen dem Lesen von Romanen im Alltag und der Englischnote gibt, wie der Signifikanzwert von 0,000 mit einem Korrelationskoeffizienten von -0,184 im Spearman-Rho-Test zeigt (n = 900). Gleiches gilt für die Französischnote (n = 282) (Signifikanzwert 0,032; Korrelationskoeffizient -0,127). Bei der Lateinnote zeigt der Test eine geringe negative Korrelation mit einem Korrelationskoeffizienten von -0,232 und einem Signifikanzwert von 0,000 (n = 316). In allen drei Fällen (Englisch, Französisch, Latein) bedeutet dies: Je häufiger die Lernenden Romane in ihrem Alltag lesen, desto besser ist die Note in dem jeweiligen Fach. Ein Zusammenhang zwischen der Spanischnote und dem Lesen von Romanen im Alltag lässt sich hingegen nicht feststellen (n = 78) (Signifikanzwert: 0,066).

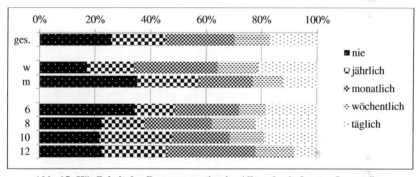

Abb. 15: **Häufigkeit der Romanrezeption im Alltag der befragten Lernenden**

Kurzgeschichten im Alltag der Lernenden
Von den 932 befragten Lernenden lesen 40,2 % nie Kurzgeschichten in ihrem Alltag, 15,2 % einmal im Jahr, 23,6 % monatlich, 13,6 % wöchentlich und 6,5 % täglich, 0,8 % machen keine Angabe (siehe Abb. 16). 58,9 % der Lernenden lesen somit Kurzgeschichten in ihrem Alltag, 43,7 % täglich bis monatlich.

Es zeigen sich keine signifikanten Unterschiede beim Lesen von Kurzgeschichten im Alltag zwischen Mädchen und Jungen, wie der Wert von 0,083 im Mann-Whitney-U-Test verdeutlicht.

Bezüglich der Klassenstufe – und damit verbunden bezüglich des Alters der Lernenden – deutet ein Signifikanzwert von 0,000 im Kruskal-Wallis-Test auf veritable Unterschiede hin. Beim Vergleich der Stufen 6 (n = 259) und 8 (n = 226) weist der Mann-Whitney-U-Test mit einem Wert von 0,052 auf keine signifikanten Unterschiede hin. Zwischen den Lernenden der Stufen 8 und 10 (n = 225) zeigt der Mann-Whitney-U-Test mit einem Wert von 0,000, dass es signifikante Unterschiede gibt: Die Lernenden der Stufen 10 lesen weniger Kurzgeschichten in ihrem Alltag als die Lernenden der Stufe 8. Beim Vergleich der Stufen 10 und 12 (n = 215) deutet ein Signifikanzwert von 0,082 darauf hin, dass keine veritablen Unterschiede zu finden sind. In Abbildung 16 lässt sich die Tendenz erkennen, dass die Lernenden mit ansteigender Klassenstufe zunehmend seltener Kurzgeschichten im Alltag lesen.

Nach Spearman-Rho lässt sich an dem Wert von 0,072 eine sehr geringe positive Korrelation zwischen dem sozialen Status und dem Lesen von Kurzgeschichten ablesen, die anhand des Signifikanzwertes von 0,029 bei Niveau 0,05 als veritabel bezeichnet werden kann (n = 919). Daraus lässt sich ableiten: Je mehr Bücher zu Hause vorhanden sind, desto mehr Kurzgeschichten lesen die befragten Lernenden.

Hinsichtlich der Noten in den Fremdsprachen wird anhand des Spearman-Rho-Tests deutlich, dass kein Zusammenhang zwischen dem Lesen von Kurzgeschichten im Alltag und der Englisch- (0,163), Französisch- (0,713), Latein- (0,756) oder Spanischnote (0,929) existiert.

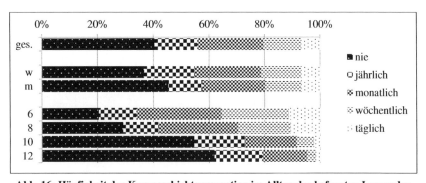

Abb. 16: Häufigkeit der Kurzgeschichtenrezeption im Alltag der befragten Lernenden

Gedichte im Alltag der Lernenden

Von den 932 befragten Lernenden lesen 58,2 % nie Gedichte in ihrem Alltag, 21,8 % einmal im Jahr, 13,5 % monatlich, 3,4 % wöchentlich und 1,3 % täglich und 1,8 % machen keine Angabe (siehe Abb. 17). 40,0 % der Lernenden lesen somit Gedichte in ihrem Alltag, 18,2 % täglich bis monatlich.

Es zeigen sich beim Lesen von Gedichten signifikante Unterschiede zwischen Mädchen (n = 484) und Jungen (n = 418), wie der Wert von 0,000 im Mann-Whitney-U-Test verdeutlicht: 53,7 % der Mädchen im Vergleich zu 65,6 % der Jungen lesen nie Gedichte, 24,0 % der Mädchen im Vergleich zu 20,6 % der Jungen einmal im Jahr, 16,3 % der Mädchen im Vergleich zu 10,3 % der Jungen monatlich, 3,9 % der Mädchen im Vergleich zu 3,1 % der Jungen wöchentlich und 2,1 % der Mädchen im Vergleich zu 0,5 % der Jungen täglich. Mädchen lesen somit etwas häufiger Gedichte in ihrem Alltag als Jungen.

Bezüglich der Klassenstufe – und damit verbunden bezüglich des Alters der Lernenden – deutet ein Signifikanzwert von 0,000 im Kruskal-Wallis-Test auf veritable Unterschiede hin. Beim Vergleich der Stufen 6 (n = 253) und 8 (n = 224) verweist der Mann-Whitney-U-Test mit einem Wert von 0,001 auf signifikante Unterschiede: Die Lernenden der Stufe 8 lesen weniger Gedichte im Alltag als die Lernenden der Stufe 6. Zwischen den Lernenden der Stufen 8 und 10 (n = 224) zeigt der Test mit einem Wert von 0,086, dass es hier keine signifikanten Unterschiede gibt. Auch beim Vergleich der Stufen 10 und 12 (n = 214) deutet ein Signifikanzwert von 0,314 darauf hin, dass keine veritablen Unterschiede zu finden sind. Abbildung 17 zeigt jedoch die Tendenz, dass die Lernenden mit zunehmender Klassenstufe weniger Gedichte in ihrem Alltag lesen.

Nach Spearman-Rho lässt sich an dem Wert von 0,088 eine sehr geringe positive Korrelation zwischen dem sozialen Status und dem Lesen von Gedichten ablesen, die anhand des Signifikanzwertes von 0,008 bei Niveau 0,01 als veritabel bezeichnet werden kann (n = 909). Daraus leitet sich ab: Je mehr Bücher zu Hause vorhanden sind, desto mehr Gedichte lesen die befragten Lernenden.

In Bezug auf die Noten in den Fremdsprachen wird anhand des Spearman-Rho-Tests deutlich, dass es keinen Zusammenhang zwischen dem Lesen von Gedichten im Alltag und der Englisch- (0,234), Französisch- (0,522), Latein- (0,644) oder Spanischnote (0,118) gibt.

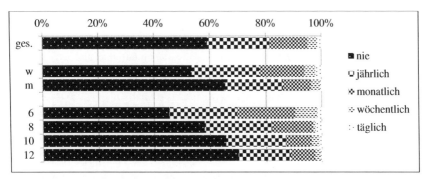

Abb. 17: Häufigkeit der Gedichtrezeption im Alltag der befragten Lernenden

Zeitungsartikel im Alltag der Lernenden

Von den 932 befragten Lernenden lesen 9,1 % nie Zeitungsartikel in ihrem Alltag, 6,4 % einmal im Jahr, 19,5 % monatlich, 33,4 % wöchentlich und 30,8 % täglich, 0,8 % machen keine Angabe (siehe Abb. 18). 90,1 % der Lernenden lesen somit Zeitungsartikel in ihrem Alltag, 83,7 % täglich bis monatlich.

Es zeigen sich signifikante Unterschiede beim Lesen von Zeitungsartikeln zwischen Mädchen (n = 485) und Jungen (n = 426), wie der Wert von 0,000 im Mann-Whitney-U-Test verdeutlicht. 9,7 % der Mädchen im Vergleich zu 8,2 % der Jungen lesen nie Zeitungsartikel, 7,8 % der Mädchen im Vergleich zu 4,9 % der Jungen einmal im Jahr, 21,9 % der Mädchen im Vergleich zu 17,6 % der Jungen monatlich, 35,3 % der Mädchen im Vergleich zu 31,9 % der Jungen wöchentlich und 25,4 % der Mädchen im Vergleich zu 37,3 % der Jungen täglich. Jungen lesen somit etwas häufiger Zeitungsartikel als Mädchen.

Bezüglich der Klassenstufe – und damit verbunden bezüglich des Alters der Lernenden – deutet ein Signifikanzwert von 0,000 im Kruskal-Wallis-Test auf veritable Unterschiede hin. Beim Vergleich der Stufen 6 (n = 259) und 8 (n = 224) weist der Mann-Whitney-U-Test mit einem Signifikanzwert von 0,200 auf keine veritablen Unterschiede hin. Gleiches gilt für den Vergleich zwischen den Lernenden der Stufen 8 und 10 (n = 227) mit einem Wert von 0,862. Zwischen den Stufen 10 und 12 deutet ein Signifikanzwert von 0,000 im Mann-Whitney-U-Test auf signifikante Unterschiede hin: Die Lernenden der Stufe 12 (n = 215) lesen häufiger Zeitungsartikel in ihrem Alltag als die Lernenden der

Stufe 10. Abbildung 18 veranschaulicht die Tendenz, dass die Lernenden mit zunehmender Klassenstufe häufiger Zeitungsartikel lesen.

Nach Spearman-Rho lässt sich an dem Wert von 0,236 eine geringe positive Korrelation zwischen dem sozialen Status und dem Lesen von Zeitungsartikeln ablesen, die anhand des Signifikanzwertes von 0,000 bei Niveau 0,01 als veritabel zu bezeichnen ist (n = 919). Daraus leitet sich ab: Je mehr Bücher zu Hause vorhanden sind, desto mehr Zeitungsartikel lesen die befragten Lernenden.

Hinsichtlich der Noten in den Fremdsprachen wird deutlich, dass es eine sehr geringe negative Korrelation zwischen dem Lesen von Zeitungsartikeln im Alltag und der Englischnote gibt, wie der Signifikanzwert von 0,040 und der Korrelationskoeffizient von -0,068 im Spearman-Rho-Test zeigen (n = 903). Gleiches gilt für die Französischnote mit einem Signifikanzwert von 0,011 und einem Korrelationskoeffizienten von -0,151 (n = 284). Dies bedeutet: Je häufiger die Schülerinnen und Schüler Zeitungsartikel lesen, desto besser ist ihre Englisch- und Französischnote. Zwischen dem Lesen von Zeitungsartikeln im Alltag und der Lateinnote (n = 317) sowie der Spanischnote (n = 78) zeigen sich keine signifikanten Zusammenhänge wie die Werte von 0,202 (Latein) und 0,559 (Spanisch) deutlich machen.

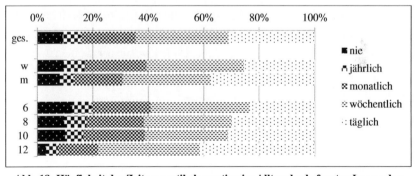

Abb. 18: **Häufigkeit der Zeitungsartikelrezeption im Alltag der befragten Lernenden**

Zeitschriftenartikel im Alltag der Lernenden

Von den 932 befragten Lernenden lesen 13,4 % nie Zeitschriftenartikel in ihrem Alltag, 8,4 % einmal im Jahr, 29,6 % monatlich, 31,5 % wöchentlich und

15,9 % täglich, 1,2 % machen keine Angabe (siehe Abb. 19). 85,4 % lesen somit Zeitschriftenartikel in ihrem Alltag, 77,0 % täglich bis monatlich.

Es zeigen sich keine signifikanten Unterschiede beim Lesen von Zeitschriftenartikeln im Alltag zwischen Mädchen und Jungen, wie der Wert von 0,203 im Mann-Whitney-U-Test verdeutlicht.

Bezüglich der Klassenstufe – und damit verbunden bezüglich des Alters der Lernenden – deutet ein Signifikanzwert von 0,004 im Kruskal-Wallis-Test auf veritable Unterschiede hin. Beim Vergleich der Stufen 6 (n = 257) und 8 (n = 224) weist der Mann-Whitney-U-Test mit einem Signifikanzwert von 0,492 auf keine veritablen Unterschiede hin. Auch zwischen den Lernenden der Stufen 8 und 10 (n = 225) zeigt der Wert von 0,463 im Mann-Whitney-U-Test, dass keine signifikanten Unterschiede vorliegen. Beim Vergleich der Stufen 10 und 12 (n = 215) deutet ein Wert von 0,001 darauf hin, dass veritable Unterschiede zu finden sind: Die Lernenden der Stufe 12 lesen häufiger Zeitschriftenartikel in ihrem Alltag als die Lernenden der Stufe 10. Abbildung 19 zeigt die ermittelte Tendenz, dass sich die Lernenden mit zunehmender Klassenstufe häufiger mit Zeitschriftenartikeln in ihrem Alltag beschäftigen. Die Anzahl der Lernenden, die nie Zeitschriftenartikel in ihrem Alltag lesen, geht von der Stufe 6 zur Stufe 8 zurück (von 18,3 % auf 13,8 %), in der Stufe 10 auf 14,7 % leicht wieder hoch, in der Stufe 12 aber mit 6,5 % weiter zurück. Die Anzahl der Lernenden, die täglich Zeitschriftenartikel lesen, ist von der Stufe 6 zur Stufe 8 nur ganz leicht steigend (von 16,0 % auf 16,5 %), fällt dann in der Stufe 10 ab auf 11,1 %. In der Stufe 12 sind es mit 20,9 % die meisten Lernenden, die täglich Zeitschriftenartikel lesen.

Zudem lässt sich nach Spearman-Rho an dem Wert von 0,150 eine sehr geringe positive Korrelation zwischen dem sozialen Status und dem Lesen von Zeitschriftenartikeln erkennen, die anhand des Signifikanzwertes von 0,000 bei Niveau 0,01 als veritabel bezeichnet werden kann (n = 915). Daraus lässt sich ableiten: Je mehr Bücher zu Hause vorhanden sind, desto mehr Zeitschriftenartikel werden gelesen.

In Bezug auf die Noten in den Fremdsprachen wird deutlich, dass es eine sehr geringe negative Korrelation zwischen dem Lesen von Zeitschriftenartikeln im Alltag und der Englischnote gibt, wie der Signifikanzwert von 0,022 und der

Korrelationskoeffizient von -0,076 im Spearman-Rho-Test zeigen (n = 899): Je häufiger Zeitschriftenartikel im Alltag gelesen werden, desto besser ist die Englischnote. Einen Zusammenhang zwischen dem Lesen von Zeitschriftenartikeln im Alltag und den Noten in den Fächern Französisch (n = 283), Latein (n = 317) und Spanisch (n = 75) lassen sich anhand der Signifikanzwerte von 0,104, 0,534 und 0,464 im Test nicht feststellen.

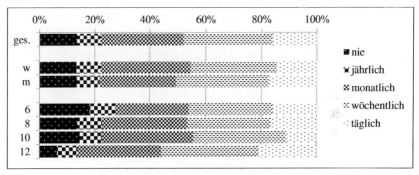

Abb. 19: Häufigkeit der Zeitschriftenartikelrezeption im Alltag der befragten Lernenden

Karikaturen im Alltag der Lernenden
Von den 932 befragten Lernenden rezipieren 52,6 % nie Karikaturen in ihrem Alltag, 11,6 % einmal im Jahr, 17,6 % monatlich, 11,3 % wöchentlich und 4,3 % täglich, 2,7 % machen keine Angabe (siehe Abb. 20). 44,8 % der Lernenden rezipieren somit Karikaturen in ihrem Alltag, 33,2 % täglich bis monatlich.

Es zeigen sich signifikante Unterschiede beim Rezipieren von Karikaturen im Alltag zwischen Mädchen (n = 471) und Jungen (n = 422), wie der Wert von 0,000 im Mann-Whitney-U-Test verdeutlicht. 60,1 % der Mädchen im Vergleich zu 47,4 % der Jungen rezipieren nie Karikaturen, 12,5 % der Mädchen im Vergleich zu 11,6 % der Jungen einmal im Jahr, 16,8 % der Mädchen im Vergleich zu 19,7 % der Jungen monatlich, 8,3 % der Mädchen im Vergleich zu 14,7 % der Jungen wöchentlich und 2,3 % der Mädchen im Vergleich zu 6,6 % der Jungen täglich. Jungen rezipieren somit etwas häufiger Karikaturen in ihrem Alltag als Mädchen.

Hinsichtlich der Klassenstufe – und damit verbunden bezüglich des Alters der Lernenden – deutet ein Signifikanzwert von 0,000 im Kruskal-Wallis-Test auf veritable Unterschiede hin. Beim Vergleich der Stufen 6 (n = 244) und 8 (n = 221) weist der Mann-Whitney-U-Test mit einem Wert von 0,007 auf signifikante Unterschiede hin: Die Lernenden der Stufe 8 rezipieren häufiger Karikaturen in ihrem Alltag als die Lernenden der Stufe 6. Zwischen den Lernenden der Stufen 8 und 10 (n = 227) zeigt der Test mit einem Wert von 0,027 im Mann-Whitney-U-Test, dass es ebenfalls signifikante Unterschiede gibt: Die Lernenden der Stufe 10 rezipieren häufiger Karikaturen als die Lernenden der Stufe 8. Beim Vergleich der Stufen 10 und 12 (n = 215) deutet ein Signifikanzwert von 0,137 darauf hin, dass keine veritablen Unterschiede zu finden sind. Abbildung 20 zeigt die Tendenz, dass die Lernenden bis zur Stufe 10 mit zunehmender Klassenstufe häufiger Karikaturen rezipieren. Die Lernenden der Stufe 12 rezipieren Karikaturen jedoch etwas seltener als jene der Stufe 10.

Nach Spearman-Rho lässt sich an dem Wert von 0,162 eine sehr geringe positive Korrelation zwischen dem sozialen Status und der Rezeption von Karikaturen ablesen, die anhand des Signifikanzwertes von 0,000 bei Niveau 0,01 als veritabel bezeichnet werden kann (n = 901). Daraus lässt sich ableiten: Je mehr Bücher zu Hause vorhanden sind, desto mehr Karikaturen werden rezipiert.

Bezüglich der Noten in den Fremdsprachen wird anhand des Spearman-Rho-Tests deutlich, dass kein Zusammenhang zwischen dem Rezipieren von Karikaturen im Alltag und der Englisch- (0,347), Französisch- (0,238), Latein- (0,120) oder Spanischnote (0,826) besteht.

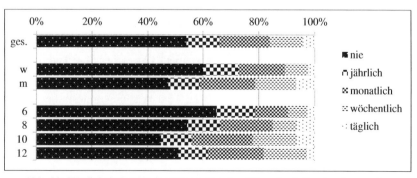

Abb. 20: Häufigkeit der Karikaturrezeption im Alltag der befragten Lernenden

Fotos im Alltag der Lernenden

Von den 932 befragten Lernenden nutzen 5,8 % nie Fotos in ihrem Alltag, 3,5 % einmal im Jahr, 12,1 % monatlich, 24,5 % wöchentlich und 53,1 % täglich, 1,0 % machen keine Angabe (siehe Abb. 21). 93,2 % nutzen somit Fotos in ihrem Alltag, 89,7 % täglich bis monatlich.

Es zeigen sich signifikante Unterschiede bei der Nutzung von Fotos im Alltag zwischen Mädchen (n = 485) und Jungen (n = 424), wie der Wert von 0,001 im Mann-Whitney-U-Test verdeutlicht. 4,1 % der Mädchen im Vergleich zu 8,0 % der Jungen nutzen nie Fotos, 3,1 % der Mädchen im Vergleich zu 4,2 % der Jungen einmal im Jahr, 10,1 % der Mädchen im Vergleich zu 14,9 % der Jungen monatlich, 24,9 % der Mädchen im Vergleich zu 24,1 % der Jungen wöchentlich und 57,7 % der Mädchen im Vergleich zu 48,8 % der Jungen täglich. Mädchen nutzen Fotos somit etwas häufiger in ihrem Alltag als Jungen.

In Bezug auf die Klassenstufe – und damit verbunden bezüglich des Alters der Lernenden – deutet ein Signifikanzwert von 0,000 im Kruskal-Wallis-Test auf veritable Unterschiede hin. Beim Vergleich der Stufen 6 (n = 256) und 8 (n = 225) verweist der Mann-Whitney-U-Test mit einem Wert von 0,000 auf signifikante Unterschiede: Die Lernenden der Stufe 8 nutzen häufiger Fotos im Alltag als die Lernenden der Stufe 6. Auch zwischen den Lernenden der Stufen 8 und 10 (n = 227) zeigt der Wert von 0,017 im Mann-Whitney-U-Test, dass es veritable Unterschiede gibt: Die Lernenden der Stufe 10 nutzen häufiger Fotos als die Lernenden der Stufe 8. Beim Vergleich der Stufen 10 und 12 (n = 215) deutet ein Signifikanzwert von 0,418 darauf hin, dass keine signifikanten Unterschiede zu finden sind. Abbildung 21 zeigt die Tendenz, dass die Lernenden mit zunehmender Klassenstufe häufiger Fotos in ihrem Alltag nutzen.

Nach Spearman-Rho lässt sich an dem Signifikanzwert von 0,401 keine Korrelation zwischen dem sozialen Status und dem Nutzen von Fotos ablesen.

Bezüglich der Noten in den Fremdsprachen wird anhand des Spearman-Rho-Tests deutlich, dass es keinen Zusammenhang zwischen der Nutzung von Fotos im Alltag und der Englisch- (0,959), Französisch- (0,108), Latein- (0,164) oder Spanischnote (0,727) gibt.

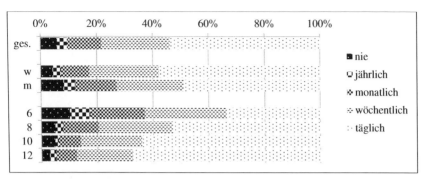

Abb. 21: Häufigkeit der Fotonutzung im Alltag der befragten Lernenden

Lieder[23] im Alltag der Lernenden

Von den 932 befragten Lernenden hören 1,0 % nie Lieder in ihrem Alltag, 0,2 % einmal im Jahr, 1,2 % monatlich, 10,5 % wöchentlich und 86,7 % täglich, 0,4 % machen keine Angabe (siehe Abb. 22). 98,6 % der Lernenden hören somit Lieder in ihrem Alltag, 98,4 % täglich bis monatlich.

Es zeigen sich signifikante Unterschiede beim Hören von Liedern im Alltag zwischen Mädchen (n = 487) und Jungen (n = 427), wie der Wert von 0,000 im Mann-Whitney-U-Test verdeutlicht. 0,4 % der Mädchen im Vergleich zu 1,6 % der Jungen hören nie Lieder, 0,0 % der Mädchen im Vergleich zu 0,5 % der Jungen einmal im Jahr, 0,6 % der Mädchen im Vergleich zu 1,9 % der Jungen monatlich, 7,8 % der Mädchen im Vergleich zu 13,6 % der Jungen wöchentlich und 91,2 % der Mädchen im Vergleich zu 82,4 % der Jungen täglich. Mädchen hören somit etwas häufiger Lieder in ihrem Alltag als Jungen.

In Bezug auf die Klassenstufe – und damit verbunden bezüglich des Alters der Lernenden – deutet ein Signifikanzwert von 0,000 im Kruskal-Wallis-Test auf veritable Unterschiede hin. Beim Vergleich der Stufen 6 (n = 261) und 8 (n = 225) weist der Mann-Whitney-U-Test mit einem Signifikanzwert von 0,000 auf signifikante Unterschiede hin: Die Lernenden in der Stufe 8 hören häufiger Lieder im Alltag als die Lernenden der Stufe 6. Zwischen den Lernenden der Stufen 8 und 10 (n = 227) zeigt der Test mit einem Wert von 0,164 im Mann-Whitney-U-Test, dass es hier keine signifikanten Unterschiede gibt. Auch beim

---

[23] Der Begriff „Lieder" impliziert im Folgenden alle Formen von Musik.

Vergleich der Stufen 10 und 12 (n = 215) deutet der Wert von 0,884 darauf hin, dass keine signifikanten Unterschiede zu finden sind.

Der Signifikanzwert von 0,792 zeigt im Spearman-Rho-Test, dass es keine Korrelation zwischen dem sozialen Status und dem Hören von Liedern gibt.

Hinsichtlich der Noten in den Fremdsprachen wird anhand des Spearman-Rho-Tests deutlich, dass es keinen Zusammenhang zwischen dem Konsum von Liedern im Alltag und der Englisch- (0,205), Französisch- (0,769), Latein- (0,696) oder Spanischnote (0,068) gibt.

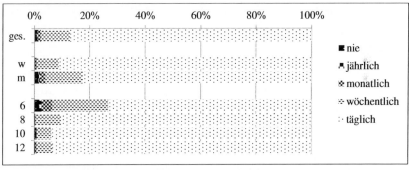

Abb. 22. Häufigkeit der Liedrezeption im Alltag der befragten Lernenden

Filme im Alltag der Lernenden

Von den 932 befragten Lernenden sehen 0,8 % der befragten Lernenden nie Filme in ihrem Alltag, 1,0 % einmal im Jahr, 15,8 % monatlich, 50,2 % wöchentlich und 31,8 % täglich, 0,5 % machen keine Angabe (siehe Abb. 23). 98,8 % der Lernenden sehen somit Filme in ihrem Alltag, 97,8 % täglich bis monatlich.

Es zeigen sich keine signifikanten Unterschiede beim Sehen von Filmen im Alltag zwischen Mädchen und Jungen, wie der Wert von 0,097 im Mann-Whitney-U-Test verdeutlicht.

Bezüglich der Klassenstufe – und damit verbunden bezüglich des Alters der Lernenden – deutet ein Signifikanzwert von 0,000 im Kruskal-Wallis-Test auf veritable Unterschiede hin. Beim Vergleich der Stufen 6 (n = 260) und 8 (n = 226) verweist der Mann-Whitney-U-Test mit einem Wert von 0,008 auf signifikante Unterschiede: Die Lernenden der Stufe 8 sehen etwas häufiger Filme im

Alltag als die Lernenden der Stufe 6. Zwischen den Lernenden der Stufen 8 und 10 (n = 227) zeigt der Test mit einem Wert von 0,127 im Mann-Whitney-U-Test, dass hier keine signifikanten Unterschiede vorliegen. Auch beim Vergleich der Stufen 10 und 12 (n = 214) deutet der Wert von 0,595 darauf hin, dass keine signifikanten Unterschiede zu finden sind. Abbildung 23 zeigt die Tendenz, dass die Lernenden mit zunehmender Klassenstufe häufiger Filme in ihrem Alltag sehen. Von der Stufe 6 bis zur Stufe 10 steigt die Anzahl der Lernenden, die täglich Filme sehen (von 23,1 % über 29,6 % auf 39,2 %). In der Stufe 12 geht die Anzahl jedoch leicht zurück auf 37,4 %.

Der Signifikanzwert von 0,298 zeigt, dass es keine Korrelation zwischen dem sozialen Status und dem Sehen von Filmen gibt.

Bezüglich der Noten in den Fremdsprachen wird deutlich, dass eine sehr geringe positive Korrelation zwischen dem Sehen von Filmen im Alltag und der Englischnote vorliegt, wie der Signifikanzwert von 0,036 mit einem Korrelationskoeffizienten von 0,070 im Spearman-Rho-Test zeigt (n = 905): Je häufiger die Lernenden in ihrem Alltag Filme sehen, desto schwächer ist die Englischnote. Es besteht hingegen weder ein Zusammenhang mit der Französisch- (n = 285) (Signifikanzwert: 0,643) noch mit der Lateinnote (n = 316) (0,051). Zwischen der Spanischnote und dem Sehen von Filmen im Alltag zeigt sich mit einem Signifikanzwert von 0,011 und einem Korrelationskoeffizienten von 0,284 eine geringe positive Korrelation (n = 79): Je häufiger die befragten Lernenden Filme im Alltag schauen, desto schwächer ist die Spanischnote.

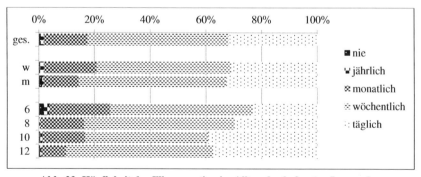

Abb. 23: Häufigkeit der Filmrezeption im Alltag der befragten Lernenden

Fernsehserien im Alltag der Lernenden
Von den 932 befragten Lernenden sehen 2,1 % nie Fernsehserien in ihrem Alltag, 1,0 % einmal im Jahr, 4,9 % monatlich, 27,3 % wöchentlich und 64,1 % täglich, 0,6 % machen keine Angabe (siehe Abb. 24). 97,3 % der Lernenden sehen somit Fernsehserien in ihrem Alltag, 96,3 % täglich bis monatlich.

Es zeigen sich keine signifikanten Unterschiede beim Sehen von Filmen im Alltag zwischen Mädchen und Jungen, wie der Wert von 0,077 im Mann-Whitney-U-Test verdeutlicht. Hinsichtlich der Klassenstufe – und damit verbunden bezüglich des Alters der Lernenden – deutet ein Signifikanzwert von 0,629 im Kruskal-Wallis-Test auf keine veritablen Unterschiede hin. Auch die einzelnen Vergleiche der Klassenstufen miteinander zeigen keine signifikanten Unterschiede.

Nach Spearman-Rho lässt sich an dem Wert -0,165 eine sehr geringe negative Korrelation zwischen dem sozialen Status und dem Sehen von Fernsehserien ablesen, die anhand des Signifikanzwertes von 0,000 bei Niveau 0,01 als veritabel bezeichnet werden kann (n = 920). Daraus lässt sich ableiten: Je mehr Bücher zu Hause vorhanden sind, desto weniger Fernsehserien schauen die befragten Lernenden in ihrem Alltag.

In Bezug auf die Noten in den Fremdsprachen wird deutlich, dass eine sehr geringe positive Korrelation zwischen dem Sehen von Filmen im Alltag und der Englischnote vorliegt, wie der Signifikanzwert von 0,021 mit einem Korrelationskoeffizienten von 0,077 im Spearman-Rho-Test zeigt (n = 905): Je häufiger die Lernenden Fernsehserien in ihrem Alltag sehen, desto schwächer ist die Englischnote. Es besteht hingegen weder ein Zusammenhang mit der Französisch- (n = 285) (Signifikanzwert: 0,069) noch mit der Lateinnote (n = 317) (0,195). Zwischen der Spanischnote und dem Sehen von Filmen im Alltag zeigt sich mit einem Signifikanzwert von 0,000 und einem Korrelationskoeffizienten von 0,400 eine geringe positive Korrelation (n = 79): Je häufiger Fernsehserien im Alltag geschaut werden, desto schwächer ist die Spanischnote.

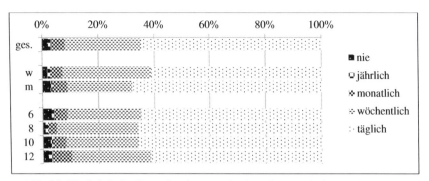

Abb. 24: Häufigkeit der Fernsehserienrezeption im Alltag der befragten Lernenden

Theaterstücke im Alltag der Lernenden

Von den 932 befragten Lernenden rezipieren 39,2 % nie Theaterstücke in ihrem Alltag, 48,4 % einmal im Jahr, 8,7 % monatlich, 1,5 % wöchentlich und 0,9 % täglich, 1,4 % machen keine Angabe (siehe Abb. 25). 59,5 % der Lernenden lesen/sehen somit Theaterstücke in ihrem Alltag, 11,1 % täglich bis monatlich.

Es zeigen sich signifikante Unterschiede beim Lesen/Sehen von Theaterstücken im Alltag zwischen Mädchen (n = 483) und Jungen (n = 422), wie der Wert von 0,000 im Mann-Whitney-U-Test verdeutlicht. 28,4 % der Mädchen im Vergleich zu 52,8 % der Jungen lesen/sehen nie Theaterstücke, 56,9 % der Mädchen im Vergleich zu 40,0 % der Jungen einmal im Jahr, 12,0 % der Mädchen im Vergleich zu 5,2 % der Jungen monatlich, 1,9 % der Mädchen im Vergleich zu 1,2 % der Jungen wöchentlich und 0,8 % der Mädchen im Vergleich zu 0,7 % der Jungen täglich. Mädchen lesen/sehen somit etwas häufiger Theaterstücke in ihrem Alltag.

Bezüglich der Klassenstufe – und damit verbunden bezüglich des Alters der Lernenden – deutet ein Signifikanzwert von 0,006 im Kruskal-Wallis-Test auf veritable Unterschiede hin. Beim Vergleich der Stufen 6 (n = 258) und 8 (n = 223) weist der Mann-Whitney-U-Test mit einem Wert von 0,015 auf signifikante Unterschiede hin: Die Lernenden der Stufe 6 sehen/lesen häufiger Theaterstücke als die Lernenden der Stufe 8. Zwischen den Lernenden der Stufen 8 und 10 (n = 225) zeigt der Test mit einem Wert von 0,562, dass es hier keine signifikanten Unterschiede gibt. Gleiches gilt für den Vergleich der Stufen 10 und 12 (n = 213). Hier deutet ein Wert von 0,844 im Mann-Whitney-U-Test darauf hin, dass keine signifikanten Unterschiede zu finden sind. Abbildung 25 zeigt die Tendenz, dass sich die Lernenden von der Stufe 6 bis zur Stufe 10 zunehmend seltener mit Theaterstücken in ihrem Alltag beschäftigen. Die Anzahl der Lernenden, die nie Theaterstücke lesen/sehen, steigt mit zunehmender Klassenstufe (von 29,8 % über 42,6 % auf 45,3 %). In der Stufe 12 geht die Anzahl leicht auf 42,7 % zurück. Die Anzahl derjenigen, die sich einmal im Jahr mit Theaterstücken beschäftigen, geht von der Stufe 6 bis zur Stufe 10 zurück (von 57,4 % über 45,7 % auf 43,6 %), in der Stufe 12 mit 48,4 % leicht wieder hoch).

Nach Spearman-Rho lässt sich an dem Wert von 0,145 eine sehr geringe positive Korrelation zwischen dem sozialen Status und dem Lesen/Sehen von Theaterstücken ablesen (n = 913). Der Signifikanzwert von 0,000 bei Niveau 0,01 zeigt einen signifikanten Zusammenhang: Je mehr Bücher zu Hause vorhanden sind, desto mehr Theaterstücke lesen/sehen die befragten Lernenden.

Hinsichtlich der Noten in den Fremdsprachen wird deutlich, dass eine sehr geringe negative Korrelation zwischen dem Sehen/Lesen von Theaterstücken im Alltag und der Englischnote vorliegt, wie der Signifikanzwert von 0,003 mit einem Korrelationskoeffizienten von -0,097 im Spearman-Rho-Test zeigt (n = 898): Je häufiger die Lernenden Theaterstücke in ihrem Alltag sehen/lesen, desto besser ist ihre Englischnote. Es besteht hingegen weder ein Zusammenhang mit der Französisch- (n = 282) noch mit der Lateinnote (n = 315), wie die Signifikanzwerte von 0,196 und 0,085 deutlich machen. Zwischen der Spanischnote und dem Sehen/Lesen von Theaterstücken im Alltag zeigt sich mit einem Signifikanzwert von 0,002 und einem Korrelationskoeffizienten von -0,339 eine geringe negative Korrelation (n = 78): Je häufiger Theaterstücke im Alltag geschaut/gelesen werden, desto besser ist die Spanischnote.

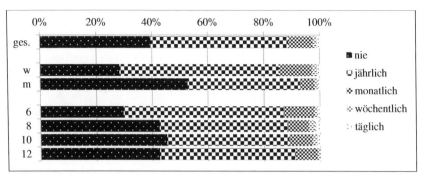

Abb. 25: Häufigkeit der Theaterstückrezeption im Alltag der befragten Lernenden

Handys[24] im Alltag der Lernenden

Von den 932 befragten Lernenden nutzen 2,0 % nie ein Handy in ihrem Alltag, 0,3 % einmal im Jahr, 0,3 % monatlich, 4,3 % wöchentlich und 92,5 % täglich, 0,5 % machen keine Angabe (siehe Abb. 26). 97,4 % der Lernenden nutzen somit ein Handy in ihrem Alltag, 97,1 % täglich bis monatlich.

Es zeigen sich keine signifikanten Unterschiede bei der Nutzung von Handys im Alltag zwischen Mädchen und Jungen, wie der Wert von 0,137 im Mann-Whitney-U-Test verdeutlicht.

Bezüglich der Klassenstufe – und damit verbunden bezüglich des Alters der Lernenden – deutet ein Signifikanzwert von 0,000 im Kruskal-Wallis-Test auf veritable Unterschiede hin. Beim Vergleich der Stufen 6 (n = 259) und 8 (n = 225) weist der Mann-Whitney-U-Test mit einem Signifikanzwert von 0,000 auf signifikante Unterschiede hin: Die Lernenden der Stufe 8 nutzen häufiger Handys in ihrem Alltag als die Lernenden der Stufe 6. Zwischen den Lernenden der Stufen 8 und 10 (n = 227) zeigt der Signifikanzwert von 0,051 im Mann-Whitney-U-Test, dass es hier keine signifikanten Unterschiede gibt. Gleiches gilt für den Vergleich der Stufen 10 und 12 (n = 216), bei dem ein Wert von 0,804 darauf hindeutet, dass keine veritablen Unterschiede zu finden sind. Abbildung 26 lässt die Tendenz erkennen, dass die Lernenden mit zunehmender Klassenstufe immer häufiger ein Handy in ihrem Alltag nutzen.

---

[24] Der Begriff „Handy" impliziert im Folgenden auch Smart- und iPhones.

Nach Spearman-Rho lässt sich an dem Signifikanzwert von 0,251 ablesen, dass keine Korrelation zwischen dem sozialen Status und der Nutzung von Handys besteht. Hinsichtlich der Noten in den Fremdsprachen wird anhand des Spearman-Rho-Tests deutlich, dass es keinen Zusammenhang zwischen der Nutzung von Handys im Alltag und der Englisch- (0,575), Französisch- (0,601) oder Spanischnote (0,095) gibt. Zwischen der Lateinnote (n = 318) und der Nutzung von Handys im Alltag zeigt der Test mit einem Signifikanzwert von 0,008 und einem Korrelationskoeffizienten von 0,149, dass es eine sehr geringe positive Korrelation gibt: Je häufiger Handys im Alltag genutzt werden, desto schwächer ist die Lateinnote.

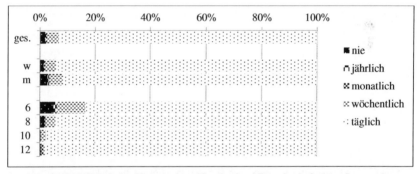

Abb. 26: Häufigkeit der Nutzung von Handys im Alltag der befragten Lernenden

Tablets[25] im Alltag der Lernenden

Von den 932 befragten Lernenden nutzen 43,1 % nie Tablets in ihrem Alltag, 3,9 % einmal im Jahr, 9,3 % monatlich, 18,0 % wöchentlich und 24,7 % täglich, 1,0 % machen keine Angabe (siehe Abb. 27). 55,9 % nutzen somit Tablets in ihrem Alltag, 52,0 % täglich bis monatlich.

Es zeigen sich keine signifikanten Unterschiede bei der Nutzung von Tablets im Alltag zwischen Mädchen und Jungen, wie der Wert von 0,113 im Mann-Whitney-U-Test verdeutlicht. In Bezug auf die Klassenstufe – und damit verbunden bezüglich des Alters der Lernenden – deutet ein Signifikanzwert von 0,000 im Kruskal-Wallis-Test auf veritable Unterschiede hin. Beim Vergleich

---

[25] Der Begriff „Tablet" impliziert im Folgenden auch iPads.

der Stufen 6 (n = 258) und 8 (n = 225) weist der Mann-Whitney-U-Test mit einem Signifikanzwert von 0,000 auf veritable Unterschiede hin: Die Lernenden der Stufe 6 nutzen häufiger Tablets in ihrem Alltag als die Lernenden der Stufe 8. Zwischen den Lernenden der Stufen 8 und 10 (n = 227) zeigt der Test mit einem Wert von 0,327 im Mann-Whitney-U-Test, dass es hier keine signifikanten Unterschiede gibt. Gleiches gilt für den Vergleich der Stufen 10 und 12 (n = 213). Hier deutet ein Wert von 0,764 darauf hin, dass keine veritablen Unterschiede zu finden sind. Abbildung 27 zeigt insgesamt, dass die Anzahl der Lernenden, die nie ein Tablet in ihrem Alltag benutzen, mit zunehmender Klassenstufe (von 31,4 % in der Stufe 6, über 42,2 % in der Stufe 8, über 51,1 % in der Stufe 10 auf 51,6 % in der Stufe 12) ansteigt.

Nach Spearman-Rho lässt sich an dem Signifikanzwert von 0,911 keine Korrelation zwischen dem sozialen Status und der Nutzung von Tablets ablesen.

Hinsichtlich der Noten in den Fremdsprachen wird anhand des Spearman-Rho-Tests deutlich, dass es keinen Zusammenhang zwischen der Nutzung von Tablets im Alltag und der Englisch- (0,141), Französisch- (0,578) oder Spanischnote (0,802) gibt. Zwischen der Lateinnote (n = 316) und der Nutzung von Handys im Alltag zeigt der Test mit einem Signifikanzwert von 0,028 und einem Korrelationskoeffizienten von -0,124, dass es eine sehr geringe negative Korrelation gibt: Je häufiger Tablets im Alltag genutzt werden, desto besser ist die Lateinnote.

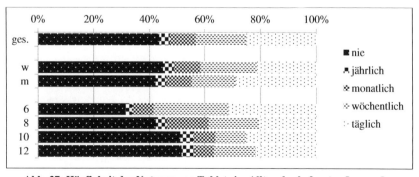

Abb. 27: Häufigkeit der Nutzung von Tablets im Alltag der befragten Lernenden

PCs[26] im Alltag der Lernenden

Von den 932 befragten Lernenden nutzen 4,6 % nie einen PC in ihrem Alltag, 1,9 % einmal im Jahr, 14,8 % monatlich, 30,6 % wöchentlich und 47,6 % täglich, 0,4 % machen keine Angabe (siehe Abb. 28). 94,9 % der Lernenden nutzen somit PCs in ihrem Alltag, 93,0 % täglich bis monatlich.

Es zeigen sich signifikante Unterschiede bei der Nutzung von PCs zwischen Mädchen (n = 488) und Jungen (n = 426), wie der Wert von 0,000 im Mann-Whitney-U-Test verdeutlicht: 5,9 % der Mädchen im Vergleich zu 3,3 % der Jungen benutzen nie PCs, 2,0 % der Mädchen im Vergleich zu 1,9 % der Jungen einmal im Jahr, 19,7 % der Mädchen im Vergleich zu 9,2 % der Jungen monatlich, 36,1 % der Mädchen im Vergleich zu 24,2 % der Jungen wöchentlich und 36,3 % der Mädchen im Vergleich zu 61,5 % der Jungen täglich. Jungen nutzen PCs somit etwas häufiger in ihrem Alltag als Mädchen.

Bezüglich der Klassenstufe – und damit verbunden bezüglich des Alters der Lernenden – deutet ein Signifikanzwert von 0,000 im Kruskal-Wallis-Test auf veritable Unterschiede hin. Beim Vergleich der Stufen 6 (n = 259) und 8 (n = 226) verweist der Mann-Whitney-U-Test mit einem Signifikanzwert von 0,000 auf veritable Unterschiede: Die Lernenden der Stufe 8 nutzen häufiger PCs als die Lernenden der Stufe 6. Auch zwischen den Lernenden der Stufen 8 und 10 (n = 227) zeigt der Test mit einem Wert von 0,000, dass hier signifikante Unterschiede vorliegen: Die Lernenden der Stufe 10 nutzen häufiger PCs als die Lernenden der Stufe 8. Der Vergleich der Stufen 10 und 12 (n = 216) deutet mit einem Wert von 0,063 darauf hin, dass keine veritablen Unterschiede zu finden sind. In Abbildung 28 zeigt sich die Tendenz, dass die Lernenden mit zunehmender Klassenstufe häufiger PCs in ihrem Alltag nutzen.

Nach Spearman-Rho lässt sich an dem Signifikanzwert von 0,688 ablesen, dass keine Korrelation zwischen dem sozialen Status und der Nutzung von PCs im Alltag vorliegt. Auch hinsichtlich der Noten in den Fremdsprachen wird anhand des Spearman-Rho-Tests deutlich, dass kein Zusammenhang zwischen der Nutzung von PCs im Alltag und der Englisch- (0,117), Französisch- (0,911), Latein- (0,051) oder Spanischnote (0,242) existiert.

---

[26] Der Begriff „PC" impliziert im Folgenden auch Laptops.

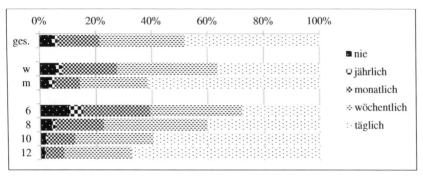

Abb. 28: Häufigkeit der Nutzung von PCs im Alltag der befragten Lernenden

Spielekonsolen im Alltag der Lernenden

Von den 932 befragten Lernenden nutzen 25,3 % nie Spielekonsolen im Alltag, 12,0 % einmal im Jahr, 22,9 % monatlich, 21,7 % wöchentlich und 17,7 % täglich, 0,4 % machen keine Angabe (siehe Abb. 29). 74,3 % der Lernenden nutzen somit Spielekonsolen in ihrem Alltag, 62,3 % täglich bis monatlich.

Es zeigen sich signifikante Unterschiede bei der Nutzung von Spielekonsolen im Alltag zwischen Mädchen (n = 488) und Jungen (n = 426), wie der Wert von 0,000 im Mann-Whitney-U-Test verdeutlicht: 35,0 % der Mädchen im Vergleich zu 15,0 % der Jungen benutzen nie Spielekonsolen, 17,6 % der Mädchen im Vergleich zu 5,9 % der Jungen einmal im Jahr, 27,7 % der Mädchen im Vergleich zu 17,6 % der Jungen monatlich, 14,5 % der Mädchen im Vergleich zu 29,6 % der Jungen wöchentlich und 5,1 % der Mädchen im Vergleich zu 31,9 % der Jungen täglich. Jungen nutzen Spielekonsolen somit häufiger in ihrem Alltag als Mädchen.

In Bezug auf die Klassenstufe – und damit verbunden bezüglich des Alters der Lernenden – deutet ein Signifikanzwert von 0,006 im Kruskal-Wallis-Test auf veritable Unterschiede hin. Die einzelnen Vergleiche der Klassenstufen miteinander zeigen jedoch keine signifikanten Unterschiede: Beim Vergleich der Stufen 6 (n = 259) und 8 (n = 226) weist der Mann-Whitney-U-Test mit einem Signifikanzwert von 0,137 auf keine veritablen Unterschiede hin. Gleiches gilt für die Werte von 0,743 im Test beim Vergleich der Stufen 8 und 10 (n = 227) sowie von 0,090 zwischen den Stufen 10 und 12 (n = 216). Abbildung 29 zeigt in Bezug auf diejenigen Lernenden, die nie Spielekonsolen nutzen, die Tendenz, dass die Anzahl mit ansteigender Klassenstufe eher zunimmt (22,8 % in der Stufe 6, 22,6 % in der Stufe 8, 26,9 % in der Stufe 10 und 30,1 % in der Stufe 12). Die Anzahl der Lernenden, die sich wöchentlich mit Spielekonsolen im Alltag beschäftigen, nimmt insgesamt ab (28,6 % in der Stufe 6, 22,1 % in der Stufe 8, 17,6 % in der Stufe 10, 17,6 % in der Stufe 12), wobei es zwischen der Stufe 10 und der Stufe 12 hier keine Unterschiede gibt.

Nach Spearman-Rho lässt sich an dem Wert -0,085 eine sehr geringe negative Korrelation zwischen dem sozialen Status und der Nutzung von Spielekonsolen ablesen, die anhand des Signifikanzwertes von 0,010 bei Niveau 0,05 als veritabel bezeichnet werden kann (n = 922). Daraus lässt sich ableiten: Je mehr Bücher zu Hause vorhanden sind, desto weniger werden Spielekonsolen genutzt.

Bezüglich der Noten in den Fremdsprachen wird deutlich, dass eine sehr geringe positive Korrelation zwischen der Nutzung von Spielekonsolen im Alltag und der Englisch- bzw. Französischnote vorliegt, wie der Signifikanzwert von 0,023 (Englisch) bzw. 0,002 (Französisch) mit einem Korrelationskoeffizienten von 0,076 (Englisch) bzw. 0,185 (Französisch) im Spearman-Rho-Test zeigt: Je häufiger die Lernenden Spielekonsolen in ihrem Alltag nutzen, desto schwächer ist ihre Englisch- bzw. Französischnote. Es besteht hingegen weder ein Zusammenhang mit der Latein- (Signifikanzwert: 0,962) noch mit der Spanischnote (Signifikanzwert: 0,591).

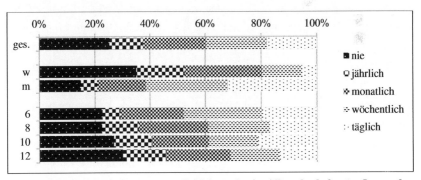

Abb. 29: Häufigkeit der Nutzung von Spielekonsolen im Alltag der befragten Lernenden

4.2.4. Nutzung von Texten und Medien im Alltag – Diskussion

Die Ergebnisse zeigen in der Übersicht (siehe Abb. 30 und 31) folgende Rangfolge zur Nutzung der erfragten Texte und Medien im Alltag: Filme (98,8 %), Lieder (98,6 %), Handys (97,4 %), Fernsehserien (97,3 %), PCs (94,9 %), Fotos (93,2 %), Zeitungsartikel (90,1 %), Zeitschriftenartikel (85,4 %), Spielekonsolen (74,3 %), Romane (73,4 %), Theaterstücke (59,5 %), Kurzgeschichten (58,9 %), Comics (57,9 %), Tablets (55,9 %), Karikaturen (44,8 %), Gedichte (40,0 %) und Mangas (20,1 %). Schaut man nicht nur auf die Nutzung (ja/nein), sondern auch auf die Häufigkeit, zeigt sich bei einer Sortierung nach „täglich bis monatlich" eine vergleichbare Reihenfolge. Comics gewinnen jedoch einen Rang zum Nachteil von Theaterstücken, die auf den vorletzten Platz rutschen. Auch hier decken sich zahlreiche Zahlen mit der JIM-Studie: Wie in der vorliegenden Fragebogenstudie liegt z.B. das Handy mit 93,0 % bei der täglichen Nutzung auch in der JIM-Studie mit 87 % an erster Stelle (vgl. Medienpädagogischer Forschungsverbund Südwest 2014, 11). Die Tatsache, dass Romane nach wie vor von der großen Mehrheit aller Jugendlichen gelesen werden, deutet die JIM-Studie positiv, da diese „trotz gesteigerter Internetnutzung seit vielen Jahren konstant geblieben" ist (ebd., 18; vgl. auch ebd., 58).

Bei den Unterschieden hinsichtlich des Alters der Lernenden zeigt sich die Tendenz, dass Lernende mit zunehmendem Alter – ihrem steigenden Medienbesitz entsprechend – zunehmend Romane, Zeitungs- und Zeitschriftenartikel lesen sowie Fotos, Handys und PCs nutzen. Bis zur Stufe 10 stimmt diese Tendenz auch für Filme, Karikaturen und Theaterstücke, die in der Stufe 12 jedoch einen leichten Rückgang erleben. Seltener nutzen Lernende mit ansteigender Klassenstufe jedoch Comics, Mangas, Kurzgeschichten, Gedichte, Tablets und Spielekonsolen. Dass diese Nutzung im Alltag jedoch keine unmittelbaren Rückschlüsse auf die Motivation für die Beschäftigung mit eben diesen Texten und Medien zulässt, zeigt die Diskussion zu den Wünschen im Fremdsprachenunterricht und zur Comicmotivation (siehe Kap. 4.4.2 und 4.7.2). Dass die Comiclektüre mit zunehmendem Alter abnimmt, zeigen auch die Ergebnisse früherer Studien bereits (vgl. Lukesch et al. 1990, 183).

Bezüglich Geschlechterunterschieden bestätigen die vorliegenden Ergebnisse einige Klischees. Demnach gilt für Mädchen, dass diese häufiger Romane und

Gedichte lesen, Theaterstücke rezipieren, Fotos nutzen und Lieder hören als Jungen. Jungen hingegen rezipieren häufiger Comics, Zeitungsartikel, Karikaturen, PCs und Spielekonsolen als Mädchen. Hinsichtlich der Comiclektüre deckt sich dieses Ergebnis ebenfalls mit bereits älteren Studien (vgl. z.B. ebd.). Es überrascht jedoch, dass bei der Rezeption von Mangas kein Unterschied zwischen Jungen und Mädchen festgemacht werden kann – werden diese doch gemeinhin eher Mädchen zugeordnet. Die größere Beliebtheit von Romanen bei Mädchen und Zeitungen, PCs sowie Konsolen bei Jungen entspricht zudem den Erkenntnissen der JIM-Studie 2014 (vgl. Medienpädagogischer Forschungsverbund Südwest 2014, 12).

Mit Blick auf den sozialen Status der befragten Lernenden zeigt sich: Je höher der soziale Status, desto mehr Comics, Mangas, Romane, Kurzgeschichten, Gedichte, Zeitungsartikel, Zeitschriftenartikel, Karikaturen und Theaterstücke werden rezipiert und desto weniger werden Fernsehserien angeschaut und Spielekonsolen genutzt. Das letzte Ergebnis ist insofern von Interesse, als dass sich beim Besitz gezeigt hat, dass mit ansteigendem sozialen Status unter anderem Fernseher und Spielekonsolen häufiger von den Lernenden besessen werden. Die reine Präsenz der Medien zu Hause führt somit offenbar nicht zu einer verstärkten Nutzung. Dass mehr Comics, Mangas, Romane etc. mit ansteigendem sozialen Status rezipiert werden, deckt sich hingegen mit der größeren Anzahl von Büchern im Haushalt, so dass in diesem Fall das vielfältige Angebot offenbar durchaus zur Rezeption Alter Medien anregt.

Bezüglich eines Zusammenhangs zwischen der Nutzung bestimmter Texte und Medien und den Schulnoten in den Fremdsprachen zeigen sich vielfältige Korrelationen. Wenn man von einer Richtung ausgeht, was die Rechnung an sich nicht impliziert, können folgende Zusammenfassungen festgehalten werden: Einen positiven Einfluss auf die Englisch-, Französisch- und Lateinnote hat die häufige Rezeption von Romanen. Auf die Englisch- und Französischnote wirkt sich zudem die verstärkte Lektüre von Zeitungsartikeln – für Englisch auch Zeitschriftenartikeln – positiv aus. Die Beschäftigung mit Theaterstücken zeigt zudem einen positiven Zusammenhang mit der Englisch- und Spanischnote. Etwas weniger in dieses Bild passt hingegen das Ergebnis, dass die Lateinnote besser ist, je häufiger Tablets genutzt werden. Klammert man dieses Ergebnis gemeinsam mit dem negativen Einfluss, den – der Befragung zufolge – Mangas auf die Lateinnote haben, aus, ergibt sich das Bild, dass gerade die Nutzung Alter Medien tendenziell einen positiven Einfluss auf die Fremdsprachennoten ausüben, wohingegen die Nutzung Neuer Medien eher negative Zusammenhänge zeigen, z.B. die Nutzung von Spielekonsolen auf die Englisch- und Französischnote, des Handys auf die Lateinnote und die Rezeption von Filmen und Serien auf die Englisch- und Spanischnote. Bezüglich des letzten Ergebnisses stellt sich die Detailfrage, die den Lernenden jedoch nicht gestellt worden ist, in welcher Sprache Filme und Serien in der Freizeit rezipiert werden, da zumindest bezüglich US-amerikanischer Serien die Rezeption in der Fremdsprache durchaus denkbar wäre und im Idealfall eher zu einer besseren als zu einer schwächeren Note im Fach Englisch führen sollte.

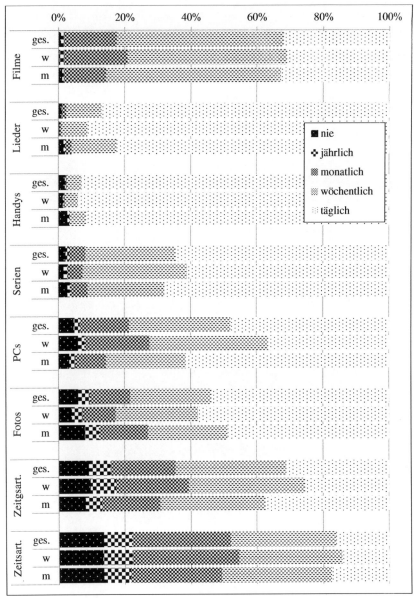

Abb. 30: Texte und Medien im Alltag der Lernenden Teil 1[27]

---
[27] Dieses Diagramm ist sortiert nach „gesamt – nie" aufsteigend.

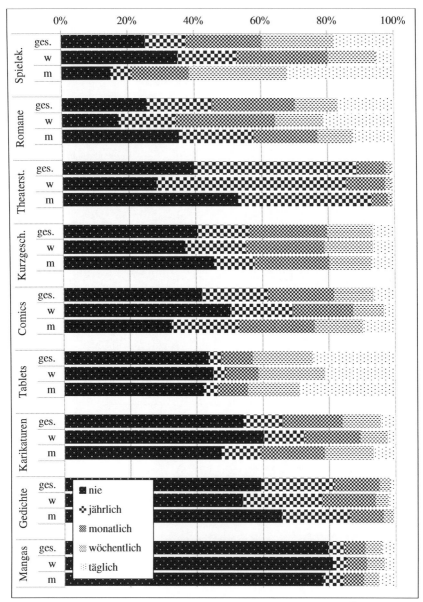

Abb. 31: Texte und Medien im Alltag der Lernenden Teil 2[28]

---

[28] Dieses Diagramm ist sortiert nach „gesamt – nie" aufsteigend.

4.3. Texte und Medien im Fremdsprachenunterricht

Dieses Kapitel beantwortet die folgenden Fragestellungen: Wie häufig werden laut Angabe der Lernenden in den einzelnen Fremdsprachenunterrichten Comics eingesetzt? Wie häufig kommen andere Texte und Medien zum Einsatz? Gibt es Unterschiede zwischen den Klassenstufen? Zunächst werden der Englisch- (n = 926), Französisch- (n = 275) und Lateinunterricht (n = 310) separat dargestellt. Anschließend diskutiert eine Zusammenschau diese Ergebnisse und beantwortet dabei die folgende Frage: Lassen sich Unterschiede zwischen den Ergebnissen der Fremdsprachenunterrichte feststellen? Eine separate Auswertung des Spanischunterrichts ist aufgrund der geringen Fallzahlen (n = 38) nicht möglich. Dies ergibt sich aus dem Fragebogen, der die Lernenden nur um Aussagen zur Text- und Medienverwendung in ihrem ersten und zweiten Fremdsprachenunterricht auffordert.

4.3.1. Texte und Medien im Englischunterricht – Ergebnisse

Die nachfolgenden Ergebnisse beruhen auf der Auswertung der Fragebögen jener Lernenden, deren erste Fremdsprache laut ihrer eigenen Angabe Englisch ist (n = 926).

Comics im Englischunterricht

Laut Angabe der 926 befragten Lernenden werden Comics zu 57,9 % nie im Englischunterricht eingesetzt, zu 24,3 % einmal im Schuljahr, zu 14,4 % monatlich und zu 2,7 % wöchentlich (siehe Abb. 32). 0,8 % der befragten Lernenden machen keine Angabe hinsichtlich der Häufigkeit des Einsatzes von Comics im Englischunterricht.

Bezüglich der Klassenstufe deutet ein Signifikanzwert von 0,000 im Kruskal-Wallis-Test auf veritable Unterschiede beim Einsatz von Comics im Englischunterricht hin. Bei einem Vergleich der Stufen 6 (n = 260) und 8 (n = 224) weist der Wert von 0,006 im Mann-Whitney-U-Test auf veritable Unterschiede hin: Im Englischunterricht der Stufe 8 werden häufiger Comics eingesetzt als in der Stufe 6. Zwischen den Stufen 8 und 10 (n = 226) lassen sich keine signifikanten Unterschiede feststellen, wie der Wert von 0,650 zeigt. Beim Vergleich der Stufen 10 und 12 (n = 209) zeigen sich hingegen wieder veritable Unterschiede, wie der Wert von 0,008 deutlich macht: Im Englischunterricht der Stufe 12 werden Comics laut Angabe der Lernenden häufiger eingesetzt als in der Stufe 10. Daraus lässt sich die Tendenz ableiten, dass mit ansteigender Klassenstufe häufiger Comics eingesetzt werden.[29]

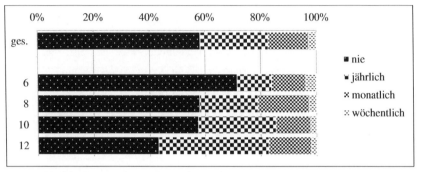

Abb. 32: Einsatz von Comics im Englischunterricht (nach Jahrgangsstufen)

Mangas im Englischunterricht

Laut Angabe der 926 befragten Lernenden werden Mangas zu 96,9 % nie im Englischunterricht eingesetzt, zu 1,8 % einmal im Schuljahr, zu 0,4 % monatlich und zu 0,2 % wöchentlich (siehe Abb. 33). 0,6 % der befragten Lernenden machen keine Angabe hinsichtlich des Einsatzes von Mangas im Englischunterricht. Bezüglich der Klassenstufe deutet ein Signifikanzwert von 0,350 im Kruskal-Wallis-Test auf keine veritablen Unterschiede beim Einsatz von Mangas im Englischunterricht hin.

---

[29] Es ist jedoch zu berücksichtigen, dass die Lernenden keine Vorgabe bekommen haben, auf welchen Englischunterricht sich ihre Antwort beziehen soll – nur den aktuellen oder alle Englischstunden, die sie im Laufe ihrer Schulkarriere besucht haben –, so dass dieses Ergebnis mit Vorsicht zu verwenden ist. Die ansteigende Verwendung von Comics kann somit auch durch die höhere Anzahl der besuchten Englischstunden bedingt sein.

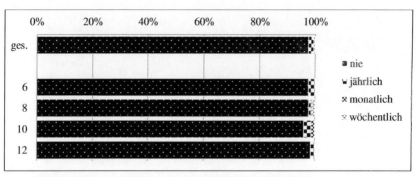

Abb. 33: Einsatz von Mangas im Englischunterricht (nach Jahrgangsstufen)

Romane im Englischunterricht

Laut Angabe der 926 befragten Lernenden werden Romane zu 50,3 % nie im Englischunterricht eingesetzt, zu 44,0 % einmal im Schuljahr, zu 4,5 % monatlich und zu 0,3 % wöchentlich (siehe Abb. 34). 0,9 % der befragten Lernenden machen keine Angabe hinsichtlich der Häufigkeit des Einsatzes von Romanen im Englischunterricht.

Bezüglich der Klassenstufe deutet ein Signifikanzwert von 0,000 im Kruskal-Wallis-Test auf veritable Unterschiede beim Einsatz von Romanen im Englischunterricht hin. Bei einem Vergleich der Stufen 6 (n = 258) und 8 (n = 225) weist der Wert von 0,000 im Mann-Whitney-U-Test auf veritable Unterschiede hin: Im Englischunterricht der Stufe 8 werden Romane häufiger eingesetzt als in der Stufe 6. Zwischen den Stufen 8 und 10 (n = 224) lassen sich ebenfalls signifikante Unterschiede feststellen, wie der Wert von 0,000 zeigt: In der Stufe 10 werden v.a. einmal im Schuljahr häufiger Romane im Englischunterricht eingesetzt als in der Stufe 8. Auch beim Vergleich der Stufen 10 und 12 (n = 213) zeigen sich veritable Unterschiede, wie der Wert von 0,000 deutlich macht: Im Englischunterricht der Stufe 12 werden Romane häufiger eingesetzt als in der Stufe 10. Daraus lässt sich ableiten, dass mit ansteigender Klassenstufe häufiger Romane im Englischunterricht eingesetzt werden.

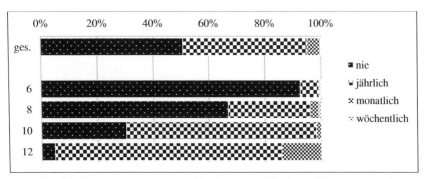

Abb. 34: Einsatz von Romanen im Englischunterricht (nach Jahrgangsstufen)

Kurzgeschichten im Englischunterricht

Laut Angabe der 926 befragten Lernenden werden Kurzgeschichten zu 7,1 % nie im Englischunterricht eingesetzt, zu 24,9 % einmal im Schuljahr, zu 39,0 % monatlich und zu 28,2 % wöchentlich (siehe Abb. 35). 0,8 % der befragten Lernenden machen keine Angabe hinsichtlich der Häufigkeit des Einsatzes von Kurzgeschichten im Englischunterricht.

Bezüglich der Klassenstufe deutet ein Signifikanzwert von 0,000 im Kruskal-Wallis-Test auf veritable Unterschiede beim Einsatz von Kurzgeschichten im Englischunterricht hin. Bei einem Vergleich der Stufen 6 (n = 260) und 8 (n = 225) weist der Wert von 0,187 im Mann-Whitney-U-Test auf keine veritablen Unterschiede hin. Zwischen den Stufen 8 und 10 (n = 223) lassen sich jedoch signifikante Unterschiede feststellen, wie der Wert von 0,000 zeigt. 41,3 % der Lernenden der Stufe 8 geben an, dass Kurzgeschichten wöchentlich im Englischunterricht eingesetzt werden. In der Stufe 10 sind es nur 13,5 %. Betrachtet man die Zahlen in Bezug auf den jährlichen Einsatz von Kurzgeschichten im Englischunterricht, so sind dies mit 47,5 % der Lernenden aus Stufe 10 deutlich mehr als in der Stufe 8 mit 8,4 %. In der Stufe 8 werden Kurzgeschichten im Englischunterricht somit häufiger wöchentlich eingesetzt als in der Stufe 10. Beim Vergleich der Stufen 10 und 12 (n = 211) zeigen sich keine veritablen Unterschiede, wie der Wert von 0,620 deutlich macht. Abbildung 35 zeigt die Tendenz, dass der wöchentliche Einsatz von Kurzgeschichten im Englischunterricht mit zunehmender Klassenstufe abnimmt. In der Stufe 12 zeigt sich mit 51,7 %

der höchste monatliche Einsatz von Kurzgeschichten. Der jährliche Einsatz von Kurzgeschichten ist mit 47,5 % in der Stufe 10 am höchsten.

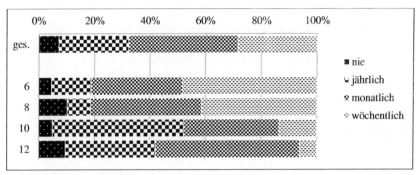

Abb. 35: Einsatz von Kurzgeschichten im Englischunterricht (nach Jahrgangsstufen)

Gedichte im Englischunterricht

Laut Angabe der 926 befragten Lernenden werden Gedichte zu 56,0 % nie im Englischunterricht eingesetzt, zu 31,3 % einmal im Schuljahr, zu 10,5 % monatlich und zu 0,8 % wöchentlich (siehe Abb. 36). 1,4 % der befragten Lernenden machen hinsichtlich der Häufigkeit des Einsatzes von Gedichten im Englischunterricht keine Angabe.

Bezüglich der Klassenstufe deutet ein Signifikanzwert von 0,000 im Kruskal-Wallis-Test auf veritable Unterschiede beim Einsatz von Gedichten im Englischunterricht hin. Bei einem Vergleich der Stufen 6 (n = 257) und 8 (n = 223) weist der Wert von 0,000 im Mann-Whitney-U-Test auf veritable Unterschiede hin: Im Englischunterricht der Stufe 6 werden häufiger Gedichte eingesetzt als in der Stufe 8. Zwischen den Stufen 8 und 10 (n = 223) lassen sich ebenfalls signifikante Unterschiede feststellen, wie der Wert von 0,005 zeigt: In der Stufe 10 werden häufiger Gedichte im Englischunterricht eingesetzt als in der Stufe 8. Auch beim Vergleich der Stufen 10 und 12 (n = 210) zeigen sich veritable Unterschiede, wie der Wert von 0,000 deutlich macht: Im Englischunterricht der Stufe 12 werden Gedichte häufiger eingesetzt als in der Stufe 10. Abbildung 36 zeigt, dass der Einsatz von Gedichten im Englischunterricht von der Stufe 6 zur Stufe 8 zunächst abnimmt, dann jedoch wieder zunimmt. Am häufigsten werden Gedichte in der Stufe 12 eingesetzt, wie die Prozentzahlen zum jährlichen (54,8 %) und zum monatlichen (30,0 %) Einsatz zeigen.

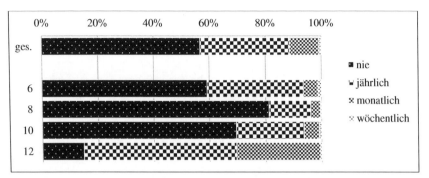

Abb. 36: Einsatz von Gedichten im Englischunterricht (nach Jahrgangsstufen)

Zeitungsartikel im Englischunterricht

Laut Angabe der 926 befragten Lernenden werden Zeitungsartikel zu 42,3 % nie im Englischunterricht eingesetzt, zu 32,2 % einmal im Schuljahr, zu 21,8 % monatlich und zu 2,1 % wöchentlich (siehe Abb. 37). 1,6 % der befragten Lernenden machen hinsichtlich der Häufigkeit des Einsatzes von Zeitungsartikeln im Englischunterricht keine Angabe.

Bezüglich der Klassenstufe deutet ein Signifikanzwert von 0,000 im Kruskal-Wallis-Test auf veritable Unterschiede beim Einsatz von Zeitungsartikeln im Englischunterricht hin. Bei einem Vergleich der Stufen 6 (n = 255) und 8 (n = 222) weist der Wert von 0,000 im Mann-Whitney-U-Test auf veritable Unterschiede hin: Im Englischunterricht der Stufe 8 werden Zeitungsartikel häufiger eingesetzt als in der Stufe 6. Zwischen den Stufen 8 und 10 (n = 225) lassen sich ebenfalls signifikante Unterschiede feststellen, wie der Wert von 0,000 zeigt: In der Stufe 10 werden Zeitungsartikel häufiger im Englischunterricht eingesetzt als in der Stufe 8. Auch beim Vergleich der Stufen 10 und 12 (n = 209) zeigen sich veritable Unterschiede, wie der Wert von 0,000 deutlich macht: Im Englischunterricht der Stufe 12 werden Zeitungsartikel häufiger eingesetzt als in der Stufe 10. Daraus lässt sich die Tendenz ableiten, dass mit ansteigender Klassenstufe häufiger Zeitungsartikel im Englischunterricht eingesetzt werden.

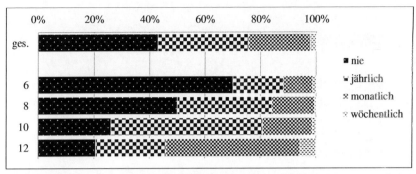

Abb. 37: Einsatz von Zeitungsartikeln im Englischunterricht (nach Jahrgangsstufen)

Zeitschriftenartikel im Englischunterricht

Laut Angabe der 926 befragten Lernenden werden Zeitschriftenartikel zu 51,9 % nie im Englischunterricht eingesetzt, zu 24,9 % einmal im Schuljahr, zu 19,0 % monatlich und zu 1,7 % wöchentlich (siehe Abb. 38). 2,4 % der befragten Lernenden machen keine Angabe hinsichtlich der Häufigkeit des Einsatzes von Zeitschriftenartikeln im Englischunterricht.

Bezüglich der Klassenstufe deutet ein Signifikanzwert von 0,000 im Kruskal-Wallis-Test auf veritable Unterschiede zum Einsatz von Zeitschriftenartikeln im Englischunterricht hin. Bei einem Vergleich der Stufen 6 (n = 252) und 8 (n = 221) weist der Wert von 0,000 im Mann-Whitney-U-Test auf veritable Unterschiede hin: Im Englischunterricht der Stufe 8 werden Zeitschriftenartikel häufiger eingesetzt als in der Stufe 6. Zwischen den Stufen 8 und 10 (n = 222) lassen sich ebenfalls signifikante Unterschiede feststellen, wie der Wert von 0,017 zeigt: In der Stufe 10 werden Zeitschriftenartikel häufiger im Englischunterricht eingesetzt als in der Stufe 8. Auch beim Vergleich der Stufen 10 und 12 (n = 209) zeigen sich veritable Unterschiede, wie der Wert von 0,000 deutlich macht: Im Englischunterricht der Stufe 12 werden Zeitschriftenartikel häufiger eingesetzt als in der Stufe 10. Daraus lässt sich die Tendenz ableiten, dass mit ansteigender Klassenstufe häufiger Zeitschriftenartikel im Englischunterricht eingesetzt werden.

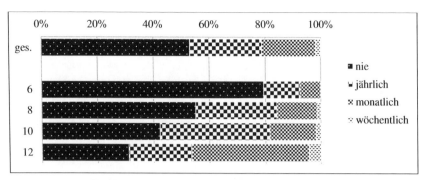

Abb. 38: Einsatz von Zeitschriftenartikeln im Englischunterricht
(nach Jahrgangsstufen)

Karikaturen im Englischunterricht
Laut Angabe der 926 befragten Lernenden werden Karikaturen zu 45,4 % nie im Englischunterricht eingesetzt, zu 23,2 % einmal im Schuljahr, zu 23,9 % monatlich und zu 5,3 % wöchentlich (siehe Abb. 39). 2,3 % der befragten Lernenden machen keine Angabe hinsichtlich der Häufigkeit des Einsatzes von Karikaturen im Englischunterricht.

Bezüglich der Klassenstufe deutet ein Signifikanzwert von 0,000 im Kruskal-Wallis-Test auf veritable Unterschiede beim Einsatz von Karikaturen im Englischunterricht hin. Bei einem Vergleich der Stufen 6 (n = 249) und 8 (n = 221) weist der Wert von 0,000 im Mann-Whitney-U-Test auf veritable Unterschiede hin: Im Englischunterricht der Stufe 8 werden häufiger Karikaturen eingesetzt als in der Stufe 6. Zwischen den Stufen 8 und 10 (n = 225) lassen sich ebenfalls signifikante Unterschiede feststellen, wie der Wert von 0,000 zeigt: In der Stufe 10 werden häufiger Karikaturen im Englischunterricht eingesetzt als in der Stufe 8. Auch beim Vergleich der Stufen 10 und 12 (n = 210) zeigen sich veritable Unterschiede, wie der Wert von 0,001 deutlich macht: Im Englischunterricht der Stufe 12 werden Karikaturen häufiger eingesetzt als in der Stufe 10. Daraus lässt sich die Tendenz ableiten, dass mit ansteigender Klassenstufe mehr Karikaturen im Englischunterricht eingesetzt werden.

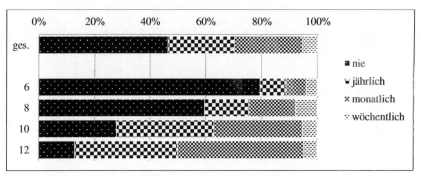

Abb. 39: Einsatz von Karikaturen im Englischunterricht (nach Jahrgangsstufen)

Fotos im Englischunterricht

Laut Angabe der 926 befragten Lernenden werden Fotos zu 7,8 % nie im Englischunterricht eingesetzt, zu 9,9 % einmal im Schuljahr, zu 33,2 % monatlich und zu 48,1 % wöchentlich (siehe Abb. 40). 1,1 % der befragten Lernenden machen keine Angabe hinsichtlich der Häufigkeit des Einsatzes von Fotos im Englischunterricht.

Bezüglich der Klassenstufe deutet ein Signifikanzwert von 0,000 im Kruskal-Wallis-Test auf veritable Unterschiede beim Einsatz von Fotos im Englischunterricht hin. Bei einem Vergleich der Stufen 6 (n = 259) und 8 (n = 223) weist der Wert von 0,005 im Mann-Whitney-U-Test auf veritable Unterschiede hin: Im Englischunterricht der Stufe 8 werden häufiger Fotos eingesetzt als in der Stufe 6. Zwischen den Stufen 8 und 10 (n = 225) lassen sich ebenfalls signifikante Unterschiede feststellen, wie der Wert von 0,000 zeigt: In der Stufe 8 werden häufiger Fotos im Englischunterricht eingesetzt als in der Stufe 10. Auch beim Vergleich der Stufen 10 und 12 (n = 209) zeigen sich veritable Unterschiede, wie der Wert von 0,016 deutlich macht: Im Englischunterricht der Stufe 12 werden Fotos etwas seltener eingesetzt als in der Stufe 10. Der wöchentliche Einsatz von Fotos nimmt von der Stufe 6 zur Stufe 8 zu (von 56,8 % auf 66,8 %), nimmt jedoch anschließend wieder ab (36,9 % in der Stufe 10 und 31,6 % in der Stufe 12). Der monatliche Einsatz ist in der Stufe 10 mit 48,0 % am höchsten.

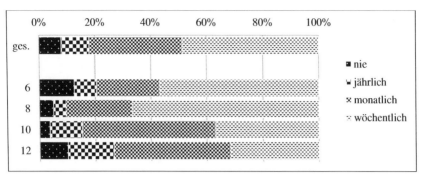

Abb. 40: Einsatz von Fotos im Englischunterricht (nach Jahrgangsstufen)

Lieder[30] im Englischunterricht

Laut Angabe der 926 befragten Lernenden werden Lieder zu 16,1 % nie im Englischunterricht eingesetzt, zu 38,8 % einmal im Schuljahr, zu 35,3 % monatlich und zu 9,2 % wöchentlich (siehe Abb. 41). 0,6 % der befragten Lernenden machen keine Angabe hinsichtlich der Häufigkeit des Einsatzes von Liedern im Englischunterricht.

Bezüglich der Klassenstufe deutet ein Signifikanzwert von 0,000 im Kruskal-Wallis-Test auf veritable Unterschiede beim Einsatz von Liedern im Englischunterricht hin. Bei einem Vergleich der Stufen 6 (n = 260) und 8 (n = 224) weist der Wert von 0,000 im Mann-Whitney-U-Test auf veritable Unterschiede hin: Im Englischunterricht der Stufe 6 werden Lieder häufiger eingesetzt als in der Stufe 8. Zwischen den Stufen 8 und 10 (n = 224) lassen sich ebenfalls signifikante Unterschiede feststellen, wie der Wert von 0,007 zeigt: In der Stufe 8 werden Lieder häufiger wöchentlich und monatlich im Englischunterricht eingesetzt als in der Stufe 10. Beim Vergleich der Stufen 10 und 12 (n = 212) zeigen sich keine veritablen Unterschiede, wie der Wert von 0,292 deutlich macht. Die Anzahl der Lernenden, die angeben, dass Lieder wöchentlich im Englischunterricht eingesetzt werden, nimmt mit zunehmender Klassenstufe ab (siehe Abb. 41). Der monatliche Einsatz von Liedern nimmt von der Stufe 6 mit 45,4 % über 38,8 % in der Stufe 8 bis zur Stufe 10 mit 26,3 % ab, zur Stufe 12 jedoch ganz

---

[30] Der Begriff „Lieder" impliziert im Folgenden alle Formen von Musik. Im Fragebogen wurde „Lieder/Musik" angegeben (siehe Anhang 1 und 2).

leicht wieder zu (29,7 %). Der jährliche Einsatz nimmt von der Stufe 6 (21,5 %) über die Stufe 8 (34,8 %) bis zur Stufe 10 (54,9 %) zu, dann leicht wieder ab (48,1 %).

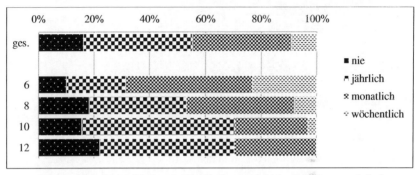

Abb. 41: Einsatz von Liedern im Englischunterricht (nach Jahrgangsstufen)

Filme im Englischunterricht
Laut Angabe der 926 befragten Lernenden werden Filme zu 34,0 % nie im Englischunterricht eingesetzt, zu 54,1 % einmal im Schuljahr, zu 9,8 % monatlich und zu 1,6 % wöchentlich (siehe Abb. 42). 0,4 % der befragten Lernenden machen keine Angabe hinsichtlich der Häufigkeit des Einsatzes von Filmen im Englischunterricht.

Bezüglich der Klassenstufe deutet ein Signifikanzwert von 0,000 im Kruskal-Wallis-Test auf veritable Unterschiede beim Einsatz von Filmen im Englischunterricht hin. Bei einem Vergleich der Stufen 6 (n = 259) und 8 (n = 225) weist der Wert von 0,000 im Mann-Whitney-U-Test auf veritable Unterschiede hin: Im Englischunterricht der Stufe 8 werden häufiger Filme eingesetzt als in der Stufe 6. Zwischen den Stufen 8 und 10 (n = 226) lassen sich ebenfalls signifikante Unterschiede feststellen, wie der Wert von 0,000 zeigt: In der Stufe 10 werden häufiger Filme im Englischunterricht eingesetzt als in der Stufe 8. Auch beim Vergleich der Stufen 10 und 12 (n = 212) zeigen sich veritable Unterschiede, wie der Wert von 0,000 deutlich macht: Im Englischunterricht der Stufe 12 werden Filme häufiger eingesetzt als in der Stufe 10. Daraus lässt sich die Tendenz ableiten, dass mit ansteigender Klassenstufe mehr Filme im Englischunterricht eingesetzt werden.

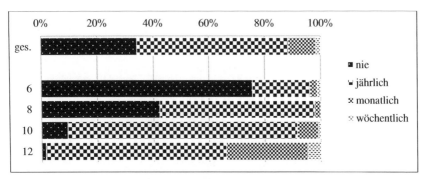

Abb. 42: Einsatz von Filmen im Englischunterricht (nach Jahrgangsstufen)

Fernsehserien im Englischunterricht

Laut Angabe der 926 befragten Lernenden werden Fernsehserien zu 82,0 % nie im Englischunterricht eingesetzt, zu 15,4 % einmal im Schuljahr, zu 1,3 % monatlich und zu 0,8 % wöchentlich (siehe Abb. 43). 0,5 % der befragten Lernenden machen keine Angabe hinsichtlich der Häufigkeit des Einsatzes von Fernsehserien im Englischunterricht.

Bezüglich der Klassenstufe deutet ein Signifikanzwert von 0,000 im Kruskal-Wallis-Test auf veritable Unterschiede beim Einsatz von Fernsehserien im Englischunterricht hin. Bei einem Vergleich der Stufen 6 (n = 260) und 8 (n = 223) weist der Wert von 0,000 im Mann-Whitney-U-Test auf veritable Unterschiede hin: Im Englischunterricht der Stufe 8 werden häufiger Fernsehserien eingesetzt als in der Stufe 6. Zwischen den Stufen 8 und 10 (n = 226) lassen sich keine signifikanten Unterschiede feststellen, wie der Wert von 0,375 zeigt. Beim Vergleich der Stufen 10 und 12 (n = 212) zeigen sich hingegen wieder veritable Unterschiede, wie der Wert von 0,000 deutlich macht: Im Englischunterricht der Stufe 12 werden Fernsehserien häufiger eingesetzt als in der Stufe 10. Insgesamt werden Fernsehserien wenig im Englischunterricht eingesetzt. Es ist jedoch eine leichte Tendenz zu erkennen, dass Fernsehserien mit zunehmender Klassenstufe häufiger eingesetzt werden. Von der Stufe 6 bis zur Stufe 8 nimmt die Anzahl derjenigen, die angeben, dass Fernsehserien jährlich im Englischunterricht eingesetzt werden, von 3,8 % auf 17,0 % zu. In der Stufe 10 sind es etwas weniger mit 12,8 %, in der Stufe 12 steigt die Anzahl auf 31,1 %.

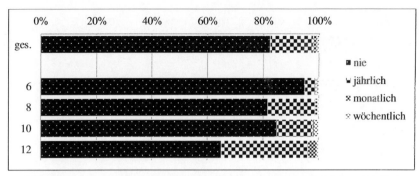

Abb. 43: Einsatz von Fernsehserien im Englischunterricht (nach Jahrgangsstufen)

Theaterstücke im Englischunterricht

Laut Angabe der 926 befragten Lernenden werden Theaterstücke zu 56,8 % nie im Englischunterricht eingesetzt, zu 39,1 % einmal im Schuljahr, zu 3,1 % monatlich und zu 0,3 % wöchentlich (siehe Abb. 44). 0,6 % der befragten Lernenden machen keine Angabe hinsichtlich der Häufigkeit des Einsatzes von Theaterstücken im Englischunterricht.

Bezüglich der Klassenstufe deutet ein Signifikanzwert von 0,002 im Kruskal-Wallis-Test auf veritable Unterschiede beim Einsatz von Theaterstücken im Englischunterricht hin. Bei einem Vergleich der Stufen 6 (n = 258) und 8 (n = 224) weist der Wert von 0,009 im Mann-Whitney-U-Test auf veritable Unterschiede hin: Im Englischunterricht der Stufe 6 werden häufiger Theaterstücke eingesetzt als in der Stufe 8. Zwischen den Stufen 8 und 10 (n = 226) lassen sich keine signifikanten Unterschiede feststellen, wie der Wert von 0,774 zeigt. Beim Vergleich der Stufen 10 und 12 (n = 212) zeigen sich hingegen wieder veritable Unterschiede, wie der Wert von 0,006 deutlich macht: Im Englischunterricht der Stufe 12 werden Theaterstücke häufiger eingesetzt als in der Stufe 10. Abbildung 44 zeigt, dass Theaterstücke in der Stufe 6 und in der Stufe 12 häufiger eingesetzt werden als in der Stufe 8 und 10. Insgesamt werden sie am häufigsten in der Stufe 12 eingesetzt.

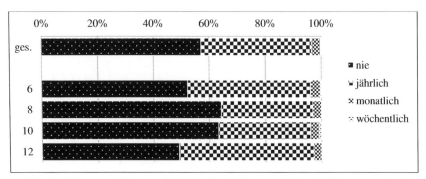

Abb. 44: Einsatz von Theaterstücken im Englischunterricht (nach Jahrgangsstufen)

Handys[31] im Englischunterricht[32]

Laut Angabe der 926 befragten Lernenden werden Handys zu 75,6 % nie im Englischunterricht eingesetzt, zu 12,9 % einmal im Schuljahr, zu 7,3 % monatlich und zu 3,9 % wöchentlich (siehe Abb. 45). 0,3 % der befragten Lernenden machen keine Angabe hinsichtlich der Häufigkeit des Einsatzes von Handys im Englischunterricht.

Bezüglich der Klassenstufe deutet ein Signifikanzwert von 0,000 im Kruskal-Wallis-Test auf veritable Unterschiede beim Einsatz von Handys im Englischunterricht hin. Bei einem Vergleich der Stufen 6 (n = 261) und 8 (n = 224) weist der Wert von 0,000 im Mann-Whitney-U-Test auf veritable Unterschiede hin: Im Englischunterricht der Stufe 8 werden häufiger Handys eingesetzt als in der Stufe 6. Zwischen den Stufen 8 und 10 (n = 225) lassen sich ebenfalls signifikante Unterschiede feststellen, wie der Wert von 0,009 zeigt: In der Stufe 10 werden häufiger Handys im Englischunterricht eingesetzt als in der Stufe 8. Beim Vergleich der Stufen 10 und 12 (n = 213) zeigen sich keine veritablen Unterschiede, wie der Wert von 0,553 deutlich macht. Daraus lässt sich die Tendenz ableiten, dass Handys von der Stufe 6 bis 10 mit ansteigender Klassenstufe

---

[31] Der Begriff „Handy" impliziert im Folgenden auch Smart- und iPhones. Im Fragebogen wurde „Handys/Smart-/iPhones" angegeben (siehe Anhang 1 und 2).

[32] An dieser Stelle ist anzumerken, dass an allen drei Gymnasien, an denen die Befragung durchgeführt wurde, Mobiltelefone prinzipiell im Schulgebäude erlaubt sind. Während des Unterrichts dürfen die Lernenden sie nach ausdrücklicher Erlaubnis der Lehrkraft für unterrichtliche Zwecke benutzen.

häufiger im Englischunterricht eingesetzt werden. In der Stufe 12 steigt die Anzahl derjenigen, die angeben, dass Handys nie im Englischunterricht eingesetzt werden, leicht an. Von der Stufe 6 bis Stufe 8 ist hier eine absteigende Anzahl zu erkennen.

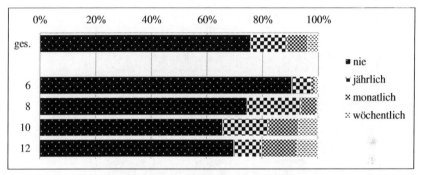

Abb. 45: Einsatz von Handys im Englischunterricht (nach Jahrgangsstufen)

Tablets[33] im Englischunterricht

Laut Angabe der 926 befragten Lernenden werden Tablets zu 95,6 % nie im Englischunterricht eingesetzt, zu 2,4 % einmal im Schuljahr, zu 0,6 % monatlich und zu 1,1 % wöchentlich (siehe Abb. 46). 0,3 % der befragten Lernenden machen keine Angabe hinsichtlich der Häufigkeit des Einsatzes von Tablets im Englischunterricht.

Bezüglich der Klassenstufe deutet ein Signifikanzwert von 0,000 im Kruskal-Wallis-Test auf veritable Unterschiede beim Einsatz von Tablets im Englischunterricht hin. Bei einem Vergleich der Stufen 6 (n = 259) und 8 (n = 225) weist der Wert von 0,252 im Mann-Whitney-U-Test auf keine veritablen Unterschiede hin. Zwischen den Stufen 8 und 10 (n = 226) lassen sich signifikante Unterschiede feststellen, wie der Wert von 0,004 zeigt: In der Stufe 10 werden häufiger Tablets im Englischunterricht eingesetzt als in der Stufe 8. Auch beim Vergleich der Stufen 10 und 12 (n = 213) zeigen sich veritable Unterschiede, wie der Wert von 0,001 deutlich macht: Im Englischunterricht der Stufe 10 werden

---

[33] Der Begriff „Tablet" impliziert im Folgenden auch iPads. Im Fragebogen wurde „Tablets/-iPads" angegeben (siehe Anhang 1 und 2).

Tablets häufiger eingesetzt als in der Stufe 12. Insgesamt werden Tablets eher wenig im Englischunterricht eingesetzt (siehe Abb. 46). Die Angaben der Lernenden in der Stufe 10 stechen leicht heraus. Hier geben 3,1 % der befragten Lernenden an, dass Tablets wöchentlich, 1,3 % monatlich und 5,3 % jährlich eingesetzt werden. In den anderen Stufen sind es jeweils sehr geringe Zahlen.

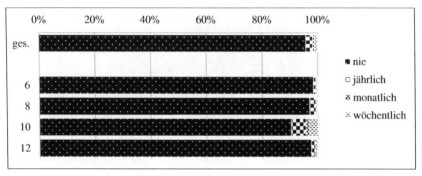

Abb. 46: Einsatz von Tablets im Englischunterricht (nach Jahrgangsstufen)

PCs[34] im Englischunterricht

Laut Angabe der 926 befragten Lernenden werden PCs zu 58,5 % nie im Englischunterricht eingesetzt, zu 25,5 % einmal im Schuljahr, zu 11,2 % monatlich und zu 4,2 % wöchentlich (siehe Abb. 47). 0,5 % der befragten Lernenden machen keine Angabe hinsichtlich der Häufigkeit des Einsatzes von PCs im Englischunterricht.

Bezüglich der Klassenstufe deutet ein Signifikanzwert von 0,000 im Kruskal-Wallis-Test auf veritable Unterschiede beim Einsatz von PCs im Englischunterricht hin. Bei einem Vergleich der Stufen 6 (n = 260) und 8 (n = 225) weist der Wert von 0,000 im Mann-Whitney-U-Test auf veritable Unterschiede hin: Im Englischunterricht der Stufe 8 werden häufiger PCs eingesetzt als in der Stufe 6. Zwischen den Stufen 8 und 10 (n = 225) lassen sich ebenfalls signifikante Unterschiede feststellen, wie der Wert von 0,000 zeigt: In der Stufe 10 werden häufiger PCs im Englischunterricht eingesetzt als in der Stufe 8. Auch beim Ver-

---

[34] Der Begriff „PC" impliziert im Folgenden auch Laptops. Im Fragebogen wurde „Laptops/-Computer" angegeben (siehe Anhang 1 und 2).

gleich der Stufen 10 und 12 (n = 211) zeigen sich veritable Unterschiede, wie der Wert von 0,048 deutlich macht: Im Englischunterricht der Stufe 12 werden PCs häufiger eingesetzt als in der Stufe 10. Daraus lässt sich die Tendenz ableiten, dass mit ansteigender Klassenstufe häufiger PCs eingesetzt werden.

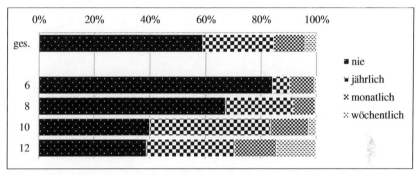

Abb. 47: Einsatz von PCs im Englischunterricht (nach Jahrgangsstufen)

Spielekonsolen im Englischunterricht

Laut Angabe der 926 befragten Lernenden werden Spielekonsolen zu 98,5 % nie im Englischunterricht eingesetzt, zu 0,5 % einmal im Schuljahr, zu 0,2 % monatlich und zu 0,3 % wöchentlich (siehe Abb. 48). 0,4 % der befragten Lernenden machen keine Angabe hinsichtlich der Häufigkeit des Einsatzes von Spielekonsolen im Englischunterricht. Bezüglich der Klassenstufe deutet ein Signifikanzwert von 0,230 im Kruskal-Wallis-Test auf keine veritablen Unterschiede beim Einsatz von Spielekonsolen im Englischunterricht hin.

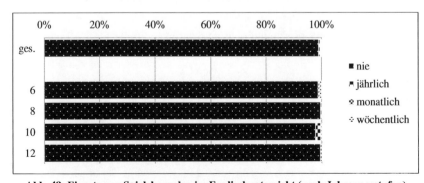

Abb. 48: Einsatz von Spielekonsolen im Englischunterricht (nach Jahrgangsstufen)

4.3.2. Texte und Medien im Französischunterricht – Ergebnisse

Für die nachfolgende Auswertung wurden alle Lernenden ausgewählt, die Französisch als zweite Fremdsprache lernen (n = 275). Da die Lernenden der Stufe 6 zum Erhebungszeitpunkt erst seit wenigen Wochen eine zweite Fremdsprache lernen, wurden sie nur um eine Einschätzung zu ihrem ersten Fremdsprachenunterricht (Englisch) gebeten. Die nachfolgenden Auswertungen beziehen sich somit ausschließlich auf Lernende der Stufen 8, 10 und 12.

Comics im Französischunterricht

Laut Angabe der 275 befragten Lernenden werden Comics zu 30,5 % nie im Französischunterricht eingesetzt, zu 26,2 % einmal im Schuljahr, zu 32,0 % monatlich und zu 10,5 % wöchentlich (siehe Abb. 49). 0,7 % der befragten Lernenden machen keine Angabe hinsichtlich der Häufigkeit des Einsatzes von Comics im Französischunterricht.

Bezüglich der Klassenstufe deutet ein Signifikanzwert von 0,040 im Kruskal-Wallis-Test auf veritable Unterschiede beim Einsatz von Comics im Französischunterricht hin. Bei einem Vergleich der Stufen 8 (n = 108) und 10 (n = 92) lassen sich keine signifikanten Unterschiede feststellen, wie der Wert von 0,053 im Mann-Whitney-U-Test zeigt. Beim Vergleich der Stufen 10 und 12 (n = 73) zeigen sich hingegen veritable Unterschiede, wie der Wert von 0,014 deutlich macht: Im Französischunterricht der Stufe 10 werden Comics häufiger eingesetzt als in der Stufe 12. Der wöchentliche Einsatz ist mit 13,0 % hier am höchsten (Stufe 8: 12,0 %; Stufe 12: 5,5 %). Auch der monatliche Einsatz von Comics im Französischunterricht ist in der Stufe 10 mit 42,4 % deutlich höher als in der Stufe 8 (27,6 %) und Stufe 12 (26,0 %).[35] Abbildung 49 zeigt dementsprechend, dass Comics im Französischunterricht am häufigsten in der Stufe 10 eingesetzt werden.

---

[35] Es ist jedoch zu berücksichtigen, dass die Lernenden keine Vorgabe bekommen haben, auf welchen Französischunterricht sich ihre Antwort beziehen soll – nur den aktuellen oder alle Französischstunden, die sie im Laufe ihrer Schulkarriere besucht haben –, so dass dieses Ergebnis mit Vorsicht zu verwenden ist. Die ansteigende Verwendung von Comics kann somit auch durch die höhere Anzahl der besuchten Französischstunden bedingt sein.

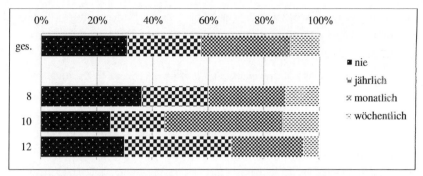

Abb. 49: Einsatz von Comics im Französischunterricht (nach Jahrgangsstufen)

Mangas im Französischunterricht
Laut Angabe der 275 befragten Lernenden werden Mangas zu 93,8 % nie im Französischunterricht eingesetzt, zu 2,2 % einmal im Schuljahr, zu 2,2 % monatlich und zu 0,7 % wöchentlich (siehe Abb. 50). 1,1 % der befragten Lernenden machen keine Angabe hinsichtlich der Häufigkeit des Einsatzes von Mangas im Französischunterricht. Bezüglich der Klassenstufe deutet ein Signifikanzwert von 0,682 im Kruskal-Wallis-Test auf keine veritablen Unterschiede beim Einsatz von Mangas im Französischunterricht hin.

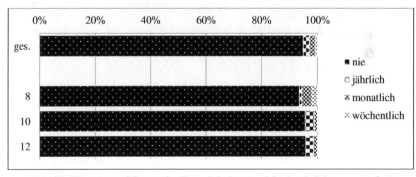

Abb. 50: Einsatz von Mangas im Französischunterricht (nach Jahrgangsstufen)

Romane im Französischunterricht
Laut Angabe der 275 befragten Lernenden werden Romane zu 76,4 % nie im Französischunterricht eingesetzt, zu 17,8 % einmal im Schuljahr, zu 3,3 % mo-

natlich und zu 1,1 % wöchentlich (siehe Abb. 51). 1,5 % der befragten Lernenden machen keine Angabe hinsichtlich der Häufigkeit des Einsatzes von Romanen im Französischunterricht.

Bezüglich der Klassenstufe deutet ein Signifikanzwert von 0,000 im Kruskal-Wallis-Test auf veritable Unterschiede beim Einsatz von Romanen im Französischunterricht hin. Bei einem Vergleich der Stufen 8 (n = 107) und 10 (n = 91) lassen sich keine signifikanten Unterschiede feststellen, wie der Wert von 0,480 im Mann-Whitney-U-Test zeigt. Beim Vergleich der Stufen 10 und 12 (n = 73) zeigen sich jedoch veritable Unterschiede, wie der Wert von 0,000 deutlich macht: Im Französischunterricht der Stufe 12 werden Romane häufiger eingesetzt als in der Stufe 10. Daraus lässt sich die Tendenz ableiten, dass mit ansteigender Klassenstufe mehr Romane eingesetzt werden. Der jährliche Einsatz von Romanen im Französischunterricht sticht besonders in der Stufe 12 mit 41,1 % im Vergleich zu 5,6 % in der Stufe 8 und 14,3 % in der Stufe 10 hervor.

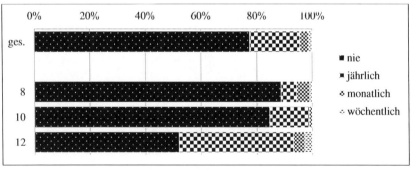

Abb. 51: Einsatz von Romanen im Französischunterricht (nach Jahrgangsstufen)

Kurzgeschichten im Französischunterricht

Laut Angabe der 275 befragten Lernenden werden Kurzgeschichten zu 17,8 % nie im Französischunterricht eingesetzt, zu 14,5 % einmal im Schuljahr, zu 40,4 % monatlich und zu 26,2 % wöchentlich (siehe Abb. 52). 1,1 % der befragten Lernenden machen keine Angabe hinsichtlich der Häufigkeit des Einsatzes von Kurzgeschichten im Französischunterricht.

Bezüglich der Klassenstufe deutet ein Signifikanzwert von 0,000 im Kruskal-Wallis-Test auf veritable Unterschiede beim Einsatz von Kurzgeschichten im

Französischunterricht hin. Bei einem Vergleich der Stufen 8 (n = 108) und 10 (n = 91) lassen sich signifikante Unterschiede feststellen, wie der Wert von 0,000 im Mann-Whitney-U-Test zeigt: In der Stufe 8 werden häufiger Kurzgeschichten im Französischunterricht eingesetzt als in der Stufe 10. Beim Vergleich der Stufen 10 und 12 (n = 73) zeigen sich ebenfalls veritable Unterschiede beim Einsatz von Kurzgeschichten im Französischunterricht, wie der Wert von 0,024 deutlich macht: In der Stufe 10 werden Kurzgeschichten häufiger eingesetzt als in der Stufe 12. Daraus lässt sich die Tendenz ableiten, dass Kurzgeschichten mit ansteigender Klassenstufe seltener im Französischunterricht eingesetzt werden.

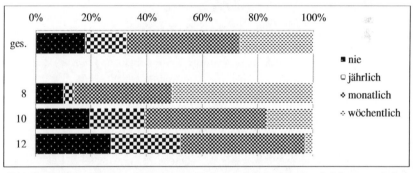

Abb. 52: Einsatz von Kurzgeschichten im Französischunterricht (nach Jahrgangsstufen)

Gedichte im Französischunterricht
Laut Angabe der 275 befragten Lernenden werden Gedichte zu 66,2 % nie im Französischunterricht eingesetzt, zu 25,1 % einmal im Schuljahr, zu 6,2 % monatlich und zu 0,4 % wöchentlich (siehe Abb. 53). 2,2 % der befragten Lernenden machen keine Angabe hinsichtlich der Häufigkeit des Einsatzes von Gedichten im Französischunterricht.

Bezüglich der Klassenstufe deutet ein Signifikanzwert von 0,002 im Kruskal-Wallis-Test auf veritable Unterschiede beim Einsatz von Gedichten im Französischunterricht hin. Bei einem Vergleich der Stufen 8 (n = 106) und 10 (n = 91) lassen sich keine signifikanten Unterschiede feststellen, wie der Wert von 0,158 im Mann-Whitney-U-Test zeigt. Zwischen den Stufen 10 und 12 (n = 72) zeigen sich veritable Unterschiede, wie der Wert von 0,000 deutlich macht: Im Französischunterricht der Stufe 12 werden Gedichte häufiger eingesetzt als in der Stufe 10. Abbildung 53 zeigt, dass Gedichte im Französischunterricht in der Stufe 12 monatlich mit 40,3 % am häufigsten eingesetzt werden, im Vergleich zur Stufe 8 mit 21,7 % und Stufe 10 mit 18,7 %.

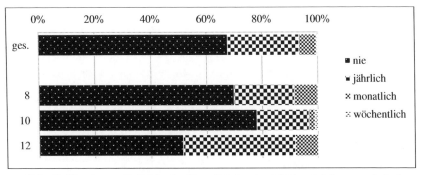

Abb. 53: Einsatz von Gedichten im Französischunterricht (nach Jahrgangsstufen)

Zeitungsartikel im Französischunterricht

Laut Angabe der 275 befragten Lernenden werden Zeitungsartikel zu 52,7 % nie im Französischunterricht eingesetzt, zu 25,8 % einmal im Schuljahr, zu 18,2 % monatlich und zu 1,5 % wöchentlich (siehe Abb. 54). 1,8 % der befragten Lernenden machen keine Angabe hinsichtlich der Häufigkeit des Einsatzes von Zeitungsartikeln im Französischunterricht.

Bezüglich der Klassenstufe deutet ein Signifikanzwert von 0,000 im Kruskal-Wallis-Test auf veritable Unterschiede beim Einsatz von Zeitungsartikeln im Französischunterricht hin. Bei einem Vergleich der Stufen 8 (n = 107) und 10 (n = 90) lassen sich signifikante Unterschiede feststellen, wie der Wert von 0,000 im Mann-Whitney-U-Test zeigt: In der Stufe 10 werden Zeitungsartikel deutlich häufiger im Französischunterricht eingesetzt als in der Stufe 8. Zwischen den Stufen 10 und 12 (n = 73) zeigen sich hingegen keine veritablen Unterschiede, wie der Wert von 0,863 deutlich macht. Abbildung 54 zeigt, dass der jährliche Einsatz von Zeitungsartikeln im Französischunterricht am häufigsten in der Stufe 10 mit 38,9 % genannt wird, im Vergleich zur Stufe 8 mit 15,9 % und Stufe 12 mit 26,0 %.

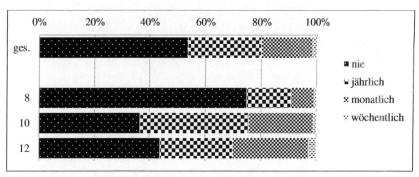

Abb. 54: Einsatz von Zeitungsartikeln im Französischunterricht (nach Jahrgangsstufen)

Zeitschriftenartikel im Französischunterricht

Laut Angabe der 275 befragten Lernenden werden Zeitschriftenartikel zu 56,7% nie im Französischunterricht eingesetzt, zu 24,7 % einmal im Schuljahr, zu 14,5 % monatlich und zu 1,8 % wöchentlich (siehe Abb. 55). 2,2 % der befragten Lernenden machen keine Angabe hinsichtlich der Häufigkeit des Einsatzes von Zeitschriftenartikeln.

Bezüglich der Klassenstufe deutet ein Signifikanzwert von 0,000 im Kruskal-Wallis-Test auf veritable Unterschiede beim Einsatz von Zeitschriftenartikeln im Französischunterricht hin. Bei einem Vergleich der Stufen 8 (n = 105) und 10 (n = 91) weist der Wert von 0,000 im Mann-Whitney-U-Test auf veritable Unterschiede hin: Im Französischunterricht der Stufe 10 werden Zeitschriftenartikel häufiger eingesetzt als in der Stufe 8. Zwischen den Stufen 10 und 12 (n = 73) lassen sich keine signifikanten Unterschiede feststellen, wie der Wert von 0,627 zeigt. Abbildung 55 zeigt, dass Zeitschriftenartikel in der Stufe 10 und 12 häufiger eingesetzt werden als in der Stufe 8. Der monatliche Einsatz ist mit 24,2 % in der Stufe 10 am höchsten, im Vergleich zu 5,7 % in der Stufe 8 und 16,4 % in der Stufe 12.

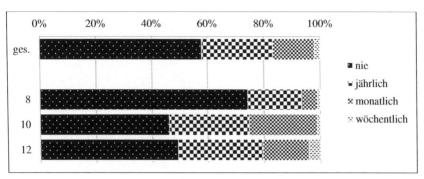

Abb. 55: Einsatz von Zeitschriftenartikeln im Französischunterricht (nach Jahrgangsstufen)

Karikaturen im Französischunterricht

Laut Angabe der 275 befragten Lernenden werden Karikaturen zu 41,8 % nie im Französischunterricht eingesetzt, zu 20,7 % einmal im Schuljahr, zu 27,3 % monatlich und zu 7,6 % wöchentlich (siehe Abb. 56). 2,5 % der befragten Lernenden machen keine Angabe hinsichtlich der Häufigkeit des Einsatzes von Karikaturen im Französischunterricht.

Bezüglich der Klassenstufe deutet ein Signifikanzwert von 0,000 im Kruskal-Wallis-Test auf veritable Unterschiede beim Einsatz von Karikaturen im Französischunterricht hin. Bei einem Vergleich der Stufen 8 (n = 103) und 10 (n = 92) lassen sich signifikante Unterschiede feststellen, wie der Wert von 0,002 im Mann-Whitney-U-Test zeigt: In der Stufe 10 werden häufiger Karikaturen im Französischunterricht eingesetzt als in der Stufe 8. Beim Vergleich der Stufen 10 und 12 (n = 73) zeigen sich hingegen keine veritablen Unterschiede, wie der Wert von 0,058 deutlich macht. Abbildung 56 zeigt dennoch, dass Karikaturen mit zunehmender Klassenstufe häufiger im Französischunterricht eingesetzt werden.

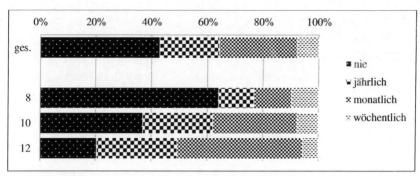

Abb. 56: Einsatz von Karikaturen im Französischunterricht (nach Jahrgangsstufen)

Fotos im Französischunterricht

Laut Angabe der 275 befragten Lernenden werden Fotos zu 9,5 % nie im Französischunterricht eingesetzt, zu 9,1 % einmal im Schuljahr, zu 38,2 % monatlich und zu 41,8 % wöchentlich (siehe Abb. 57). 1,5 % der befragten Lernenden machen keine Angabe hinsichtlich der Häufigkeit des Einsatzes von Fotos im Französischunterricht.

Bezüglich der Klassenstufe deutet ein Signifikanzwert von 0,012 im Kruskal-Wallis-Test auf veritable Unterschiede beim Einsatz von Fotos im Französischunterricht hin. Bei einem Vergleich der Stufen 8 (n = 107) und 10 (n = 91) weist der Wert von 0,047 im Mann-Whitney-U-Test auf veritable Unterschiede hin: Im Französischunterricht der Stufe 8 werden Fotos häufiger wöchentlich und monatlich eingesetzt als in der Stufe 10. Zwischen den Stufen 10 und 12 (n = 73) lassen sich keine signifikanten Unterschiede feststellen, wie der Wert von 0,352 zeigt.

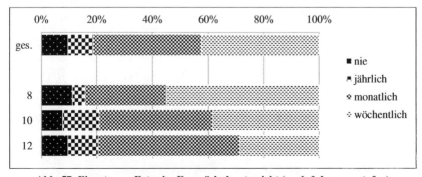

Abb. 57: Einsatz von Fotos im Französischunterricht (nach Jahrgangsstufen)

Lieder[36] im Französischunterricht

Laut Angabe der 275 befragten Lernenden werden Lieder zu 23,3 % nie im Französischunterricht eingesetzt, zu 33,8 % einmal im Schuljahr, zu 37,1 % monatlich und zu 5,1 % wöchentlich (siehe Abb. 58). 0,7 % der befragten Lernenden machen keine Angabe hinsichtlich der Häufigkeit des Einsatzes von Liedern im Französischunterricht. Bezüglich der Klassenstufe deutet ein Signifikanzwert von 0,266 im Kruskal-Wallis-Test auf keine veritablen Unterschiede beim Einsatz von Liedern im Französischunterricht hin.

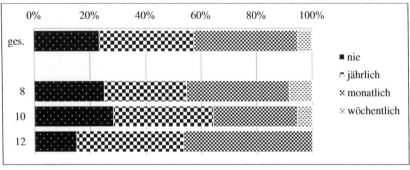

Abb. 58: Einsatz von Liedern im Französischunterricht (nach Jahrgangsstufen)

Filme im Französischunterricht

Laut Angabe der 275 befragten Lernenden werden Filme zu 44,4 % nie im Französischunterricht eingesetzt, zu 45,5 % einmal im Schuljahr, zu 9,5 % monatlich und zu 0,0 % wöchentlich (siehe Abb. 59). 0,7 % der befragten Lernenden machen keine Angabe hinsichtlich der Häufigkeit des Einsatzes von Filmen im Französischunterricht.

Bezüglich der Klassenstufe deutet ein Signifikanzwert von 0,000 im Kruskal-Wallis-Test auf veritable Unterschiede beim Einsatz von Filmen im Französischunterricht hin. Bei einem Vergleich der Stufen 8 (n = 108) und 10 (n = 92) lassen sich signifikante Unterschiede feststellen, wie der Wert von 0,042 im Mann-Whitney-U-Test zeigt: In der Stufe 10 werden häufiger Filme im Franzö-

---

[36] Der Begriff „Lieder" impliziert im Folgenden alle Formen von Musik. Im Fragebogen wurde „Lieder/Musik" angegeben (siehe Anhang 1 und 2).

sischunterricht eingesetzt als in der Stufe 8. Auch beim Vergleich der Stufen 10 und 12 (n = 73) zeigen sich veritable Unterschiede, wie der Wert von 0,000 deutlich macht: Im Französischunterricht der Stufe 12 werden Filme häufiger eingesetzt als in der Stufe 10. Daraus lässt sich die Tendenz ableiten, dass mit ansteigender Klassenstufe mehr Filme eingesetzt werden.

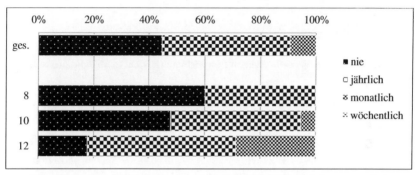

Abb. 59: Einsatz von Filmen im Französischunterricht (nach Jahrgangsstufen)

Fernsehserien im Französischunterricht
Laut Angabe der 275 befragten Lernenden werden Fernsehserien zu 90,2 % nie im Französischunterricht eingesetzt, zu 7,6 % einmal im Schuljahr, zu 1,1 % monatlich und zu 0,4 % wöchentlich (siehe Abb. 60). 0,7 % der befragten Lernenden machen keine Angabe hinsichtlich der Häufigkeit des Einsatzes von Fernsehserien im Französischunterricht.

Bezüglich der Klassenstufe deutet ein Signifikanzwert von 0,012 im Kruskal-Wallis-Test auf veritable Unterschiede beim Einsatz von Fernsehserien im Französischunterricht hin. Bei einem Vergleich der Stufen 8 (n = 108) und 10 (n = 92) lassen sich signifikante Unterschiede feststellen, wie der Wert von 0,006 im Mann-Whitney-U-Test zeigt: In der Stufe 10 werden häufiger Fernsehserien im Französischunterricht eingesetzt als in der Stufe 8. Beim Vergleich der Stufen 10 und 12 (n = 73) zeigen sich keine veritablen Unterschiede, wie der Wert von 0,889 deutlich macht. Daraus lässt sich die Tendenz ableiten, dass mit ansteigender Klassenstufe mehr Fernsehserien eingesetzt werden, auch wenn sich von der Stufe 10 zur Stufe 12 im Mann-Whitney-U-Test keine weitere signifikante Veränderung zeigt.

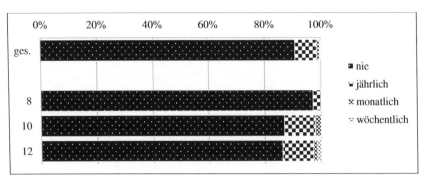

Abb. 60: Einsatz von Fernsehserien im Französischunterricht (nach Jahrgangsstufen)

Theaterstücke im Französischunterricht
Laut Angabe der 275 befragten Lernenden werden Theaterstücke zu 83,3 % nie im Französischunterricht eingesetzt, zu 11,6 % einmal im Schuljahr, zu 4,4 % monatlich und zu 0,0 % wöchentlich (siehe Abb. 61). 0,7 % der befragten Lernenden machen keine Angabe hinsichtlich der Häufigkeit des Einsatzes von Theaterstücken im Französischunterricht. Bezüglich der Klassenstufe deutet ein Signifikanzwert von 0,166 im Kruskal-Wallis-Test auf keine veritablen Unterschiede beim Einsatz von Theaterstücken im Französischunterricht hin.

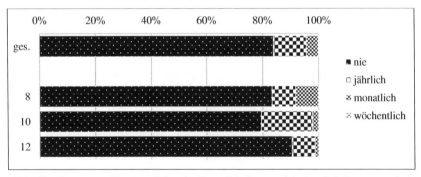

Abb. 61: Einsatz von Theaterstücken im Französischunterricht (nach Jahrgangsstufen)

Handys[37] im Französischunterricht[38]

Laut Angabe der 275 befragten Lernenden werden Handys zu 77,8 % nie im Französischunterricht eingesetzt, zu 9,1 % einmal im Schuljahr, zu 9,1 % monatlich und zu 2,9 % wöchentlich (siehe Abb. 62). 1,1 % der befragten Lernenden machen keine Angabe hinsichtlich der Häufigkeit des Einsatzes von Handys im Französischunterricht.

Bezüglich der Klassenstufe deutet ein Signifikanzwert von 0,001 im Kruskal-Wallis-Test auf veritable Unterschiede beim Einsatz von Handys im Französischunterricht hin. Bei einem Vergleich der Stufen 8 (n = 107) und 10 (n = 92) lassen sich signifikante Unterschiede feststellen, wie der Wert von 0,000 im Mann-Whitney-U-Test zeigt: In der Stufe 10 werden häufiger Handys im Französischunterricht eingesetzt als in der Stufe 8. Beim Vergleich der Stufen 10 und 12 (n = 73) zeigen sich keine veritablen Unterschiede, wie der Wert von 0,743 deutlich macht. Abbildung 62 zeigt, dass der wöchentliche Einsatz von Handys im Französischunterricht mit zunehmender Klassenstufe leicht ansteigt (0,0 %, 4,3 %, 5,5 %). Der monatliche Einsatz nimmt von der Stufe 8 (1,9 %) zur Stufe 10 (16,3 %) zu, zur Stufe 12 jedoch wieder ab (11,0 %). Der jährliche Einsatz nimmt ganz leicht zu (von 8,4 % über 8,7 % auf 11,0 %). Insgesamt nimmt der Einsatz von Handys im Französischunterricht somit von der Stufe 8 zur Stufe 10 zu und in der Stufe 12 leicht wieder ab.

---

[37] Der Begriff „Handy" impliziert im Folgenden auch Smart- und iPhones. Im Fragebogen wurde „Handys/Smart-/iPhones" angegeben (siehe Anhang 1 und 2).
[38] An dieser Stelle ist anzumerken, dass an allen drei Gymnasien, an denen die Befragung durchgeführt wurde, Mobiltelefone prinzipiell im Schulgebäude erlaubt sind. Während des Unterrichts dürfen die Lernenden sie nach ausdrücklicher Erlaubnis der Lehrkraft für unterrichtliche Zwecke benutzen.

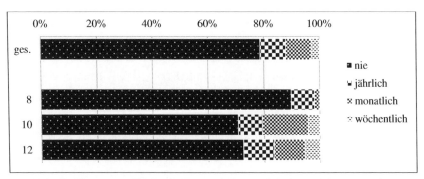

Abb. 62: Einsatz von Handys im Französischunterricht (nach Jahrgangsstufen)

Tablets[39] im Französischunterricht

Laut Angabe der 275 befragten Lernenden werden Tablets zu 97,8 % nie im Französischunterricht eingesetzt, zu 1,1 % einmal im Schuljahr, zu 0,4 % monatlich und zu 0,0 % wöchentlich (siehe Abb. 63). 0,7 % der befragten Lernenden machen keine Angabe hinsichtlich der Häufigkeit des Einsatzes von Tablets im Französischunterricht. Bezüglich der Klassenstufe deutet ein Signifikanzwert von 0,187 im Kruskal-Wallis-Test auf keine veritablen Unterschiede beim Einsatz von Tablets im Französischunterricht hin.

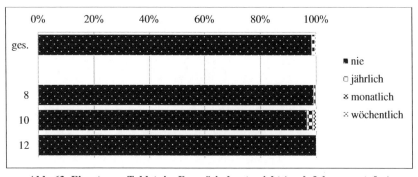

Abb. 63: Einsatz von Tablets im Französischunterricht (nach Jahrgangsstufen)

---

[39] Der Begriff „Tablet" impliziert im Folgenden auch iPads. Im Fragebogen wurde „Tablets/-iPads" angegeben (siehe Anhang 1 und 2).

PCs[40] im Französischunterricht

Laut Angabe der 275 befragten Lernenden werden PCs zu 72,7 % nie im Französischunterricht eingesetzt, zu 19,6 % einmal im Schuljahr, zu 6,2 % monatlich und zu 0,7 % wöchentlich (siehe Abb. 64). 0,7 % der befragten Lernenden machen keine Angabe hinsichtlich der Häufigkeit des Einsatzes von PCs im Französischunterricht.

Bezüglich der Klassenstufe deutet ein Signifikanzwert von 0,001 im Kruskal-Wallis-Test auf veritable Unterschiede beim Einsatz von PCs im Französischunterricht hin. Bei einem Vergleich der Stufen 8 (n = 108) und 10 (n = 92) lassen sich signifikante Unterschiede feststellen, wie der Wert von 0,001 im Mann-Whitney-U-Test zeigt: In der Stufe 10 werden häufiger PCs im Französischunterricht eingesetzt als in der Stufe 8. Beim Vergleich der Stufen 10 und 12 (n = 73) zeigen sich hingegen keine veritablen Unterschiede, wie der Wert von 0,956 deutlich macht. Daraus lässt sich die Tendenz ableiten, dass mit ansteigender Klassenstufe mehr PCs eingesetzt werden, wobei sich von der Stufe 10 zur Stufe 12 keine weitere signifikante Veränderung zeigt.

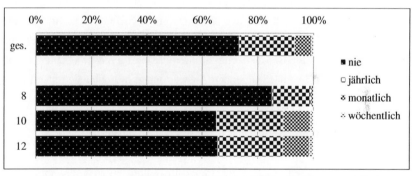

Abb. 64: Einsatz von PCs im Französischunterricht (nach Jahrgangsstufen)

Spielekonsolen im Französischunterricht

Laut Angabe der 275 befragten Lernenden werden Spielekonsolen zu 98,9 % nie im Französischunterricht eingesetzt, zu 0,4 % einmal im Schuljahr, zu 0,0 % monatlich und zu 0,0 % wöchentlich (siehe Abb. 65). 0,7 % der befragten Ler-

---

[40] Der Begriff „PC" impliziert im Folgenden auch Laptops. Im Fragebogen wurde „Laptops/Computer" angegeben (siehe Anhang 1 und 2).

nenden machen keine Angabe hinsichtlich der Häufigkeit des Einsatzes von Spielekonsolen im Französischunterricht. Bezüglich der Klassenstufe deutet ein Signifikanzwert von 0,374 im Kruskal-Wallis-Test auf keine veritablen Unterschiede beim Einsatz von Spielekonsolen im Französischunterricht hin.

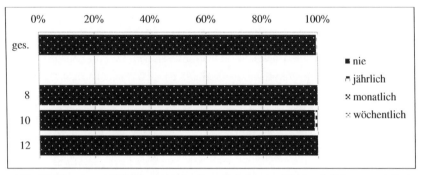

Abb. 65: Einsatz von Spielekonsolen im Französischunterricht (nach Jahrgangsstufen)

4.3.3. Texte und Medien im Lateinunterricht – Ergebnisse

Für die nachfolgende Auswertung wurden alle Lernenden ausgewählt, die Latein als zweite Fremdsprache lernen (n = 310). Da die Lernenden der Stufe 6 zum Erhebungszeitpunkt erst seit wenigen Wochen eine zweite Fremdsprache lernen, werden sie nur um eine Einschätzung zu ihrem ersten Fremdsprachenunterricht (Englisch) gebeten. Die nachfolgenden Auswertungen beziehen sich somit ausschließlich auf Lernende der Stufen 8, 10 und 12.

Comics im Lateinunterricht

Laut Angabe der 310 befragten Lernenden werden Comics zu 77,7 % nie im Lateinunterricht eingesetzt, zu 13,9 % einmal im Schuljahr, zu 5,2 % monatlich und zu 1,9 % wöchentlich (siehe Abb. 66). 1,3 % der befragten Lernenden machen keine Angabe hinsichtlich der Häufigkeit des Einsatzes von Comics im Lateinunterricht. Bezüglich der Klassenstufe deutet ein Signifikanzwert von 0,588 im Kruskal-Wallis-Test auf keine veritablen Unterschiede beim Einsatz von Comics im Lateinunterricht hin.[41]

---

[41] Es ist hierbei zu berücksichtigen, dass die Lernenden keine Vorgabe bekommen haben, auf welchen Lateinunterricht sich ihre Antwort beziehen soll – nur den aktuellen oder alle La-

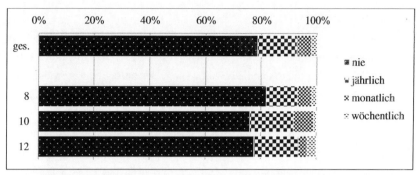

Abb. 66: Einsatz von Comics im Lateinunterricht (nach Jahrgangsstufen)

Mangas im Lateinunterricht

Laut Angabe der 310 befragten Lernenden werden Mangas zu 97,7 % nie im Lateinunterricht eingesetzt, zu 1,0 % einmal im Schuljahr, zu 0,0 % monatlich und zu 0,0 % wöchentlich (siehe Abb. 67). 1,3 % der befragten Lernenden machen keine Angabe hinsichtlich der Häufigkeit des Einsatzes von Mangas im Lateinunterricht. Bezüglich der Klassenstufe deutet ein Signifikanzwert von 0,349 im Kruskal-Wallis-Test auf keine veritablen Unterschiede beim Einsatz von Mangas im Lateinunterricht hin.

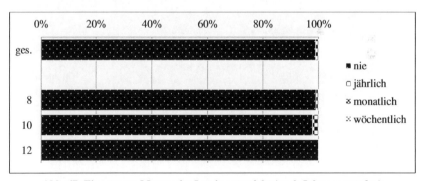

Abb. 67: Einsatz von Mangas im Lateinunterricht (nach Jahrgangsstufen)

---

teinstunden, die sie im Laufe ihrer Schulkarriere besucht haben –, so dass dieses Ergebnis mit Vorsicht zu verwenden ist.

Romane im Lateinunterricht

Laut Angabe der 310 befragten Lernenden werden Romane zu 80,0 % nie im Lateinunterricht eingesetzt, zu 7,7 % einmal im Schuljahr, zu 5,8 % monatlich und zu 5,2 % wöchentlich (siehe Abb. 68). 1,3 % der befragten Lernenden machen keine Angabe hinsichtlich der Häufigkeit des Einsatzes von Romanen im Lateinunterricht.

Bezüglich der Klassenstufe deutet ein Signifikanzwert von 0,000 im Kruskal-Wallis-Test auf veritable Unterschiede beim Einsatz von Romanen im Lateinunterricht hin. Bei einem Vergleich der Stufen 8 (n = 116) und 10 (n = 97) lassen sich signifikante Unterschiede feststellen, wie der Wert von 0,000 im Mann-Whitney-U-Test zeigt: Im Lateinunterricht der Stufe 10 werden Romane häufiger eingesetzt als in der Stufe 8. Beim Vergleich der Stufen 10 und 12 (n = 93) zeigen sich ebenfalls veritable Unterschiede, wie der Wert von 0,007 deutlich macht: Im Lateinunterricht der Stufe 10 werden Romane häufiger eingesetzt als in der Stufe 12. Abbildung 68 zeigt, dass der Einsatz von Romanen im Lateinunterricht insgesamt von der Stufe 8 zur Stufe 10 zunimmt, zur Stufe 12 dann jedoch wieder abnimmt.

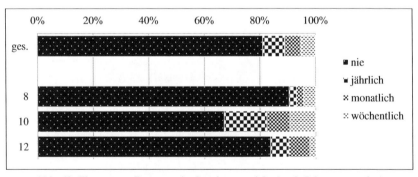

Abb. 68: Einsatz von Romanen im Lateinunterricht (nach Jahrgangsstufen)

Kurzgeschichten im Lateinunterricht

Laut Angabe der 310 befragten Lernenden werden Kurzgeschichten zu 25,2 % nie im Lateinunterricht eingesetzt, zu 9,4 % einmal im Schuljahr, zu 17,1 % monatlich und zu 46,8 % wöchentlich (siehe Abb. 69). 1,6 % der befragten Lernenden machen keine Angabe hinsichtlich der Häufigkeit des Einsatzes von Kurzgeschichten im Lateinunterricht.

Bezüglich der Klassenstufe deutet ein Signifikanzwert von 0,001 im Kruskal-Wallis-Test auf veritable Unterschiede beim Einsatz von Kurzgeschichten im Lateinunterricht hin. Bei einem Vergleich der Stufen 8 (n = 116) und 10 (n = 95) lassen sich signifikante Unterschiede feststellen, wie der Wert von 0,000 im Mann-Whitney-U-Test zeigt: In der Stufe 8 werden häufiger Kurzgeschichten im Lateinunterricht eingesetzt als in der Stufe 10. Beim Vergleich der Stufen 10 und 12 (n = 94) zeigen sich keine veritablen Unterschiede beim Einsatz von Kurzgeschichten im Lateinunterricht, wie der Wert von 0,247 deutlich macht. Abbildung 69 zeigt, dass Kurzgeschichten wöchentlich am häufigsten in der Stufe 8 eingesetzt werden (mit 62,1 %, gefolgt von der Stufe 12 mit 43,6 % und der Stufe 10 mit 33,7 %). Auch insgesamt werden Kurzgeschichten am häufigsten in der Stufe 8 eingesetzt, gefolgt von den Stufen 12 und 10.

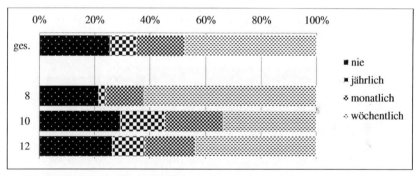

Abb. 69: Einsatz von Kurzgeschichten im Lateinunterricht (nach Jahrgangsstufen)

Gedichte im Lateinunterricht

Laut Angabe der 310 befragten Lernenden werden Gedichte zu 51,6 % nie im Lateinunterricht eingesetzt, zu 20,6 % einmal im Schuljahr, zu 19,0 % monatlich und zu 7,4 % wöchentlich (siehe Abb. 70). 1,3 % der befragten Lernenden machen keine Angabe hinsichtlich der Häufigkeit des Einsatzes von Gedichten im Lateinunterricht.

Bezüglich der Klassenstufe deutet ein Signifikanzwert von 0,000 im Kruskal-Wallis-Test auf veritable Unterschiede beim Einsatz von Gedichten im Lateinunterricht hin. Bei einem Vergleich der Stufen 8 (n = 115) und 10 (n = 97) lassen sich signifikante Unterschiede feststellen, wie der Wert von 0,000 im Mann-Whitney-U-Test zeigt: Im Lateinunterricht der Stufe 10 werden Gedichte häufiger eingesetzt als in der Stufe 8. Zwischen den Stufen 10 und 12 (n = 94) zeigen sich keine veritablen Unterschiede, wie der Wert von 0,073 deutlich macht. Abbildung 70 zeigt die signifikanten Unterschiede von der Stufe 8 zur Stufe 10: Sowohl der wöchentliche als auch der monatliche sowie der jährliche Einsatz nehmen deutlich zu. Von der Stufe 10 zu Stufe 12 nehmen der wöchentliche und der monatliche Einsatz von Gedichten im Lateinunterricht leicht, der jährliche Einsatz etwas stärker ab. Obwohl somit rechnerisch keine signifikanten Unterschiede zwischen den Stufen 10 und 12 vorliegen, lässt sich eine absteigende Tendenz vom Gedichteinsatz im Lateinunterricht von der Stufe 10 zur Stufe 12 erkennen.

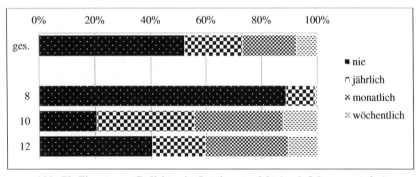

Abb. 70: Einsatz von Gedichten im Lateinunterricht (nach Jahrgangsstufen)

Zeitungsartikel im Lateinunterricht

Laut Angabe der 310 befragten Lernenden werden Zeitungsartikel zu 93,5 % nie im Lateinunterricht eingesetzt, zu 3,2 % einmal im Schuljahr, zu 1,3 % monatlich und zu 0,6 % wöchentlich (siehe Abb. 71). 1,3 % der befragten Lernenden machen keine Angabe hinsichtlich der Häufigkeit des Einsatzes von Zeitungsartikeln im Lateinunterricht. Bezüglich der Klassenstufe deutet ein Signifikanzwert von 0,215 im Kruskal-Wallis-Test auf keine veritablen Unterschiede beim Einsatz von Zeitungsartikeln im Lateinunterricht hin.

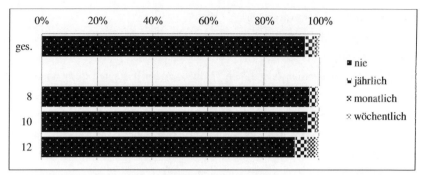

Abb. 71: Einsatz von Zeitungsartikeln im Lateinunterricht (nach Jahrgangsstufen)

Zeitschriftenartikel im Lateinunterricht

Laut Angabe der 310 befragten Lernenden werden Zeitschriftenartikel zu 94,5 % nie im Lateinunterricht eingesetzt, zu 2,6 % einmal im Schuljahr, zu 1,3 % monatlich und zu 0,3 % wöchentlich (siehe Abb. 72). 1,3 % der befragten Lernenden machen keine Angabe hinsichtlich der Häufigkeit des Einsatzes von Zeitschriftenartikeln im Lateinunterricht.

Bezüglich der Klassenstufe deutet ein Signifikanzwert von 0,007 im Kruskal-Wallis-Test auf veritable Unterschiede zum Einsatz von Zeitschriftenartikeln im Lateinunterricht hin. Bei einem Vergleich der Stufen 8 (n = 116) und 10 (n = 96) weist der Wert von 0,225 im Mann-Whitney-U-Test auf keine veritablen Unterschiede hin. Zwischen den Stufen 10 und 12 (n = 94) lassen sich ebenfalls keine signifikanten Unterschiede feststellen, wie der Wert von 0,072 zeigt. Abbildung 72 zeigt eine leichte Tendenz, dass mit zunehmender Klassenstufe mehr Zeitschriftenartikel im Lateinunterricht eingesetzt werden.

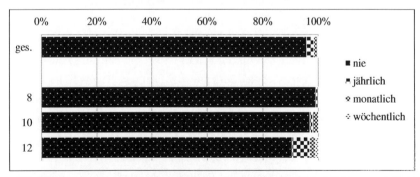

Abb. 72: Einsatz von Zeitschriftenartikeln im Lateinunterricht (nach Jahrgangsstufen)

Karikaturen im Lateinunterricht

Laut Angabe der 310 befragten Lernenden werden Karikaturen zu 61,9 % nie im Lateinunterricht eingesetzt, zu 17,7 % einmal im Schuljahr, zu 15,2 % monatlich und zu 4,2 % wöchentlich (siehe Abb. 73). 1,0 % der befragten Lernenden machen keine Angabe hinsichtlich der Häufigkeit des Einsatzes von Karikaturen im Lateinunterricht. Bezüglich der Klassenstufe deutet ein Signifikanzwert von 0,145 im Kruskal-Wallis-Test auf keine veritablen Unterschiede beim Einsatz von Karikaturen im Lateinunterricht hin.

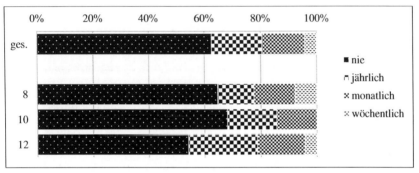

Abb. 73: **Einsatz von Karikaturen im Lateinunterricht (nach Jahrgangsstufen)**

Fotos im Lateinunterricht

Laut Angabe der 310 befragten Lernenden werden Fotos zu 34,2 % nie im Lateinunterricht eingesetzt, zu 13,5 % einmal im Schuljahr, zu 28,1 % monatlich und zu 23,2 % wöchentlich (siehe Abb. 74). 1,0 % der befragten Lernenden machen keine Angabe hinsichtlich der Häufigkeit des Einsatzes von Fotos im Lateinunterricht.

Bezüglich der Klassenstufe deutet ein Signifikanzwert von 0,000 im Kruskal-Wallis-Test auf veritable Unterschiede beim Einsatz von Fotos im Lateinunterricht hin. Bei einem Vergleich der Stufen 8 (n = 116) und 10 (n = 97) weist der Wert von 0,000 im Mann-Whitney-U-Test auf veritable Unterschiede hin: Im Lateinunterricht der Stufe 8 werden häufiger Fotos eingesetzt als in der Stufe 10. Zwischen den Stufen 10 und 12 (n = 94) lassen sich keine signifikanten Unterschiede feststellen, wie der Wert von 0,470 zeigt. Abbildung 74 zeigt, dass der Einsatz von Fotos im Lateinunterricht insgesamt von der Stufe 8 zur Stufe 10 abnimmt, in der Stufe 12 jedoch wieder zunimmt. Der wöchentliche Einsatz nimmt mit zunehmender Klassenstufe ab (43,0 % in Stufe 8, 12,4 % in Stufe 10, 10,6 % in Stufe 12).

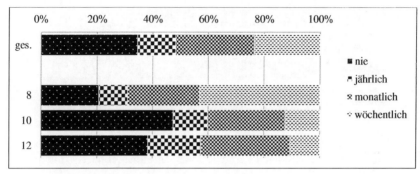

Abb. 74: Einsatz von Fotos im Lateinunterricht (nach Jahrgangsstufen)

Lieder[42] im Lateinunterricht

Laut Angabe der 310 befragten Lernenden werden Lieder zu 75,5 % nie im Lateinunterricht eingesetzt, zu 21,0 % einmal im Schuljahr, zu 2,6 % monatlich und zu 0,0 % wöchentlich (siehe Abb. 75). 1,0 % der befragten Lernenden machen keine Angabe hinsichtlich der Häufigkeit des Einsatzes von Liedern im Lateinunterricht.

Bezüglich der Klassenstufe deutet ein Signifikanzwert von 0,000 im Kruskal-Wallis-Test auf veritable Unterschiede beim Einsatz von Liedern im Lateinunterricht hin. Bei einem Vergleich der Stufen 8 (n = 116) und 10 (n = 97) weist der Wert von 0,000 im Mann-Whitney-U-Test auf veritable Unterschiede hin: Im Lateinunterricht der Stufe 8 werden Lieder häufiger eingesetzt als in der Stufe 10. Zwischen den Stufen 10 und 12 (n = 94) lassen sich keine signifikanten Unterschiede feststellen, wie der Wert von 0,921 zeigt. Abbildung 75 zeigt, dass Lieder am häufigsten in der Stufe 10 eingesetzt werden: 6,2 % der Lernenden geben an, dass Lieder monatlich im Lateinunterricht der Stufe 10 eingesetzt werden (im Vergleich zu 0,9 % in der Stufe 8 und 1,1 % in der Stufe 12).

---

[42] Der Begriff „Lieder" impliziert im Folgenden alle Formen von Musik. Im Fragebogen wurde „Lieder/Musik" angegeben (siehe Anhang 1 und 2).

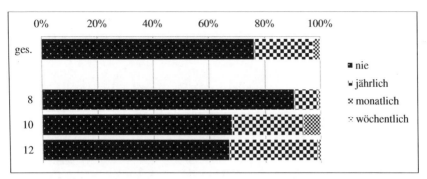

Abb. 75: Einsatz von Liedern im Lateinunterricht (nach Jahrgangsstufen)

Filme im Lateinunterricht

Laut Angabe der 310 befragten Lernenden werden Filme zu 69,7 % nie im Lateinunterricht eingesetzt, zu 28,4 % einmal im Schuljahr, zu 1,0 % monatlich und zu 0,0 % wöchentlich (siehe Abb. 76). 1,0 % der befragten Lernenden machen keine Angabe hinsichtlich der Häufigkeit des Einsatzes von Filmen im Lateinunterricht. Bezüglich der Klassenstufe deutet ein Signifikanzwert von 0,064 im Kruskal-Wallis-Test auf keine veritablen Unterschiede beim Einsatz von Filmen im Lateinunterricht hin.

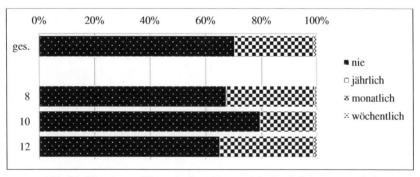

Abb. 76: Einsatz von Filmen im Lateinunterricht (nach Jahrgangsstufen)

Fernsehserien im Lateinunterricht

Laut Angabe der 310 befragten Lernenden werden Fernsehserien zu 95,8 % nie im Lateinunterricht eingesetzt, zu 2,6 % einmal im Schuljahr, zu 0,3 % monatlich und zu 0,3 % wöchentlich (siehe Abb. 77). 1,0 % der befragten Lernenden machen keine Angabe hinsichtlich der Häufigkeit von Fernsehserien im Lateinunterricht. Bezüglich der Klassenstufe deutet ein Signifikanzwert von 0,668 im Kruskal-Wallis-Test auf keine veritablen Unterschiede beim Einsatz von Fernsehserien im Lateinunterricht hin.

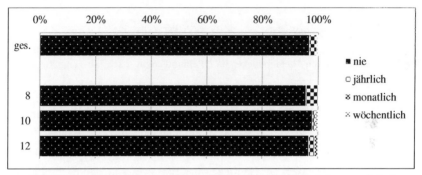

Abb. 77: Einsatz von Fernsehserien im Lateinunterricht (nach Jahrgangsstufen)

Theaterstücke im Lateinunterricht

Laut Angabe der 310 befragten Lernenden werden Theaterstücke zu 89,4 % nie im Lateinunterricht eingesetzt, zu 7,4 % einmal im Schuljahr, zu 1,9 % monatlich und zu 0,3 % wöchentlich (siehe Abb. 78). 1,0 % der befragten Lernenden machen keine Angabe hinsichtlich der Häufigkeit des Einsatzes von Theaterstücken im Lateinunterricht.

Bezüglich der Klassenstufe deutet ein Signifikanzwert von 0,045 im Kruskal-Wallis-Test auf veritable Unterschiede beim Einsatz von Theaterstücken im Lateinunterricht hin. Bei einem Vergleich der Stufen 8 (n = 116) und 10 (n = 97) weist der Wert von 0,013 im Mann-Whitney-U-Test auf signifikante Unterschiede hin: Im Lateinunterricht der Stufe 10 werden häufiger Theaterstücke eingesetzt als in der Stufe 8. Zwischen den Stufen 10 und 12 (n = 94) lassen sich keine signifikanten Unterschiede feststellen, wie der Wert von 0,222 zeigt. Abbildung 78 macht deutlich, dass Theaterstücke am häufigsten in der Stufe 10 eingesetzt werden, gefolgt von der Stufe 12. In der Stufe 8 werden sie am seltensten eingesetzt.

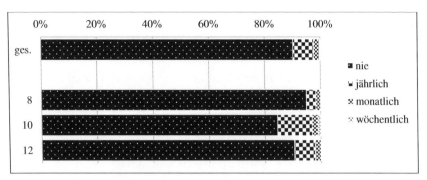

Abb. 78: Einsatz von Theaterstücken im Lateinunterricht (nach Jahrgangsstufen)

Handys[43] im Lateinunterricht[44]

Laut Angabe der 310 befragten Lernenden werden Handys zu 91,6 % nie im Lateinunterricht eingesetzt, zu 4,8 % einmal im Schuljahr, zu 1,9 % monatlich und zu 0,3 % wöchentlich (siehe Abb. 79). 1,3 % der befragten Lernenden machen keine Angabe hinsichtlich der Häufigkeit des Einsatzes von Handys im Lateinunterricht. Bezüglich der Klassenstufe deutet ein Signifikanzwert von 0,220 im Kruskal-Wallis-Test auf keine veritablen Unterschiede beim Einsatz von Handys im Lateinunterricht hin.

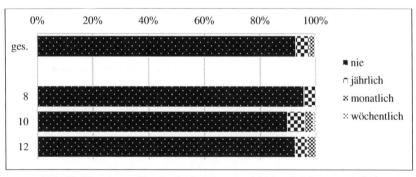

Abb. 79: Einsatz von Handys im Lateinunterricht (nach Jahrgangsstufen)

---

[43] Der Begriff „Handy" impliziert im Folgenden auch Smart- und iPhones. Im Fragebogen wurde „Handys/Smart-/iPhones" angegeben (siehe Anhang 1 und 2).

[44] An dieser Stelle ist anzumerken, dass an allen drei Gymnasien, an denen die Befragung durchgeführt wurde, Mobiltelefone prinzipiell im Schulgebäude erlaubt sind. Während des Unterrichts dürfen die Lernenden sie nach ausdrücklicher Erlaubnis der Lehrkraft für unterrichtliche Zwecke benutzen.

Tablets[45] im Lateinunterricht

Laut Angabe der 310 befragten Lernenden werden Tablets zu 97,7 % nie im Lateinunterricht eingesetzt, zu 0,3 % einmal im Schuljahr, zu 0,3 % monatlich und zu 0,3 % wöchentlich (siehe Abb. 80). 1,3 % der befragten Lernenden machen keine Angabe hinsichtlich der Häufigkeit des Einsatzes von Handys im Lateinunterricht. Bezüglich der Klassenstufe deutet ein Signifikanzwert von 0,312 im Kruskal-Wallis-Test auf keine veritablen Unterschiede beim Einsatz von Tablets im Lateinunterricht hin.

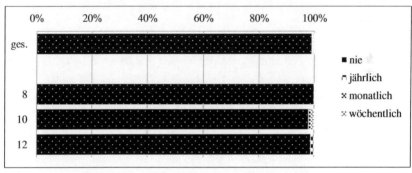

Abb. 80: Einsatz von Tablets im Lateinunterricht (nach Jahrgangsstufen)

PCs[46] im Lateinunterricht

Laut Angabe der 310 befragten Lernenden werden PCs zu 83,2 % nie im Lateinunterricht eingesetzt, zu 11,3 % einmal im Schuljahr, zu 3,5 % monatlich und zu 0,6 % wöchentlich (siehe Abb. 81). 1,3 % der befragten Lernenden machen keine Angabe hinsichtlich der Häufigkeit des Einsatzes von PCs im Lateinunterricht. Bezüglich der Klassenstufe deutet ein Signifikanzwert von 0,490 im Kruskal-Wallis-Test auf keine veritablen Unterschiede beim Einsatz von PCs im Lateinunterricht hin.

---

[45] Der Begriff „Tablet" impliziert im Folgenden auch iPads. Im Fragebogen wurde „Tablets/-iPads" angegeben (siehe Anhang 1 und 2).
[46] Der Begriff „PC" impliziert im Folgenden auch Laptops. Im Fragebogen wurde „Laptops/Computer" angegeben (siehe Anhang 1 und 2).

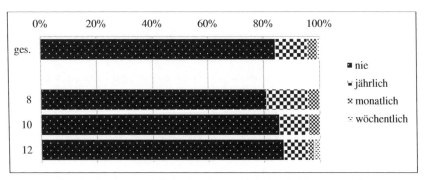

Abb. 81: Einsatz von PCs im Lateinunterricht (nach Jahrgangsstufen)

Spielekonsolen im Lateinunterricht

Laut Angabe der 310 befragten Lernenden werden Spielekonsolen zu 97,7 % nie im Lateinunterricht eingesetzt, zu 0,3 % einmal im Schuljahr und zu 0,6 % monatlich (siehe Abb. 82). 1,3 % der befragten Lernenden machen keine Angabe hinsichtlich der Häufigkeit des Einsatzes von Spielekonsolen im Lateinunterricht. Bezüglich der Klassenstufe deutet ein Signifikanzwert von 0,312 im Kruskal-Wallis-Test auf keine veritablen Unterschiede beim Einsatz von Spielekonsolen im Lateinunterricht hin.

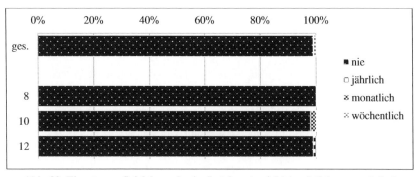

Abb. 82: Einsatz von Spielekonsolen im Lateinunterricht (nach Jahrgangsstufen)

4.3.4. Texte und Medien im Fremdsprachenunterricht – Diskussion

Im Folgenden wird ausgewertet und diskutiert, wie häufig laut Angaben der Lernenden die erfragten Texte und Medien in den verschiedenen Fremdsprachenunterrichten eingesetzt werden, und verglichen, ob sich Unterschiede zwischen den Sprachen zeigen. Dabei muss erneut betont werden, dass die Fallzahlen für Spanisch zu gering sind, als dass eine valide Auswertung möglich wäre. Daher bezieht sich diese Diskussion nur auf Englisch, Französisch und Latein.

Es ergibt sich folgende Reihenfolge hinsichtlich der Texte und Medien, die im Englischunterricht eingesetzt werden (siehe Abb. 83 und 84): Kurzgeschichten (92,1 %), Fotos (91,2 %), Lieder (83,3 %), Filme (65,5 %), Zeitungsartikel (56,1 %), Karikaturen (52,4 %), Romane (48,8 %), Zeitschriftenartikel (45,6 %), Gedichte (42,6 %), Theaterstücke (42,5 %), Comics (41,4 %), PCs (40,9 %), Handys (24,1 %), Fernsehserien (17,5 %), Tablets (4,1 %), Mangas (2,4 %), Spielekonsole(n) (1,0 %). Comics werden demnach in etwa 41 % des Englischunterrichts nach Angabe der befragten Lernenden eingesetzt. Bezieht man die Häufigkeit des Einsatzes ein und betrachtet zudem den wöchentlichen bis monatlichen Einsatz, fallen Comics ab, denn lediglich 17 % der Lernenden geben einen wöchentlichen bis monatlichen Einsatz im Englischunterricht an. Die Reihenfolge der anderen Medien bleibt bei der Betrachtung der Häufigkeit ungefähr gleich – lediglich bei Filmen und Romanen fällt auf, dass den wöchentlichen bis monatlichen Einsatz lediglich etwa 12 % bzw. 5 % der Lernenden angeben. Filme und Romane – sowie auch Comics – werden somit im Englischunterricht eher gelegentlich eingesetzt.

Im Französischunterricht werden Comics deutlich häufiger eingesetzt als im Englischunterricht: In der Gesamtreihenfolge der im Französischunterricht eingesetzten Texten und Medien liegen Comics mit fast 69 % auf Platz vier, den wöchentlichen bis monatlichen Einsatz attestieren die Lernenden Comics im Französischunterricht immerhin zu fast 43 %. Comics liegen damit nur hinter Fotos und Kurzgeschichten. Die Gesamtreihenfolge im Französischunterricht sieht folgendermaßen aus (siehe Abb. 85 und 86): Fotos (89,1 %), Kurzgeschichten (81,1 %), Lieder (76,0 %), Comics (68,7 %), Karikaturen (55,6 %), Filme (55,0 %), Zeitungsartikel (45,5 %), Zeitschriftenartikel (41,0 %), Gedichte (31,7 %), PCs (26,5 %), Romane (22,2 %), Handys (21,1 %), Theaterstücke (16,0 %), Fernsehserien (9,1 %), Mangas (5,1 %), Tablets (1,5 %), Spielekonsolen (0,4 %). Bei einem Blick auf den wöchentlichen bis monatlichen Einsatz bleibt die Reihenfolge weitgehend gleich, auch hier fallen Filme auf nur 10 %.

Im Lateinunterricht werden folgende Texte und Medien laut den Lernenden eingesetzt (siehe Abb. 87 und 88): Kurzgeschichten (73,3 %), Fotos (64,8 %), Gedichte (47,0 %), Karikaturen (37,1 %), Filme (29,4 %), Lieder (23,6 %), Comics (21,4 %), Romane (18,7 %), PCs (15,4 %), Theaterstücke (9,6 %), Handys (7,0 %), Zeitungsartikel (5,1 %), Zeitschriftenartikel (4,2 %), Fernsehserien (3,2 %), Mangas (1,0 %), Spielekonsolen (0,9 %), Tablets (0,9 %). Comics erreichen hier nur gut 21 %. Bezieht man die Einsatzhäufigkeit ein, kommen sie im Lateinunterricht auf einen wöchentlichen bis monatlichen Einsatz von 7 %, ansonsten bleibt die Reihenfolge weitgehend unverändert, Filme erhalten 1 %.

Dass Comics im altsprachlichen Lateinunterricht eine geringere Bedeutung haben, überrascht wenig. Ein Vergleich des Englisch- und Französischunterrichts bestätigt zudem die bereits in Kapitel 2 ausgeführte Beobachtung, dass es mehr Unterrichtsmaterial zu Comics für den Französischunterricht als für alle anderen Fremdsprachenunterrichte gibt. Dies kann zum einen darauf zurückgeführt werden, dass Comics im frankophonen Raum einen besonderen Platz im kulturellen Referenzsystem einnehmen, da jedoch auch im US-amerikanischen Raum Comics von zentraler Bedeutung sind, scheint hier zum anderen auch die Besonderheit der Französischdidaktik zu greifen, dass diese schon besonders früh den fremdsprachendidaktischen Wert von Comics erkannt hat. Neuere Veröffentlichungen (siehe ebenfalls Kap. 2) zeigen jedoch, dass die Englisch- und Spanischdidaktik beginnen, diesem Vorbild zu folgen und sich ebenfalls verstärkt den Einsatzmöglichkeiten von Comics zu widmen. Von Interesse wäre daher, diese Entwicklung längerfristig zu beobachten und über die nächsten Jahrzehnte zu verfolgen, inwiefern diese fachdidaktische Änderung fortgeführt wird und sich auf den Unterricht auswirkt.

Bezüglich eines Vergleiches des Einsatzes von Alten und Neuen Medien zeigt sich in allen drei ausgewerteten Fächern nach wie vor auch die Präsenz der Alten Medien, v.a. im altsprachlichen Lateinunterricht, der sich naturgemäß weniger mit der aktuellen Medienwelt auseinandersetzt bzw. -setzen muss. Ist man somit an der Konkurrenz anderer Texte und Medien im Vergleich zu Comics interessiert, so scheinen im Fremdsprachenunterricht neben – den Neuen Medien zugeordneten – Fotos und Liedern auch „Klassiker" wie Kurzgeschichten den Comics Konkurrenz zu machen. Hinsichtlich Kurzgeschichten sei an dieser Stelle hervorgehoben, dass die befragten Lernenden vermutlich weniger in literarischen Gattungsgrenzen denken, sondern alle Arten kurzer Erzählungen unter diesem Begriff verstehen, daher ggf. auch Ausschnitte aus längeren Texten.

Betrachtet man abschließend noch den Einsatz von Texten und Medien über die verschiedenen Klassenstufen hinweg, um Tendenzen hinsichtlich des ansteigenden oder absteigenden Einsatzes bestimmter Texte und Medien in den drei Fremdsprachenunterrichten aufzudecken, lässt sich Folgendes erkennen: Im Englischunterricht werden mit zunehmender Klassenstufe häufiger Comics, Romane, Zeitungsartikel, Zeitschriftenartikel, Karikaturen, Filme, Fernsehserien und PCs eingesetzt. Im Französischunterricht steigt der Einsatz von Romanen, Karikaturen, Filmen, Fernsehserien und PCs. Erinnert sei hier noch einmal daran, dass der Wert für den Einsatz von Comics im Französischunterricht im Vergleich zu den anderen Fremdsprachenunterrichten insgesamt relativ hoch ist, seinen Höhepunkt erreicht er in der Jahrgangsstufe 10. Die Progression hinsichtlich der genannten Texte und Medien lässt sich mit dem ansteigenden Sprachniveau der Lernenden erklären, das i.d.R. auch dazu führt, dass verstärkt authentische Materialien zum Einsatz kommen. Dies mag auch die sinkende Tendenz von Kurzgeschichten im Französischunterricht mit zunehmender Klassenstufe erklären, da zunehmend längere Texte gelesen werden können.

136 Ergebnisse und Diskussion

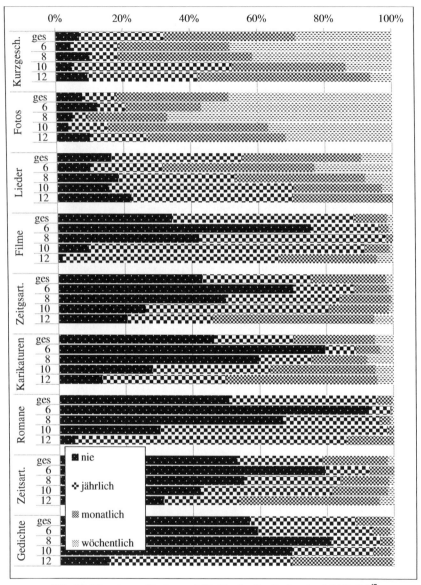

Abb. 83: Einsatz von Texten und Medien im Englischunterricht Teil 1[47]

---

[47] Dieses Diagramm ist sortiert nach „gesamt – nie" aufsteigend.

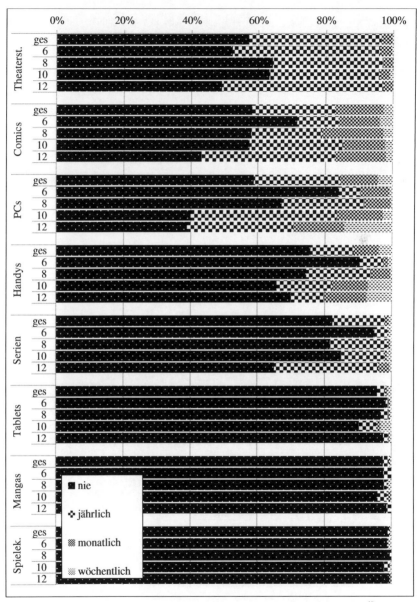

Abb. 84: Einsatz von Texten und Medien im Englischunterricht Teil 2[48]

---

[48] Dieses Diagramm ist sortiert nach „gesamt – nie" aufsteigend.

138 Ergebnisse und Diskussion

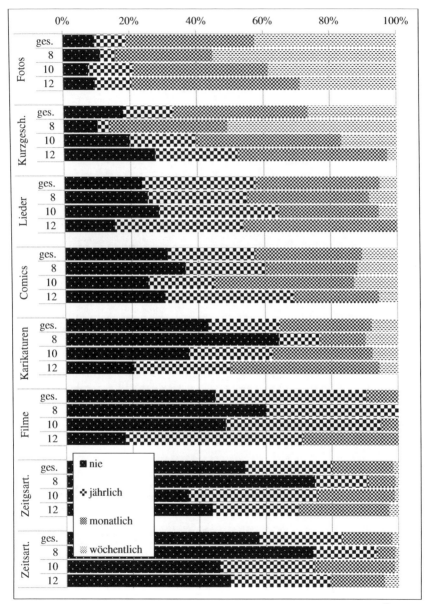

Abb. 85: Einsatz von Texten und Medien im Französischunterricht Teil 1[49]

---
[49] Dieses Diagramm ist sortiert nach „gesamt – nie" aufsteigend.

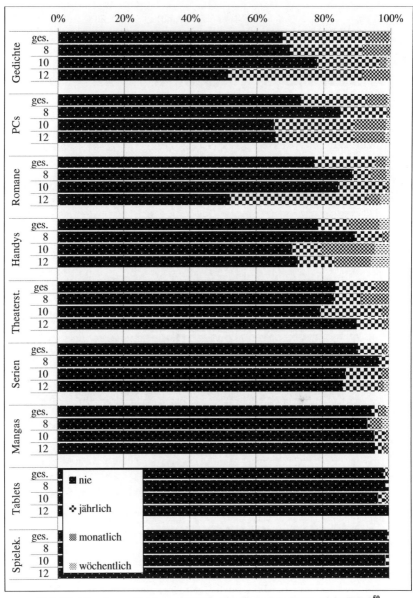

Abb. 86: Einsatz von Texten und Medien im Französischunterricht Teil 2[50]

---

[50] Dieses Diagramm ist sortiert nach „gesamt – nie" aufsteigend.

140 Ergebnisse und Diskussion

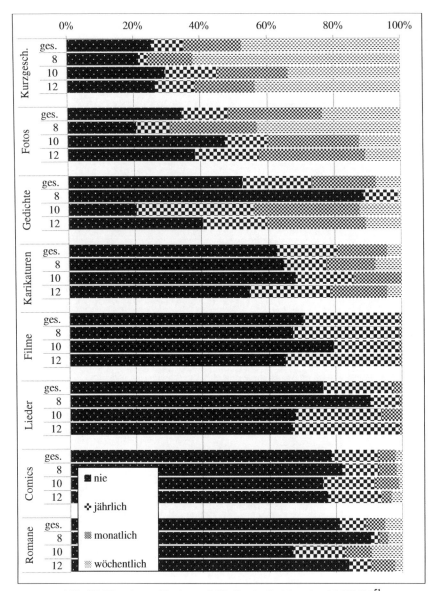

Abb. 87: Einsatz von Texten und Medien im Lateinunterricht Teil 1[51]

---

[51] Dieses Diagramm ist sortiert nach „gesamt – nie" aufsteigend.

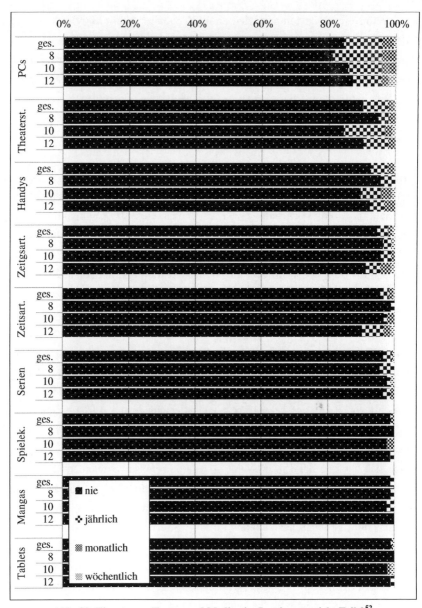

Abb. 88: Einsatz von Texten und Medien im Lateinunterricht Teil 2[52]

---

[52] Dieses Diagramm ist sortiert nach „gesamt – nie" aufsteigend.

4.4. Wünsche zu Texten und Medien im Fremdsprachenunterricht

4.4.1. Wünsche zu Texten und Medien im FSU – Ergebnisse

Dieses Kapitel beantwortet die folgenden Fragestellungen: Wie häufig wünschen sich Lernende, dass Comics im Fremdsprachenunterricht eingesetzt werden? Wie häufig wünschen sie sich im Vergleich dazu andere Texte und Medien? Gibt es Geschlechter- oder Jahrgangsstufenunterschiede? Gibt es einen Zusammenhang mit der Englisch-, Französisch-, Latein- und Spanischnote?

Wünsche zu Comics im Fremdsprachenunterricht

Von den 932 Lernenden möchten sich 19,5 % wöchentlich im Fremdsprachenunterricht mit Comics beschäftigen, 37,2 % monatlich, 23,2 % einmal im Schuljahr und 18,9 % nie (siehe Abb. 89). 1,2 % der befragten Lernenden äußern keine Wünsche. 79,9 % der Lernenden möchten sich somit im Fremdsprachenunterricht mit Comics beschäftigen, 56,7 % wöchentlich bis monatlich. Es zeigen sich bezüglich der Wünsche zum Einsatz von Comics im Fremdsprachenunterricht keine signifikanten Unterschiede zwischen Jungen und Mädchen, wie der Wert von 0,096 im Mann-Whitney-U-Test verdeutlicht.

Bezüglich der Klassenstufe deutet ein Signifikanzwert von 0,000 im Kruskal-Wallis-Test auf veritable Unterschiede hin. Beim Vergleich der Stufen 6 (n = 261) und 8 (n = 225) weist der Mann-Whitney-U-Test mit einem Signifikanzwert von 0,131 auf keine veritablen Unterschiede hin. Ein Vergleich der Stufen 8 und 10 (n = 219) zeigt mit einem Wert von 0,000 im Mann-Whitney-U-Test, dass es signifikante Unterschiede gibt: Die Lernenden der Stufe 8 wünschen sich häufiger den Einsatz von Comics im Fremdsprachenunterricht als die Lernenden der Stufe 10. Zwischen den Stufen 10 und 12 (n = 216) deutet ein Signifikanzwert von 0,034 ebenfalls auf veritable Unterschiede hin: Die Lernenden der Stufe 12 wünschen sich den Einsatz von Comics im Fremdsprachenunterricht häufiger als die Lernenden der Stufe 10. Abbildung 89 zeigt, dass sich die befragten Lernenden von der Stufe 6 bis zur Stufe 10 mit zunehmender Klassenstufe seltener den Einsatz von Comics im Fremdsprachenunterricht wünschen. In der Stufe 12 nimmt der Wunsch hingegen wieder zu.

Bezüglich der Noten in den Fremdsprachen wird durch den Signifikanzwert von 0,911 im Spearman-Rho-Test deutlich, dass keine Korrelation zwischen dem Wunsch zum Einsatz von Comics im Fremdsprachenunterricht und der Englischnote besteht (n = 900). Gleiches gilt für den Zusammenhang mit der Französischnote, wie der Wert von 0,191 deutlich macht (n = 283). Bei der Lateinnote zeigt der Signifikanzwert von 0,002 bei Niveau 0,01, dass eine sehr geringe positive Korrelation (0,177) vorliegt (n = 314): Je schwächer die Lateinnote ist, desto größer ist der Wunsch, sich im Fremdsprachenunterricht mit Comics zu beschäftigen. Bei der Spanischnote zeigt sich mit dem Signifikanzwert von 0,679 kein veritabler Zusammenhang (n = 79).

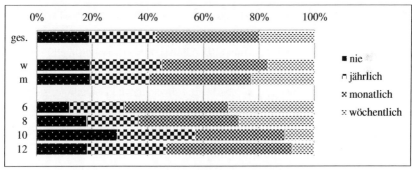

Abb. 89: Wünsche der Lernenden zum Einsatz von Comics
im Fremdsprachenunterricht

Wünsche zu Mangas im Fremdsprachenunterricht
Von den 932 Lernenden möchten sich 7,6 % wöchentlich im Fremdsprachenunterricht mit Mangas beschäftigen, 12,0 % monatlich, 13,6 % einmal im Schuljahr und 64,9 % nie (siehe Abb. 90). 1,8 % der befragten Lernenden machen keine Angabe. 33,2 % der Lernenden möchten sich somit im Fremdsprachenunterricht mit Mangas beschäftigen, 19,6 % wöchentlich bis monatlich.

Es zeigen sich bezüglich der Wünsche zum Einsatz von Mangas im Fremdsprachenunterricht keine signifikanten Unterschiede zwischen Jungen und Mädchen, wie der Wert von 0,185 im Mann-Whitney-U-Test verdeutlicht.

Bezüglich der Klassenstufe deutet ein Signifikanzwert von 0,000 im Kruskal-Wallis-Test auf veritable Unterschiede hin. Beim Vergleich der Stufen 6 (n = 259) und 8 (n = 223) weist der Mann-Whitney-U-Test mit einem Signifikanzwert von 0,848 auf keine veritablen Unterschiede hin. Ein Vergleich der

Stufen 8 und 10 (n = 219) zeigt mit einem Wert von 0,004 im Mann-Whitney-U-Test, dass es hier signifikante Unterschiede gibt: Lernende der Stufe 8 wünschen sich häufiger den Einsatz von Mangas im Fremdsprachenunterricht als Lernende der Stufe 10. Zwischen den Stufen 10 und 12 (n = 214) deutet ein Signifikanzwert von 0,322 ebenfalls auf keine veritablen Unterschiede hin. Insgesamt lässt sich die Tendenz ableiten, dass der Wunsch zum Einsatz von Mangas im Fremdsprachenunterricht mit zunehmender Klassenstufe abnimmt.

Bezüglich der Noten in den Fremdsprachen wird durch den Signifikanzwert von 0,972 im Spearman-Rho-Test deutlich, dass keine Korrelation zwischen dem Wunsch zum Einsatz von Mangas im Fremdsprachenunterricht und der Englischnote besteht (n = 894). Gleiches gilt für den Zusammenhang mit der Französischnote, wie der Wert von 0,101 deutlich macht (n = 280). Bei der Lateinnote zeigt der Wert von 0,014 bei Niveau 0,05, dass es eine sehr geringe positive Korrelation (0,139) gibt (n = 313): Je schwächer die Lateinnote ist, desto größer ist der Wunsch, sich mit Mangas im Fremdsprachenunterricht zu beschäftigen. Bei der Spanischnote zeigt sich mit dem Signifikanzwert von 0,594 kein veritabler Zusammenhang (n = 79).

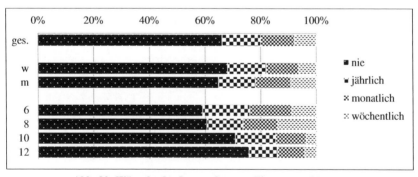

Abb. 90: Wünsche der Lernenden zum Einsatz von Mangas im Fremdsprachenunterricht

Wünsche zu Romanen im Fremdsprachenunterricht
Von den 932 Lernenden möchten sich 1,2 % wöchentlich im Fremdsprachenunterricht mit Romanen beschäftigen, 10,2 % monatlich, 55,0 % einmal im Schuljahr und 32,5 % nie (siehe Abb. 91). 1,1 % der befragten Lernenden machen

keine Angabe. 66,4 % der Lernenden möchten sich somit im Fremdsprachenunterricht mit Romanen beschäftigen, 11,4 % wöchentlich bis monatlich.

Es zeigen sich bezüglich der Wünsche zum Einsatz von Romanen im Fremdsprachenunterricht signifikante Unterschiede zwischen Mädchen (n = 485) und Jungen (n = 423), wie der Wert von 0,000 im Mann-Whitney-U-Test verdeutlicht: 1,2 % der Mädchen und Jungen möchten sich wöchentlich mit Romanen beschäftigen, 12,8 % der Mädchen im Vergleich zu 7,8 % der Jungen monatlich, 59,2 % der Mädchen im Vergleich zu 52,0 % der Jungen einmal im Schuljahr und 26,8 % der Mädchen im Vergleich zu 39,0 % der Jungen nie. Mädchen möchten sich somit etwas häufiger mit Romanen im Fremdsprachenunterricht beschäftigen als Jungen.

Bezüglich der Klassenstufe deutet ein Signifikanzwert von 0,000 im Kruskal-Wallis-Test auf veritable Unterschiede hin. Beim Vergleich der Stufen 6 (n = 261) und 8 (n = 225) weist der Mann-Whitney-U-Test mit einem Signifikanzwert von 0,025 auf veritable Unterschiede hin: Die Lernenden der Stufe 8 wünschen sich den Einsatz von Romanen im Fremdsprachenunterricht häufiger als die Lernenden der Stufe 6. Ein Vergleich der Stufen 8 und 10 (n = 221) zeigt mit einem Wert von 0,001 im Mann-Whitney-U-Test, dass es hier ebenfalls signifikante Unterschiede gibt: Die Lernenden der Stufe 10 wünschen sich häufiger den Einsatz von Romanen im Fremdsprachenunterricht als die Lernenden der Stufe 8. Zwischen den Stufen 10 und 12 (n = 215) deutet ein Signifikanzwert von 0,601 hingegen auf keine veritablen Unterschiede hin. Insgesamt lässt sich daraus die Tendenz ableiten, dass sich die Lernenden mit zunehmender Klassenstufe häufiger den Einsatz von Romanen im Fremdsprachunterricht wünschen (siehe Abb. 91).

Bezüglich der Noten in den Fremdsprachen wird durch den Signifikanzwert von 0,015 bei Niveau 0,05 im Spearman-Rho-Test deutlich, dass eine sehr geringe negative Korrelation (-0,081) zwischen dem Wunsch zum Einsatz von Romanen im Fremdsprachenunterricht und der Englischnote besteht (n = 901): Je besser die Englischnote ist, desto größer ist der Wunsch, sich mit Romanen im Fremdsprachenunterricht zu beschäftigen. Zwischen der Französischnote und dem Wunsch zum Einsatz von Romanen liegt kein Zusammenhang vor, wie der Wert von 0,439 deutlich macht (n = 284). Bei der Lateinnote zeigt der Signifikanzwert von 0,019 bei Niveau 0,05, dass es eine sehr geringe negative Korrelation (-0,133) gibt (n = 313): Je besser die Lateinnote ist, desto größer ist der Wunsch, sich mit Romanen im Fremdsprachenunterricht zu beschäftigen. Bei der Spanischnote zeigt sich mit dem Signifikanzwert von 0,207 kein veritabler Zusammenhang (n = 79).

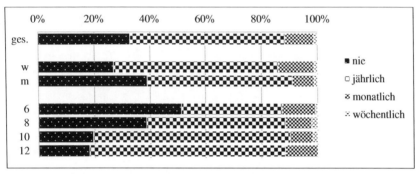

Abb. 91: Wünsche der Lernenden zum Einsatz von Romanen
im Fremdsprachenunterricht

Wünsche zu Kurzgeschichten im Fremdsprachenunterricht
Von den 932 Lernenden möchten sich 26,0 % wöchentlich im Fremdsprachenunterricht mit Kurzgeschichten beschäftigen, 42,8 % monatlich, 21,8 % einmal im Schuljahr und 8,5 % nie, 1,0 % der Lernenden machen keine Angabe (siehe Abb. 92). 90,6 % der Lernenden möchten sich somit im Fremdsprachenunterricht mit Kurzgeschichten beschäftigen, 68,8 % wöchentlich bis monatlich.

Es zeigen sich bezüglich der Wünsche zum Einsatz von Kurzgeschichten im Fremdsprachenunterricht keine signifikanten Geschlechterunterschiede, wie der Wert von 0,069 im Mann-Whitney-U-Test verdeutlicht.

Bezüglich der Klassenstufe deutet ein Signifikanzwert von 0,000 im Kruskal-Wallis-Test auf veritable Unterschiede hin. Beim Vergleich der Stufen 6 (n = 262) und 8 (n = 225) weist der Mann-Whitney-U-Test mit einem Signifikanzwert von 0,084 auf keine veritablen Unterschiede hin. Ein Vergleich der Stufen 8 und 10 (n = 221) zeigt mit einem Wert von 0,000 im Mann-Whitney-U-Test, dass es signifikante Unterschiede gibt: Die Lernenden der Stufe 8 wünschen sich häufiger den Einsatz von Kurzgeschichten im Fremdsprachenunterricht als die

Lernenden der Stufe 10. Zwischen den Stufen 10 und 12 (n = 215) deutet ein Signifikanzwert von 0,564 auf keine veritablen Unterschiede hin. Abbildung 92 zeigt, dass der Wunsch zum wöchentlichen Einsatz von Kurzgeschichten im Fremdsprachenunterricht mit zunehmender Klassenstufe abnimmt. Der Wunsch zum monatlichen Einsatz nimmt von der Stufe 6 zur Stufe 8 leicht zu (von 40,5 % auf 43,6 %), zur Stufe 10 wieder leicht ab (38,5 %); in der Stufe 12 ist der Wunsch nach monatlichem Einsatz am höchsten mit 51,2 %. Der Wunsch nach jährlichem Einsatz ist in den Stufen 6 und 8 relativ gering (8,4 %, 12,0 %), in den Stufen 10 und 12 ist er größer (37,6 %, 33,0 %).

Bezüglich der Noten in den Fremdsprachen wird durch den Signifikanzwert von 0,009 bei Niveau 0,01 im Spearman-Rho-Test deutlich, dass eine sehr geringe negative Korrelation (-0,087) zwischen dem Wunsch zum Einsatz von Kurzgeschichten im Fremdsprachenunterricht und der Englischnote besteht (n = 902): Je besser die Englischnote ist, desto größer ist der Wunsch, sich mit Kurzgeschichten im Fremdsprachenunterricht zu beschäftigen. Bei der Französisch- (n = 284), Spanisch- (n = 313) und Lateinnote (n = 79) zeigt sich jeweils kein signifikanter Zusammenhang, wie die Werte 0,176, 0,099 und 0,684 im Test zeigen.

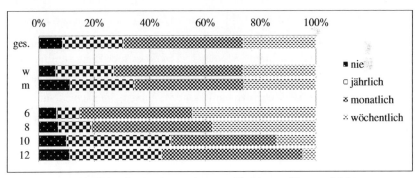

Abb. 92: Wünsche der Lernenden zum Einsatz von Kurzgeschichten
im Fremdsprachenunterricht

Wünsche zu Gedichten im Fremdsprachenunterricht

Von den 932 Lernenden möchten sich 3,2 % wöchentlich im Fremdsprachenunterricht mit Gedichten beschäftigen, 18,9 % monatlich, 34,3 % einmal im Schuljahr und 41,8 % nie (siehe Abb. 93). 1,7 % der befragten Lernenden machen keine Angabe. 56,4 % der Lernenden möchten sich somit im Fremdsprachenunterricht mit Gedichten beschäftigen, 22,1 % wöchentlich bis monatlich.

Es zeigen sich bezüglich der Wünsche zum Einsatz von Gedichten im Fremdsprachenunterricht signifikante Unterschiede zwischen Mädchen (n = 483) und Jungen (n = 419), wie der Wert von 0,001 im Mann-Whitney-U-Test verdeutlicht: 4,8 % der Mädchen im Vergleich zu 1,4 % der Jungen möchten sich wöchentlich mit Gedichten beschäftigen, 19,5 % der Mädchen im Vergleich zu 18,4 % der Jungen monatlich, 38,5 % der Mädchen im Vergleich zu 31,3 % der Jungen einmal im Schuljahr und 37,3 % der Mädchen im Vergleich zu 48,9 % der Jungen nie. Mädchen möchten sich somit etwas häufiger mit Gedichten im Fremdsprachenunterricht beschäftigen als Jungen.

Bezüglich der Klassenstufe deutet ein Signifikanzwert von 0,006 im Kruskal-Wallis-Test auf veritable Unterschiede hin. Beim Vergleich der Stufen 6 (n = 259) und 8 (n = 222) weist der Mann-Whitney-U-Test mit einem Signifikanzwert von 0,003 auf veritable Unterschiede hin: Die Lernenden der Stufe 6 möchten sich häufiger mit Gedichten im Fremdsprachenunterricht beschäftigen als die Lernenden der Stufe 8. Ein Vergleich der Stufen 8 und 10 (n = 220) zeigt mit einem Wert von 0,523 im Mann-Whitney-U-Test, dass hier keine signifikanten Unterschiede vorliegen. Zwischen den Stufen 10 und 12 (n = 215) deutet ein Signifikanzwert von 0,067 ebenfalls auf keine veritablen Unterschiede hin. Abbildung 93 zeigt, dass der Wunsch zum wöchentlichen Einsatz von Gedichten im Fremdsprachenunterricht mit zunehmender Klassenstufe abnimmt. Der Wunsch zum monatlichen Einsatz nimmt von der Stufe 6 bis zur Stufe 10 ab, in der Stufe 12 leicht wieder zu. Der Wunsch nach jährlichem Einsatz nimmt mit zunehmender Klassenstufe zu.

Bezüglich der Noten in den Fremdsprachen wird im Spearman-Rho-Test deutlich, dass es zwischen dem Wunsch zum Einsatz von Gedichten im Fremdsprachenunterricht keinen Zusammenhang mit der Englisch- (0,346), Französisch- (0,630), Latein- (0,248) oder Spanischnote (0,974) gibt.

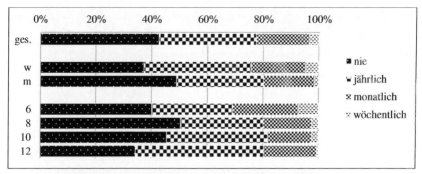

Abb. 93: Wünsche der Lernenden zum Einsatz von Gedichten
im Fremdsprachenunterricht

Wünsche zu Zeitungsartikeln im Fremdsprachenunterricht
Von den 932 Lernenden möchten sich 9,3 % wöchentlich im Fremdsprachenunterricht mit Zeitungsartikeln beschäftigen, 34,5 % monatlich, 29,3 % einmal im Schuljahr und 25,3 % nie (siehe Abb. 94). 1,5 % der Lernenden machen keine Angabe. 73,1 % der Lernenden möchten sich somit im Fremdsprachenunterricht mit Zeitungsartikeln beschäftigen, 43,8 % wöchentlich bis monatlich.

Es zeigen sich bezüglich der Wünsche zum Einsatz von Zeitungsartikeln im Fremdsprachenunterricht signifikante Unterschiede zwischen Mädchen (n = 481) und Jungen (n = 423), wie der Wert von 0,049 im Mann-Whitney-U-Test verdeutlicht: 7,9 % der Mädchen im Vergleich zu 11,3 % der Jungen möchten sich wöchentlich mit Zeitungsartikeln beschäftigen, 32,6 % der Mädchen im Vergleich zu 37,6 % der Jungen monatlich, 33,7 % der Mädchen im Vergleich zu 25,8 % der Jungen einmal im Schuljahr und 25,8 % der Mädchen im Vergleich zu 25,3 % der Jungen nie. Jungen möchten sich somit etwas häufiger mit Zeitungsartikeln im Fremdsprachenunterricht beschäftigen als Mädchen.

Bezüglich der Klassenstufe deutet ein Signifikanzwert von 0,000 im Kruskal-Wallis-Test auf veritable Unterschiede hin. Beim Vergleich der Stufen 6 (n = 259) und 8 (n = 225) weist der Mann-Whitney-U-Test mit einem Signifikanzwert von 0,007 auf veritable Unterschiede hin: Die Lernenden der Stufe 8 möchten sich häufiger mit Zeitungsartikeln im Fremdsprachenunterricht beschäftigen als die Lernenden der Stufe 6. Ein Vergleich der Stufen 8 und 10 (n = 218) zeigt mit einem Wert von 0,206 im Mann-Whitney-U-Test, dass hier keine signifikanten Unterschiede vorliegen. Zwischen den Stufen 10 und 12 (n = 216) deutet ein Signifikanzwert von 0,000 auf veritable Unterschiede hin: Die Lernenden der Stufe 12 wünschen sich den Einsatz von Zeitungsartikeln im Fremdsprachenunterricht häufiger als die Lernenden der Stufe 10. Insgesamt lässt sich daraus die Tendenz ableiten, dass sich die Lernenden mit zunehmender Klassenstufe häufiger den Einsatz von Zeitungsartikeln im Fremdsprachunterricht wünschen.

Bezüglich der Noten in den Fremdsprachen wird durch den Signifikanzwert von 0,037 bei Niveau 0,05 im Spearman-Rho-Test deutlich, dass eine sehr geringe negative Korrelation (-0,070) zwischen dem Wunsch zum Einsatz von Zeitungsartikeln im Fremdsprachenunterricht und der Englischnote besteht (n = 897): Je besser die Englischnote ist, desto größer ist der Wunsch, sich mit Zeitungsartikeln im Fremdsprachenunterricht zu beschäftigen. Zwischen der Französischnote und dem Wunsch zum Einsatz von Zeitungsartikeln liegt kein Zusammenhang vor, wie der Signifikanzwert von 0,092 deutlich macht (n = 281). Gleiches gilt für den Zusammenhang mit der Latein- (n = 314) und Spanischnote (n = 78), wie die Signifikanzwerte von 0,485 und 0,833 zeigen.

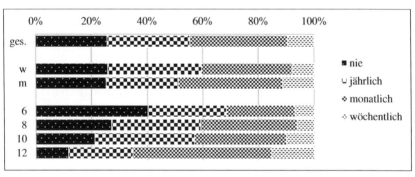

Abb. 94: Wünsche der Lernenden zum Einsatz von Zeitungsartikeln im Fremdsprachenunterricht

Wünsche zu Zeitschriftenartikeln im Fremdsprachenunterricht

Von den 932 Lernenden möchten sich 6,7 % wöchentlich im Fremdsprachenunterricht mit Zeitschriftenartikeln beschäftigen, 33,5 % monatlich, 28,0 % einmal im Schuljahr und 30,3 % nie (siehe Abb. 95). 1,6 % der befragten Lernenden machen keine Angabe. 68,2 % der Lernenden möchten sich somit im Fremdsprachenunterricht mit Zeitschriftenartikeln beschäftigen, 40,2 % wöchentlich bis monatlich. Es zeigen sich bezüglich der Wünsche zum Einsatz von Zeitschriftenartikeln im Fremdsprachenunterricht keine signifikanten Unterschiede zwischen Jungen und Mädchen, wie der Wert von 0,830 im Mann-Whitney-U-Test verdeutlicht.

Bezüglich der Klassenstufe deutet ein Signifikanzwert von 0,000 im Kruskal-Wallis-Test auf veritable Unterschiede hin. Beim Vergleich der Stufen 6 (n = 259) und 8 (n = 225) weist der Mann-Whitney-U-Test mit einem Signifikanzwert von 0,001 auf veritable Unterschiede hin: Die Lernenden der Stufe 8 möchten sich häufiger mit Zeitschriftenartikeln im Fremdsprachenunterricht beschäftigen als die Lernenden der Stufe 6. Ein Vergleich der Stufen 8 und 10 (n = 219) zeigt mit einem Wert von 0,900 im Mann-Whitney-U-Test, dass hier keine signifikanten Unterschiede vorliegen. Zwischen den Stufen 10 und 12 (n = 214) deutet ein Signifikanzwert von 0,000 hingegen wieder auf veritable Unterschiede hin: Die Lernenden der Stufe 12 wünschen sich den Einsatz von Zeitschriftenartikeln im Fremdsprachenunterricht häufiger als die Lernenden der Stufe 10. Insgesamt lässt sich daraus die Tendenz ableiten, dass sich die Lernenden mit zunehmender Klassenstufe häufiger den Einsatz von Zeitschriftenartikeln im Fremdsprachunterricht wünschen.

Bezüglich der Noten in den Fremdsprachen wird im Spearman-Rho-Test deutlich, dass es zwischen dem Wunsch zum Einsatz von Zeitschriftenartikeln im Fremdsprachenunterricht keinen Zusammenhang mit der Englisch- (0,089), Französisch- (0,227), Latein- (0,233) oder Spanischnote (0,655) gibt.

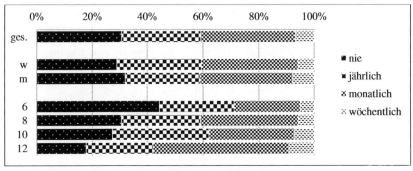

Abb. 95: Wünsche der Lernenden zum Einsatz von Zeitschriftenartikeln
im Fremdsprachenunterricht

Wünsche zu Karikaturen im Fremdsprachenunterricht

Von den 932 Lernenden möchten sich 17,1 % wöchentlich im Fremdsprachenunterricht mit Karikaturen beschäftigen, 35,3 % monatlich, 19,3 % einmal im Schuljahr und 25,8 % nie (siehe Abb. 96). 2,6 % der befragten Lernenden machen keine Angabe. 71,7 % der Lernenden möchten sich somit im Fremdsprachenunterricht mit Karikaturen beschäftigen, 52,4 % wöchentlich bis monatlich.

Es zeigen sich bezüglich der Wünsche zum Einsatz von Karikaturen im Fremdsprachenunterricht keine signifikanten Unterschiede zwischen Jungen und Mädchen, wie der Wert von 0,831 im Mann-Whitney-U-Test verdeutlicht.

Bezüglich der Klassenstufe deutet ein Signifikanzwert von 0,000 im Kruskal-Wallis-Test auf veritable Unterschiede hin. Beim Vergleich der Stufen 6 (n = 252) und 8 (n = 221) weist der Mann-Whitney-U-Test mit einem Signifikanzwert von 0,000 auf veritable Unterschiede hin: Die Lernenden der Stufe 8 möchten sich häufiger mit Karikaturen im Fremdsprachenunterricht beschäftigen als die Lernenden der Stufe 6. Ein Vergleich der Stufen 8 und 10 (n = 220) zeigt mit einem Wert von 0,050 im Mann-Whitney U Test, dass hier ebenfalls signifikante Unterschiede vorliegen: Die Lernenden der Stufe 10 wünschen sich den Einsatz von Karikaturen häufiger als die Lernenden der Stufe 8. Zwischen den Stufen 10 und 12 (n = 215) deutet ein Signifikanzwert von 0,004 hingegen wieder auf veritable Unterschiede hin: Die Lernenden der Stufe 12 wünschen sich den Einsatz von Karikaturen im Fremdsprachenunterricht häufiger als die Lernenden der Stufe 10. Insgesamt lässt sich daraus die Tendenz ableiten, dass sich die Lernenden mit zunehmender Klassenstufe häufiger mit Karikaturen im Fremdsprachunterricht beschäftigen möchten.

Bezüglich der Noten in den Fremdsprachen wird im Spearman-Rho-Test deutlich, dass es zwischen dem Wunsch zum Einsatz von Karikaturen im Fremdsprachenunterricht keinen Zusammenhang mit der Englisch- (n = 887) oder Französischnote (n = 279) gibt (Signifikanzwerte von 0,864 und 0,290). Bei der Lateinnote zeigt der Wert von 0,007 bei Niveau 0,01, dass es eine sehr geringe positive Korrelation (0,153) gibt (n = 313): Je schwächer die Lateinnote ist, desto größer ist der Wunsch, sich mit Karikaturen im Fremdsprachenunterricht zu beschäftigen. Bei der Spanischnote zeigt sich mit dem Signifikanzwert von 0,166 kein veritabler Zusammenhang (n = 79).

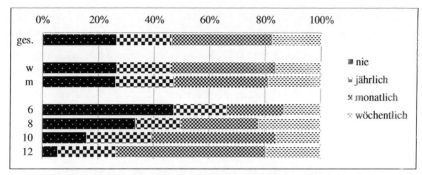

Abb. 96: Wünsche der Lernenden zum Einsatz von Karikaturen im Fremdsprachenunterricht

Wünsche zu Fotos im Fremdsprachenunterricht

Von den 932 Lernenden möchten sich 47,0 % wöchentlich im Fremdsprachenunterricht mit Fotos beschäftigen, 37,4 % monatlich, 9,1 % einmal im Schuljahr und 5,5 % nie (siehe Abb. 97). 1,0 % der befragten Lernenden machen keine Angabe. 93,5 % der Lernenden möchten sich somit im Fremdsprachenunterricht mit Fotos beschäftigen, 84,4 % wöchentlich bis monatlich.

Es zeigen sich bezüglich der Wünsche zum Einsatz von Fotos im Fremdsprachenunterricht signifikante Unterschiede zwischen Mädchen (n = 485) und Jungen (n = 424), wie der Wert von 0,004 im Mann-Whitney-U-Test verdeutlicht: 50,7 % der Mädchen im Vergleich zu 43,6 % der Jungen möchten sich wöchentlich mit Fotos beschäftigen, 38,1 % der Mädchen im Vergleich zu 38,0 % der Jungen monatlich, 7,6 % der Mädchen im Vergleich zu 10,4 % der Jungen einmal im Schuljahr und 3,5 % der Mädchen im Vergleich zu 8,0 % der Jungen nie. Mädchen möchten sich somit etwas häufiger mit Fotos im Fremdsprachenunterricht beschäftigen als Jungen.

Bezüglich der Klassenstufe deutet ein Signifikanzwert von 0,006 im Kruskal-Wallis-Test auf veritable Unterschiede hin. Beim Vergleich der Stufen 6 (n = 261) und 8 (n = 225) weist der Mann-Whitney-U-Test mit einem Signifikanzwert von 0,887 auf keine veritablen Unterschiede hin. Ein Vergleich der Stufen 8 und 10 (n = 221) zeigt mit einem Wert von 0,026 im Mann-Whitney-U-Test, dass hier signifikante Unterschiede vorliegen: Die Lernenden der Stufe 8 wünschen sich häufiger den Einsatz von Fotos im Fremdsprachenunterricht als die

Lernenden der Stufe 10. Zwischen den Stufen 10 und 12 (n = 216) deutet ein Signifikanzwert von 0,707 hingegen wieder auf keine veritablen Unterschiede hin. Abbildung 97 zeigt, dass der Wunsch zum wöchentlichen Einsatz von Fotos von der Stufe 6 zur Stufe 8 minimal zunimmt (von 54,4 % auf 54,7 %), dann jedoch mit zunehmender Klassenstufe abnimmt (von 42,5 % in der 10 auf 36,6 % in der 12). Der Wunsch zum monatlichen Einsatz nimmt mit zunehmender Klassenstufe zu. Der Wunsch zum jährlichen Einsatz zeigt keine Tendenz (8,0 % in Stufe 6, 7,1 % in Stufe 8, 12,7 % in Stufe 10, 9,3 % in Stufe 12).

Bezüglich der Noten in den Fremdsprachen wird durch den Signifikanzwert von 0,001 bei Niveau 0,01 im Spearman-Rho-Test deutlich, dass eine sehr geringe negative Korrelation (-0,106) zwischen dem Wunsch zum Einsatz von Fotos im Fremdsprachenunterricht und der Englischnote besteht (n = 902): Je besser die Englischnote ist, desto größer ist der Wunsch, sich mit Fotos im Fremdsprachenunterricht zu beschäftigen. Zwischen der Französischnote und dem Wunsch zum Einsatz von Fotos liegt kein Zusammenhang vor, wie der Wert von 0,613 deutlich macht (n = 284). Gleiches gilt für die Lateinnote (n = 314) mit einem Wert von 0,129 und die Spanischnote (n = 79) mit einem Wert von 0,532.

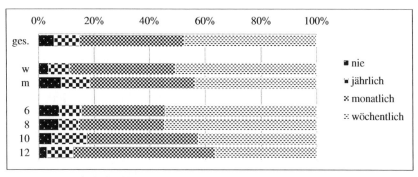

Abb. 97: Wünsche der Lernenden zum Einsatz von Fotos im Fremdsprachenunterricht

Wünsche zu Liedern[53] im Fremdsprachenunterricht

Von den 932 Lernenden möchten sich 32,3 % wöchentlich im Fremdsprachenunterricht mit Liedern beschäftigen, 40,3 % monatlich, 16,8 % einmal im Schuljahr und 9,4 % nie (siehe Abb. 98). 1,1 % der befragten Lernenden machen keine Angabe. 89,4 % der Lernenden möchten sich somit im Fremdsprachenunterricht mit Liedern beschäftigen, 72,6 % wöchentlich bis monatlich.

Es zeigen sich bezüglich der Wünsche zum Einsatz von Liedern im Fremdsprachenunterricht signifikante Unterschiede zwischen Mädchen (n = 484) und Jungen (n = 424), wie der Wert von 0,001 im Mann-Whitney-U-Test verdeutlicht: 34,5 % der Mädchen im Vergleich zu 30,2 % der Jungen möchten sich wöchentlich mit Liedern beschäftigen, 44,4 % der Mädchen im Vergleich zu 37,3 % der Jungen monatlich, 15,9 % der Mädchen im Vergleich zu 17,9 % der Jungen einmal im Schuljahr und 5,2 % der Mädchen im Vergleich zu 14,6 % der Jungen nie. Mädchen möchten sich somit etwas häufiger mit Liedern im Fremdsprachenunterricht beschäftigen als Jungen.

Bezüglich der Klassenstufe deutet ein Signifikanzwert von 0,000 im Kruskal-Wallis-Test auf veritable Unterschiede hin. Beim Vergleich der Stufen 6 (n = 261) und 8 (n = 225) weist der Mann-Whitney-U-Test mit einem Signifikanzwert von 0,000 auf veritable Unterschiede hin: Die Lernenden der Stufe 6 möchten sich häufiger mit Liedern im Fremdsprachenunterricht beschäftigen als die Lernenden der Stufe 8. Ein Vergleich der Stufen 8 und 10 (n = 221) zeigt mit einem Wert von 0,282 im Mann-Whitney-U-Test, dass hier keine signifikanten Unterschiede vorliegen. Auch zwischen den Stufen 10 und 12 (n = 215) deutet ein Signifikanzwert von 0,387 auf keine veritablen Unterschiede hin. Der Wunsch zum wöchentlichen Einsatz von Liedern im Fremdsprachenunterricht nimmt mit zunehmender Klassenstufe ab. Der Wunsch zum monatlichen Einsatz ist in allen vier Klassenstufen ähnlich (37,5 % in Stufe 6, 41,3 % in Stufe 8, 40,3 % in Stufe 10, 44,7 % in Stufe 12). Der Wunsch zum jährlichen Einsatz steigt mit zunehmender Klassenstufe an.

---

[53] Der Begriff „Lieder" impliziert im Folgenden alle Formen von Musik. Im Fragebogen wurde „Lieder/Musik" angegeben (siehe Anhang 1 und 2).

Bezüglich der Noten in den Fremdsprachen wird im Spearman-Rho-Test deutlich, dass es zwischen dem Wunsch zum Einsatz von Liedern im Fremdsprachenunterricht keinen Zusammenhang mit der Englisch- (0,904), Französisch- (0,408), Latein- (0,242) oder Spanischnote (0,457) gibt.

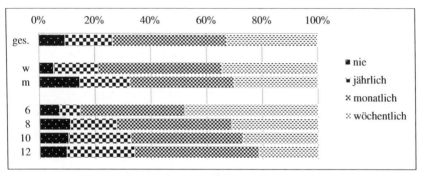

Abb. 98: Wünsche der Lernenden zum Einsatz von Liedern im Fremdsprachenunterricht

Wünsche zu Filmen im Fremdsprachenunterricht
Von den 932 Lernenden möchten sich 24,6 % wöchentlich im Fremdsprachenunterricht mit Filmen beschäftigen, 35,9 % monatlich, 34,1 % einmal im Schuljahr und 4,3 % nie (siehe Abb. 99). 1,1 % der befragten Lernenden machen keine Angabe. 94,6 % der Lernenden möchten sich somit im Fremdsprachenunterricht mit Filmen beschäftigen, 60,5 % wöchentlich bis monatlich. Es zeigen sich bezüglich der Wünsche zum Einsatz von Filmen im Fremdsprachenunterricht keine signifikanten Unterschiede zwischen Jungen und Mädchen, wie der Wert von 0,546 im Mann-Whitney-U-Test verdeutlicht.

Bezüglich der Klassenstufe deutet ein Signifikanzwert von 0,006 im Kruskal-Wallis-Test auf veritable Unterschiede hin. Beim Vergleich der Stufen 6 (n = 261) und 8 (n = 225) weist der Mann-Whitney-U-Test mit einem Signifikanzwert von 0,466 auf keine veritablen Unterschiede hin. Auch ein Vergleich der Stufen 8 und 10 (n = 220) zeigt mit einem Wert von 0,138 im Mann-Whitney-U-Test, dass es hier keine signifikanten Unterschiede gibt. Zwischen den Stufen 10 und 12 (n = 216) deutet ein Signifikanzwert von 0,000 hingegen auf veritable Unterschiede hin: Die Lernenden der Stufe 12 wünschen sich den Einsatz von

Filmen im Fremdsprachenunterricht häufiger als die Lernenden der Stufe 10. Abbildung 99 zeigt, dass der Wunsch zum wöchentlichen Einsatz von Filmen im Fremdsprachenunterricht von der Stufe 6 bis zur Stufe 10 abnimmt, in der Stufe 12 jedoch wieder ansteigt. Der Wunsch zum monatlichen Einsatz nimmt insgesamt mit zunehmender Klassenstufe zu. Der Wunsch zum jährlichen Einsatz nimmt auch von der Stufe 6 bis Stufe 10 zu, in der Stufe 12 jedoch wieder ab.

Bezüglich der Noten in den Fremdsprachen wird im Spearman-Rho-Test deutlich, dass es zwischen dem Wunsch zum Einsatz von Filmen im Fremdsprachenunterricht keinen Zusammenhang mit der Englisch- (0,400), Französisch- (0,108), Latein- (0,119) oder Spanischnote (0,791) gibt.

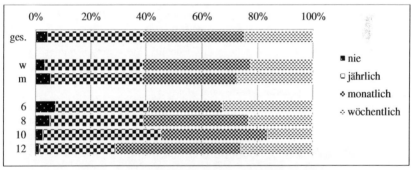

Abb. 99: Wünsche der Lernenden zum Einsatz von Filmen
im Fremdsprachenunterricht

Wünsche zu Fernsehserien im Fremdsprachenunterricht
Von den 932 Lernenden möchten sich 19,3 % wöchentlich im Fremdsprachenunterricht mit Fernsehserien beschäftigen, 21,6 % monatlich, 27,9 % einmal im Schuljahr und 30,0 % nie (siehe Abb. 100). 1,2 % der Lernenden machen keine Angabe. 68,8 % der Lernenden möchten sich somit im Fremdsprachenunterricht mit Fernsehserien beschäftigen, 40,9 % wöchentlich bis monatlich.

Es zeigen sich bezüglich der Wünsche zum Einsatz von Fernsehserien im Fremdsprachenunterricht signifikante Unterschiede zwischen Mädchen (n = 484) und Jungen (n = 423), wie der Wert von 0,036 im Mann-Whitney-U-Test verdeutlicht: 16,9 % der Mädchen im Vergleich zu 22,2 % der Jungen möchten sich wöchentlich mit Fernsehserien beschäftigen, 20,7 % der Mädchen im Ver-

158 Ergebnisse und Diskussion

gleich zu 23,4 % der Jungen monatlich, 30,4 % der Mädchen im Vergleich zu 25,1 % der Jungen einmal im Schuljahr und 32,0 % der Mädchen im Vergleich zu 29,3 % der Jungen nie. Jungen möchten sich somit etwas häufiger mit Fernsehserien im Fremdsprachenunterricht beschäftigen als Mädchen. Bezüglich der Klassenstufe deutet ein Signifikanzwert von 0,770 im Kruskal-Wallis-Test auf keine veritablen Unterschiede hin.

Bezüglich der Noten in den Fremdsprachen wird durch den Signifikanzwert von 0,473 im Spearman-Rho-Test deutlich, dass keine Korrelation zwischen dem Wunsch zum Einsatz von Fernsehserien im Fremdsprachenunterricht und der Englischnote besteht (n = 900). Gleiches gilt für den Zusammenhang mit der Französischnote, wie der Wert von 0,088 deutlich macht (n = 284). Bei der Lateinnote zeigt der Wert von 0,001 bei Niveau 0,01, dass es eine sehr geringe positive Korrelation (0,189) gibt (n = 313): Je schwächer die Lateinnote ist, desto größer ist der Wunsch, sich mit Fernsehserien im Fremdsprachenunterricht zu beschäftigen. Bei der Spanischnote zeigt sich mit dem Signifikanzwert von 0,726 kein veritabler Zusammenhang (n = 79).

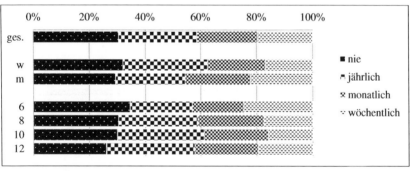

Abb. 100: Wünsche der Lernenden zum Einsatz von Fernsehserien im Fremdsprachenunterricht

Wünsche zu Theaterstücken im Fremdsprachenunterricht
Von den 932 Lernenden möchten sich 8,8 % wöchentlich im Fremdsprachenunterricht mit Theaterstücken beschäftigen, 17,8 % monatlich, 42,4 % einmal im Schuljahr und 29,6 % nie (siehe Abb. 101). 1,4 % der Lernenden machen keine

Angabe. 69,0 % der Lernenden möchten sich somit im Fremdsprachenunterricht mit Theaterstücken beschäftigen, 26,6 % wöchentlich bis monatlich.

Es zeigen sich bezüglich der Wünsche zum Einsatz von Theaterstücken im Fremdsprachenunterricht signifikante Unterschiede zwischen Mädchen (n = 485) und Jungen (n = 420), wie der Wert von 0,000 im Mann-Whitney-U-Test verdeutlicht: 10,3 % der Mädchen im Vergleich zu 7,6 % der Jungen möchten sich wöchentlich mit Theaterstücken beschäftigen, 19,8 % der Mädchen im Vergleich zu 15,2 %der Jungen monatlich, 46,4 % der Mädchen im Vergleich zu 39,5 % der Jungen einmal im Schuljahr und 23,5 % der Mädchen im Vergleich zu 37,6 % der Jungen nie. Mädchen möchten sich somit etwas häufiger mit Theaterstücken im Fremdsprachenunterricht beschäftigen als Jungen.

Bezüglich der Klassenstufe deutet ein Signifikanzwert von 0,000 im Kruskal-Wallis-Test auf veritable Unterschiede hin. Beim Vergleich der Stufen 6 (n = 261) und 8 (n = 223) weist der Mann-Whitney-U-Test mit einem Signifikanzwert von 0,020 auf veritable Unterschiede hin: Die Lernenden der Stufe 6 möchten sich häufiger mit Theaterstücken im Fremdsprachenunterricht beschäftigen als die Lernenden der Stufe 8. Auch ein Vergleich der Stufen 8 und 10 (n = 220) zeigt mit einem Wert von 0,026 im Mann-Whitney-U-Test, dass hier signifikante Unterschiede vorliegen: Die Lernenden der Stufe 8 wünschen sich häufiger den Einsatz von Theaterstücken im Fremdsprachenunterricht als die Lernenden der Stufe 10. Zwischen den Stufen 10 und 12 (n = 215) deutet ein Signifikanzwert von 0,951 auf keine veritablen Unterschiede hin. Insgesamt nimmt der Wunsch, sich monatlich bis wöchentlich mit Theaterstücken im Fremdsprachenunterricht zu beschäftigen, mit zunehmender Klassenstufe ab. Der Wunsch zum jährlichen Einsatz nimmt von der Stufe 6 zur Stufe 8 leicht ab, wird dann jedoch wieder größer.

Bezüglich der Noten in den Fremdsprachen wird im Spearman-Rho-Test deutlich, dass es zwischen dem Wunsch zum Einsatz von Theaterstücken im Fremdsprachenunterricht keinen Zusammenhang mit der Englisch- (0,500), Französisch- (0,743), Latein- (0,923) oder Spanischnote (0,956) gibt.

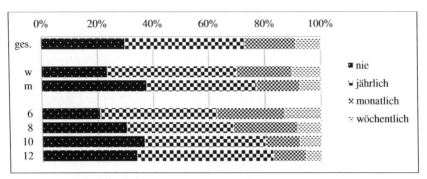

Abb. 101: Wünsche der Lernenden zum Einsatz von Theaterstücken im Fremdsprachenunterricht

Wünsche zu Handys[54] im Fremdsprachenunterricht

Von den 932 Lernenden möchten 22,2 % wöchentlich im Fremdsprachenunterricht Handys nutzen, 22,3 % monatlich, 15,7 % einmal im Schuljahr und 38,8 % nie (siehe Abb. 102). 1,0 % der befragten Lernenden machen keine Angabe. 60,2 % der Lernenden möchten somit im Fremdsprachenunterricht Handys nutzen, 44,5 % wöchentlich bis monatlich.

Es zeigen sich bezüglich der Wünsche der Lernenden nach dem Einsatz von Handys im Fremdsprachenunterricht signifikante Unterschiede zwischen Mädchen (n = 485) und Jungen (n = 424), wie der Wert von 0,000 im Mann-Whitney-U-Test verdeutlicht: 15,3 % der Mädchen im Vergleich zu 30,2 % der Jungen möchten sich wöchentlich mit Handys beschäftigen, 22,7 % der Mädchen im Vergleich zu 22,2 % der Jungen monatlich, 17,3 % der Mädchen im Vergleich zu 14,2 % der Jungen einmal im Schuljahr und 44,7 % der Mädchen im Vergleich zu 33,5 % der Jungen nie. Jungen möchten sich somit etwas häufiger mit Handys im Fremdsprachenunterricht beschäftigen als Mädchen.

Bezüglich der Klassenstufe deutet ein Signifikanzwert von 0,272 im Kruskal-Wallis-Test auf keine veritablen Unterschiede hin. Bezüglich der Noten in den Fremdsprachen wird durch den Signifikanzwert von 0,075 bei Niveau 0,05 im Spearman-Rho-Test deutlich, dass keine Korrelation zwischen dem Wunsch

---

[54] Der Begriff „Handy" impliziert im Folgenden auch Smart- und iPhones. Im Fragebogen wurde „Handys/Smart-/iPhones" angegeben (siehe Anhang 1 und 2).

zum Einsatz von Handys im Fremdsprachenunterricht und der Englischnote besteht (n = 902). Gleiches gilt für die Französischnote, wie der Wert von 0,064 ersichtlich macht (n = 284). Bei der Lateinnote zeigt der Wert von 0,047, dass es eine sehr geringe positive Korrelation (0,112) gibt (n = 314): Je schwächer die Lateinnote ist, desto größer ist der Wunsch, sich mit Handys im Fremdsprachenunterricht zu beschäftigen. Bei der Spanischnote zeigt sich mit dem Signifikanzwert von 0,160 kein veritabler Zusammenhang (n = 79).

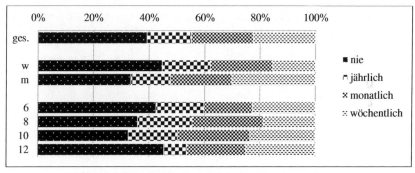

Abb. 102: Wünsche der Lernenden zum Einsatz von Handys
im Fremdsprachenunterricht

Wünsche zu Tablets[55] im Fremdsprachenunterricht
Von den 932 Lernenden möchten sich 16,8 % wöchentlich im Fremdsprachenunterricht mit Tablets beschäftigen, 14,6 % monatlich, 13,1 % einmal im Schuljahr und 54,5 % nie (siehe Abb. 103). 1,0 % der befragten Lernenden machen keine Angabe. 44,5 % der Lernenden möchten sich somit im Fremdsprachenunterricht mit Tablets beschäftigen, 31,4 % wöchentlich bis monatlich.

Es zeigen sich bezüglich der Wünsche zum Einsatz von Tablets im Fremdsprachenunterricht signifikante Unterschiede zwischen Mädchen (n = 484) und Jungen (n = 425), wie der Wert von 0,000 im Mann-Whitney-U-Test verdeutlicht: 10,5 % der Mädchen im Vergleich zu 23,8 % der Jungen möchten sich wöchentlich mit Tablets beschäftigen, 13,2 % im Vergleich zu 16,2 % der Jun-

---

[55] Der Begriff „Tablet" impliziert im Folgenden auch iPads. Im Fragebogen wurde „Tablets/iPads" angegeben (siehe Anhang 1 und 2).

gen monatlich, 14,3 % im Vergleich zu 12,5 % der Jungen einmal im Schuljahr und 62,0 % im Vergleich zu 47,5 % der Jungen nie. Jungen möchten sich somit etwas häufiger im Fremdsprachenunterricht mit Tablets beschäftigen als Mädchen.

Bezüglich der Klassenstufe deutet ein Signifikanzwert von 0,033 im Kruskal-Wallis-Test auf veritable Unterschiede hin. Beim Vergleich der Stufen 6 (n = 260) und 8 (n = 225) weist der Mann-Whitney-U-Test mit einem Signifikanzwert von 0,019 auf veritable Unterschiede hin: Die Lernenden der Stufe 6 möchten sich häufiger mit Tablets im Fremdsprachenunterricht beschäftigen als die Lernenden der Stufe 8. Ein Vergleich der Stufen 8 und 10 (n = 222) zeigt mit einem Wert von 0,023 im Mann-Whitney-U-Test, dass hier ebenfalls signifikante Unterschiede vorliegen: Die Lernenden der Stufe 10 wünschen sich deutlich häufiger den Einsatz von Tablets im Fremdsprachenunterricht als die Lernenden der Stufe 8. Zwischen den Stufen 10 und 12 (n = 216) deutet ein Signifikanzwert von 0,077 auf keine veritablen Unterschiede hin. Abbildung 103 zeigt, dass sich die Lernenden insgesamt den Einsatz von Tablets im Fremdsprachenunterricht relativ selten wünschen. Der Anteil der Lernenden, die sich wöchentlich den Einsatz von Tablets wünschen, ist in allen Klassenstufen in etwa gleich groß, ebenso wie der Anteil derjenigen, die sich den monatlichen Einsatz wünschen.

Bezüglich der Noten in den Fremdsprachen wird im Spearman-Rho-Test deutlich, dass es zwischen dem Wunsch zum Einsatz von Tablets im Fremdsprachenunterricht keinen Zusammenhang mit der Englisch- (0,125), Französisch- (0,102), Latein- (0,156) oder Spanischnote (0,272) gibt.

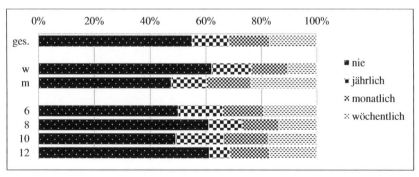

Abb. 103: Wünsche der Lernenden zum Einsatz von Tablets im Fremdsprachenunterricht

Wünsche zu PCs[56] im Fremdsprachenunterricht

Von den 932 Lernenden möchten sich 22,5 % wöchentlich im Fremdsprachenunterricht mit PCs beschäftigen, 31,1 % monatlich, 23,1 % einmal im Schuljahr und 22,3 % nie (siehe Abb. 104). 1,0 % der befragten Lernenden machen keine Angabe. 76,7 % der Lernenden möchten sich somit im Fremdsprachenunterricht mit PCs beschäftigen, 53,6 % wöchentlich bis monatlich.

Es zeigen sich bezüglich der Wünsche zum Einsatz von PCs im Fremdsprachenunterricht signifikante Unterschiede zwischen Mädchen (n = 485) und Jungen (n = 424), wie der Wert von 0,000 im Mann-Whitney-U-Test verdeutlicht: 14,2 % der Mädchen im Vergleich zu 31,6 % der Jungen möchten wöchentlich PCs nutzen, 34,6 % im Vergleich zu 28,5 % der Jungen monatlich, 27,8 % im Vergleich zu 18,4 % der Jungen einmal im Schuljahr und 23,3 % im Vergleich zu 21,5 % der Jungen nie. Jungen wünschen sich somit insgesamt häufiger den Einsatz von PCs im Fremdsprachenunterricht als Mädchen.

Bezüglich der Klassenstufe deutet ein Signifikanzwert von 0,002 im Kruskal-Wallis-Test auf veritable Unterschiede hin. Beim Vergleich der Stufen 6 (n = 262) und 8 (n = 225) weist der Mann-Whitney-U-Test mit einem Signifikanzwert von 0,428 auf keine veritablen Unterschiede hin. Ein Vergleich der Stufen 8 und 10 (n = 221) zeigt mit einem Wert von 0,015 im Mann-Whitney-U-Test, dass signifikante Unterschiede vorliegen: Die Lernenden der Stufe 10 wünschen sich deutlich häufiger den Einsatz von PCs im Fremdsprachenunterricht als die Lernenden der Stufe 8. Zwischen den Stufen 10 und 12 (n = 215) deutet ein Signifikanzwert von 0,863 hingegen wieder auf keine veritablen Unterschiede hin. Abbildung 104 zeigt, dass der Wunsch zum Einsatz von PCs im Fremdsprachenunterricht insgesamt von der Stufe 6 bis zur Stufe 10 zunimmt. In der Stufe 12 nimmt er wieder leicht ab.

Bezüglich der Noten in den Fremdsprachen wird im Spearman-Rho-Test deutlich, dass es zwischen dem Wunsch zum Einsatz von PCs im Fremdsprachenunterricht keinen Zusammenhang mit der Englisch- (0,360), Französisch- (0,088), Latein- (0,105) oder Spanischnote (0,833) gibt.

---

[56] Der Begriff „PC" impliziert im Folgenden auch Laptops. Im Fragebogen wurde „Laptops/Computer" angegeben (siehe Anhang 1 und 2).

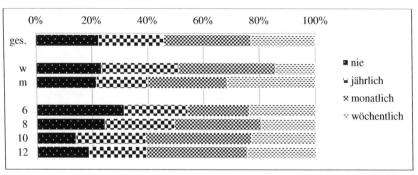

Abb. 104: Wünsche der Lernenden zum Einsatz von PCs im Fremdsprachenunterricht

Wünsche zu Spielekonsolen im Fremdsprachenunterricht
Von den 932 Lernenden möchten sich 12,6 % wöchentlich im Fremdsprachenunterricht mit Spielekonsolen beschäftigen, 6,1 % monatlich, 9,3 % einmal im Schuljahr und 71,1 % nie (siehe Abb. 105). 0,9 % der Lernenden machen keine Angabe. 28,0 % der Lernenden möchten sich somit im Fremdsprachenunterricht mit Spielekonsolen beschäftigen, 18,7 % wöchentlich bis monatlich.

Es zeigen sich bezüglich der Wünsche zum Einsatz von Spielekonsolen im Fremdsprachenunterricht signifikante Unterschiede zwischen Mädchen (n = 485) und Jungen (n = 425), wie der Wert von 0,000 im Mann-Whitney-U-Test verdeutlicht: 4,7 % der Mädchen im Vergleich zu 20,9 % der Jungen möchten sich wöchentlich mit Spielekonsolen beschäftigen, 3,9 % im Vergleich zu 8,9 % der Jungen monatlich, 8,7 % im Vergleich zu 10,4 % der Jungen einmal im Schuljahr und 82,7 % im Vergleich zu 59,8 % der Jungen nie. Jungen möchten sich somit häufiger mit Spielekonsolen im Fremdsprachenunterricht beschäftigen als Mädchen.

Bezüglich der Klassenstufe deutet ein Signifikanzwert von 0,007 im Kruskal-Wallis-Test auf veritable Unterschiede hin. Beim Vergleich der Stufen 6 (n = 261) und 8 (n = 225) bestätigt dies der Mann-Whitney-U-Test mit einem Signifikanzwert von 0,016: Die Lernenden der Stufe 6 möchten sich häufiger mit Spielekonsolen im Fremdsprachenunterricht beschäftigen als die Lernenden der Stufe 8. Ein Vergleich der Stufen 8 und 10 (n = 222) zeigt mit einem Wert von 0,127 im Mann-Whitney-U-Test, dass hier keine signifikanten Unterschiede vorliegen. Zwischen den Stufen 10 und 12 (n = 216) deutet ein Signifikanzwert von 0,027 hingegen wieder auf veritable Unterschiede hin: Die Lernenden der Stufe 10 wünschen sich den Einsatz von Spielekonsolen im Fremdsprachenunterricht häufiger als die Lernenden der Stufe 12. Abbildung 105 zeigt, dass der Wunsch, sich mit Spielekonsolen im Fremdsprachenunterricht zu beschäftigen, von der Stufe 6 zur Stufe 8 abnimmt, in der Stufe 10 wieder zunimmt und sich in der Stufe 12 insgesamt die wenigsten Lernenden mit Spielekonsolen im Fremdsprachenunterricht beschäftigen möchten.

Bezüglich der Noten in den Fremdsprachen wird im Spearman-Rho-Test deutlich, dass es zwischen dem Wunsch zum Einsatz von Spielekonsolen im Fremdsprachenunterricht keinen Zusammenhang mit der Französisch- (n = 903), Latein- (n = 284) oder Spanischnote (n = 315) gibt, (Signifikanzwerte 0,276, 0,468 und 0,789). Hinsichtlich der Englischnote weist der Signifikanzwert von 0,027 bei Niveau 0,05 hingegen auf eine sehr geringe positive Korrelation (0,074) mit dem Wunsch zum Einsatz von Spielekonsolen hin (n = 79): Je schwächer die Englischnote ist, desto größer ist der Wunsch, sich mit Spielekonsolen im Fremdsprachenunterricht zu beschäftigen.

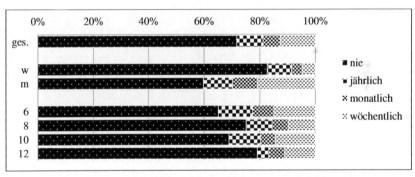

Abb. 105: Wünsche der Lernenden zum Einsatz von Spielekonsolen im Fremdsprachenunterricht

Wünsche zu weiteren Texten und Medien im Fremdsprachenunterricht
Der Block zu den Wünschen der Lernenden in Bezug auf den Einsatz von Texten und Medien im Fremdsprachenunterricht schließt mit einem freien Textfeld ab, in das die Lernenden eintragen können, mit welchen weiteren Medien sie

sich gerne im Fremdsprachenunterricht beschäftigen möchten. Die Antworten der befragten Lernenden machen deutlich, dass diese sehr unterschiedliche Wünsche bezüglich des Medieneinsatzes im Fremdsprachenunterricht haben: So gibt es z.b. Angaben, die keine spezifischen Texte und Medien benennen, sondern eher hervorheben, dass diese z.b. aktuell, alltagsbezogen, modern, relevant und lebensnah sein sollten. Einige wünschen sich lange Texte und Geschichten, andere weniger fiktionale Texte, sondern mehr reale Geschichten: Die Rede ist von Tagesthemen, Globalisierung, Geschichte und Kultur, Landeskunde und Sporttexten, so dass hier auch die Inhalte angesprochen werden.

Es werden jedoch auch konkrete Texte und Medien gewünscht, z.b. Geschichten mit Bildern und Bildergeschichten, Zeichnungen und Fotogeschichten sowie einiges im audio-visuellen Bereich, was teilweise die vorgegebenen Texte und Medien aus dem Fragebogen wie „Film" und „Fernsehserien" ausdifferenziert oder ergänzt, nämlich Fernsehnachrichten, Dokumentationen, TV-Shows, Kino-, Zeichentrick- und Kurzfilme, Animes, YouTube-Videos und Musicals. Im Audiobereich werden u.a. CDs, generell Audiodateien, Hörbücher, Hörspiele, Radiosendungen, Reden und Musik benannt. Auch das Internet wird mehrfach explizit erwähnt und in diesem Zusammenhang Online-Texte, elektronische Wörterbücher, E-Books und Webseiten. Neben Spielen – Rollen-, Video-, PC- und Brettspielen – wird zudem eine große Varietät an weiteren Texten benannt: Dialoge und Interviews, Märchen, Kinderbücher, Speisekarten, Geschichts- und Schulbücher in den Fremdsprachen, Werbung, Dramen, Kommentare, Lexikonartikel, Sachtexte, Rätsel, Briefe und antike Texte. Auch moderne Formate wie Poetry Slams finden Erwähnung.

4.4.2. Wünsche zu Texten und Medien im FSU – Diskussion

Im Folgenden wird diskutiert, wie häufig sich die befragten Lernenden den Einsatz der angegebenen Texte und Medien im Fremdsprachenunterricht wünschen. Beachtliche 79,9 % wünschen sich den Einsatz von Comics im Fremdsprachenunterricht, 56,7 % sogar wöchentlich bis monatlich. Comics liegen dabei hinter Filmen, Fotos, Kurzgeschichten und Liedern, sowohl bezüglich des Einsatzes überhaupt als auch bezüglich der Häufigkeit ihres Einsatzes. Zudem fällt auf, dass sich offenbar auch Lernende den Einsatz von Comics im Fremdsprachenunterricht wünschen, die sich in ihrem Alltag nicht mit Comics beschäftigen, denn „lediglich" 58,3 % geben an, Comics in ihrer Freizeit zu rezipieren. Nimmt man den Wunsch der Lernenden ernst, müssten somit deutlich mehr Comics zum Einsatz kommen, denn dem Wunsch nach Comics von 79,9 % steht der tatsächliche Einsatz zu 41,7 % im Englisch-, zu 69,2 % im Französisch- und zu 21,2 % im Lateinunterricht gegenüber.

Mangas kommen auf 33,2 % hinsichtlich des Wunsches, sie im Fremdsprachenunterricht einzusetzen, 19,6 % wünschen sich einen wöchentlich bis monatlichen Einsatz. Insgesamt zeigt sich folgende Rangfolge bezüglich der Wünsche der Lernenden (siehe Abb. 106 und 107): Filme (94,6 %), Fotos (93,5 %), Kurzgeschichten (90,6 %), Lieder (89,4 %), Comics (79,9 %), PCs (76,7 %), Zeitungsartikel (73,1 %), Karikaturen (71,7 %), Theaterstücke (69,0 %), Fernsehserien (68,8 %), Zeitungsartikel (68,2 %), Romane (66,4 %), Handys (60,2 %), Gedichte (56,4 %), Tablets (44,5 %), Mangas (33,2 %), Spielekonsolen (28,0 %). Bezieht man die Angaben zur Häufigkeit ein, fällt besonders auf, dass Romane, deren Einsatz sich zwar 66,4 % im Unterricht wünschen, beim Wunsch nach einem wöchentlichen bis monatlichen Einsatz mit 11,5 % den letzten Platz einnehmen, sogar noch nach Spielekonsolen mit 18,9 %.

Der Wunsch zum Einsatz Neuer Medien, z.B. PCs, Handys und Tablets, ist der oben stehenden Auflistung zufolge durchaus vorhanden, von einem größeren Wunsch nach Neuen Medien als nach Alten kann allerdings nicht die Rede sein. Was jedoch auffällt, ist die Differenz zwischen dem Wunsch nach Neuen Medien und ihrem bisherigen Einsatz im Fremdsprachenunterricht. Dem Wunsch zum Einsatz von PCs zu 76,7 % steht der tatsächliche Einsatz zu 41,2 % im Englischunterricht gegenüber, zu 26,7 % im Französischunterricht und zu 15,7 % im Lateinunterricht. Ähnlich sieht es bei Handys aus, die nach Wunsch von 60,2 % der Lernenden im Unterricht eingesetzt werden sollten, aber im Englischunterricht nur zu 24,2 %, im Französischunterricht zu 21,3 % und im Lateinunterricht zu 7,2 % zum Einsatz kommen. Tablets wünschen sich 44,5 % der Lernenden, im Englischunterricht werden sie jedoch nur zu 4,1 % eingesetzt, im Französisch- und Lateinunterricht zu 1,5 %. Dem Wunsch der Lernenden nach, wäre somit eine stärkere Integration Neuer Medien in den Fremdsprachenunterricht sinnvoll. Dies würde auch dem Einsatz in ihrem Alltag mehr entsprechen, denn dort nutzen 98 % Handys, 95,4 % PCs und 56,4 % Tablets.

Bezüglich der Geschlechter zeigen sich bei den Wünschen nach dem Einsatz bestimmter Texte und Medien im Fremdsprachenunterricht folgende Unterschiede: Mädchen wünschen sich mehr als Jungen den wöchentlichen bis monatlichen Einsatz von Romanen (14,0 % zu 9,0 %), Gedichten (24,3 % zu 19,8 %), Fotos (88,8% zu 81,6 %), Liedern (78,9 % zu 67,5 %) und Theaterstücken (30,1 % zu 22,8 %) im Fremdsprachenunterricht. Jungen wünschen sich hingegen mehr als Mädchen den wöchentlichen bis monatlichen Einsatz von Zeitungsartikeln (48,9 % zu 40,5 %), Fernsehserien (45,6 % zu 37,6 %), Handys (52,4 % zu 38,0 %), Tablets (40,0 % zu 23,7 %), PCs (60,1 % zu 48,8 %) und Spielekonsolen (29,8 % zu 8,6 %) im Fremdsprachenunterricht. Vergleicht man diese Wünsche mit dem Alltagsverhalten, ist festzustellen, dass sich die befragten Mädchen auch im Alltag genau mit den fünf genannten Medien häufiger beschäftigen als Jungen. Bezüglich der Wünsche der Jungen decken sich zumindest Zeitungsartikel, PCs und Spielekonsolen mit der verstärkten Alltagsnutzung der Jungen, bei Fernsehserien, Handys und Tablets konnte hingegen im Alltag kein Unterschied zwischen Mädchen und Jungen festgestellt werden. In Bezug auf Comics zeigen sich keine relevanten Geschlechterunterschiede bezüglich des Wunsches nach ihrem Einsatz im Fremdsprachenunterricht, so dass, wenn mit der verstärkten Verwendung von Comics im Unterricht dem Alltagsverhalten der Jungen stärker entsprochen werden soll, die Mädchen dennoch Motivation für diese Arbeit mitbringen, da die Motivation für Comics generell als hoch bezeichnet werden kann.

Wirft man einen Blick auf das Alter der Lernenden, so zeigt sich Folgendes: Je älter die Lernenden sind, desto mehr wünschen sie sich den Einsatz von Romanen, Zeitungs- und Zeitschriftenartikeln sowie Karikaturen im Fremdsprachenunterricht. Dies kann mit dem ansteigenden kognitiven Niveau, aber auch mit dem Anspruch der Lernenden, sich z.B. durch Zeitungsartikel und Karikaturen mit (politisch) bedeutsamen Themen zu beschäftigen, erklärt werden. Der ansteigende Wunsch zum Einsatz von Romanen entspricht dabei erneut der Progression, die mit ansteigender Fremdsprachenkompetenz eben auch die Lektüre längerer und komplexerer Texte ermöglicht. In Bezug auf Comics lässt sich bis zur Stufe 10 ein leicht abnehmender Wunsch zum Einsatz von Comics im Fremdsprachenunterricht feststellen, in der Stufe 12 nimmt er jedoch wieder zu, so dass auch auf Abiturniveau ein Wunsch nach Comics besteht.

Zusammenhänge mit den Schulnoten weisen die Wünsche der Lernenden hinsichtlich des Einsatzes von Texten und Medien im Fremdsprachenunterricht ebenfalls auf. Sowohl für Latein als auch für Englisch gilt: Je besser die Note, desto größer der Wunsch, Romane im Fremdsprachenunterricht zu lesen. Dies mag damit verbunden sein, dass das Lesen komplexer Texte dann besondere Freude bereitet, wenn es einem relativ leicht von der Hand geht. Eine ähnliche Erklärung könnte dafür gefunden werden, dass eine bessere Englischnote mit dem Wunsch einhergeht, sich mit Kurzgeschichten und Zeitungsartikeln im Unterricht zu beschäftigen. Im umgekehrten Fall zeigen die Ergebnisse, dass mit einer schwächeren Lateinnote der Wunsch nach Comics, Mangas, Karikaturen und Fernsehserien zunimmt. Dabei handelt es sich ausschließlich um Text-Bild-Kombinationen, die ggf. aufgrund der schwächeren Leistung in der Fremdsprache als leichter zu rezipieren erachtet werden.

Resümierend soll zu den Wünschen der Lernenden noch festgehalten werden, dass es selbstverständlich sowohl auf die Auswahl des konkreten Textes bzw. des Mediums ankommt als auch auf den im Unterricht erfolgenden Umgang mit demselben, ob der Vorstellung der Lernenden *tatsächlich* entsprochen wird. Dies unterstreichen auch die Einträge aus dem freien Antwortfeld zu den Wünschen für den Unterricht, in dem die Lernenden u.a. Merkmale wie Aktualität und Alltags- bzw. Lebensweltbezug für die ausgewählten Texte angeben. Auch bezüglich Comics gilt dementsprechend, dass in jedem Fall zu verhindern ist, durch langatmige, eintönige Analysen die Freude am Gegenstand zu „vermiesen" (Grünewald 1984, 177). Die Möglichkeit, durch eine Orientierung an den Wünschen der Lernenden die Motivation im Unterricht zu steigern, hängt somit von der richtigen Auswahl und Methodik ab (vgl. auch Klün 2007, 143).

170 Ergebnisse und Diskussion

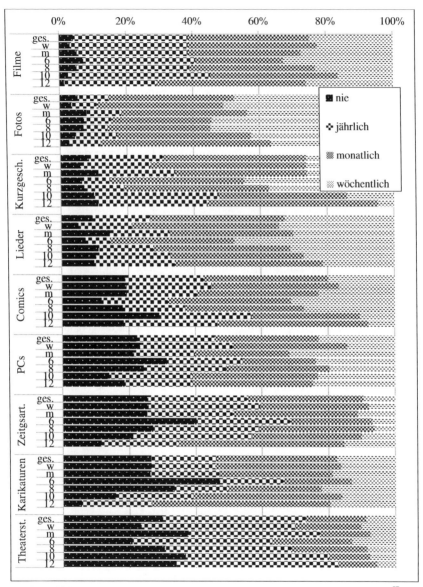

Abb. 106: Wünsche zu Texten und Medien im Fremdsprachenunterricht Teil 1[57]

---

[57] Dieses Diagramm ist sortiert nach „gesamt – nie" aufsteigend.

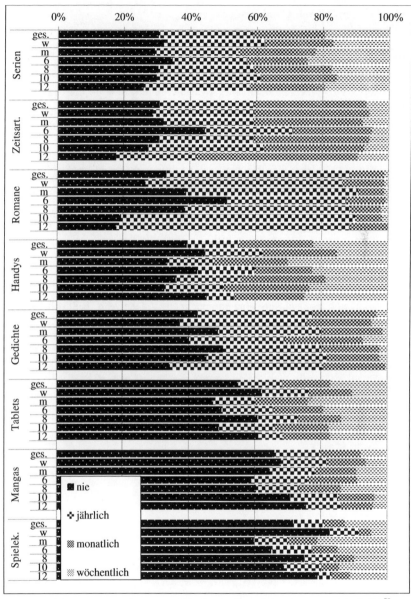

Abb. 107: Wünsche zu Texten und Medien im Fremdsprachenunterricht Teil 2[58]

---

[58] Dieses Diagramm ist sortiert nach „gesamt – nie" aufsteigend.

4.5. Bekanntheit von Comichelden
4.5.1. Bekanntheit von Comichelden – Ergebnisse

Dieses Teilkapitel beantwortet die folgenden Fragestellungen: Welche Helden aus englisch-, französisch- und spanischsprachigen Comics kennen die Lernenden? Gibt es Geschlechter- oder Jahrgangsstufenunterschiede? Gibt es bei französisch- bzw. spanischsprachigen Comichelden Unterschiede zwischen Lernenden, die Französisch bzw. Spanisch lernen, und denjenigen, die die jeweilige Sprache nicht lernen? Welche Medien dieser Comichelden haben die Lernenden rezipiert? Gibt es dabei Geschlechter- oder Jahrgangsstufenunterschiede? Welche Comichelden kennen die Lernenden mit Namen? Gibt es diesbezüglich Geschlechter- oder Jahrgangsstufenunterschiede? Gibt es einen Zusammenhang zwischen Medienrezeption und Kenntnis des Namens?

Asterix und Obelix

Von den 932 befragten Lernenden kreuzen 99 % an, Asterix und Obelix zu kennen, 98,4 % können auch ihre Namen benennen[59] (siehe Abb. 108). Ein signifikanter Unterschied bei Bekanntheit oder Namensnennung zwischen Mädchen und Jungen, ihren Klassenstufen oder Lernenden mit oder ohne Französisch als Schulfach lässt sich dementsprechend nicht feststellen.

---

[59] Im zweiten, comicspezifischen Teil des Fragebogens (siehe Anhänge 1 und 2) wurde abgefragt, welche Comichelden den Lernenden woher und wie gut (Namensnennung) bekannt sind. Auf der vierten Seite wurde mit Ausschnitten aus *Asterix*-Comics gearbeitet und mit dem Ziel der eindeutigen Zuordnung sowohl Asterix als auch Obelix entsprechend benannt. Es besteht also (theoretisch) die Möglichkeit, dass Lernende anschließend zurückgeblättert haben und somit den bzw. die Namen dem Bogen selbst entnommen haben.

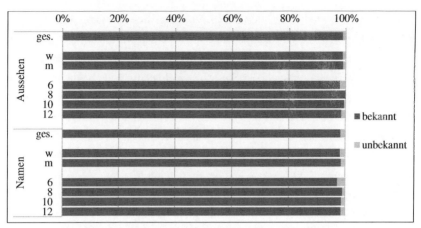

Abb. 108: Bekanntheit von Asterix und Obelix sowie ihrer Namen

Bezüglich der Medienrezeption geben 5 % der Lernenden an, weder *Asterix*-Filme[60] noch -Comics rezipiert zu haben, 38,8 % kennen die beiden Gallier ausschließlich aus den Filmen, 7,8 % ausschließlich aus den Comics, 48,3 % aus beiden Medien (siehe Abb. 109). Dabei ist mit dem Wert von 0,000 im Mann-Whitney-U-Test ein signifikanter Unterschied zwischen Mädchen und Jungen zu erkennen. Insgesamt gibt es mit 6,1 % zu 4,0 % etwas mehr Mädchen (n = 488), die weder Film noch Comic rezipiert haben. Bei der ausschließlichen Filmrezeption liegen die Mädchen mit 45,5 % zu 31,6 % vorne, ebenso wie bei der reinen Comicrezeption mit 10,9 % zu 4,7 %. Da die Jungen (n = 430) jedoch mit 59,8 % bei der Angabe, Asterix und Obelix sowohl aus den Comics als auch den Filmen zu kennen, weit vor den Mädchen mit 37,5 % liegen, kann insgesamt festgehalten werden, dass Jungen häufiger (beide) *Asterix*-Medien rezipiert haben. Auch bezüglich der Klassenstufe weist der Wert von 0,008 im Kruskal-Wallis-Test auf signifikante Unterschiede bei der Rezeption der *Asterix*-Medien hin. Beim Vergleich der Klassenstufen durch den Mann-Whitney-U-Test zeigen sich zwischen den Stufen 6 (n = 262) und 8 (n = 226) sowie zwischen den Stufen 10 (n = 227) und 12 (n = 217) signifikante Unterschiede (0,046 bzw. 0,032). Es kann festgehalten werden, dass in der Stufe 8 im Verhältnis zur Stufe 6 mehr

---

[60] „Film" wird hier als weiter Begriff gefasst und schließt auch Fernsehserien ein.

Lernende *Asterix*-Medien rezipiert haben. Vor allem bei der Kombination beider Medien fällt der Unterschied zwischen 50,9 % in der Stufe 8 im Vergleich zu 40,8 % in der Stufe 6 auf. Beim Vergleich der Stufen 10 und 12 verhält es sich umgekehrt: Befragte Lernende der Stufe 10 geben häufiger an, beide Medien zu kennen und seltener kein *Asterix*-Medium rezipiert zu haben. Insgesamt kann festgehalten werden, dass nur 5 % der Lernenden durch alle Klassenstufen hinweg weder Film noch Comic rezipiert haben. Konzentriert man sich auf die Comicrezeption, liegt die Stufe 10 mit 61,6 % vor der Stufe 8 mit 57,1 %, gefolgt von der Stufe 12 mit 54,8 % und der Stufe 6 mit 51,5 %.

Der Cramers-V-Test zeigt mit einem Signifikanzwert von 0,000 und einem Korrelationskoeffizienten von 0,361, dass ein geringer Zusammenhang zwischen der *Asterix*-Medienrezeption und der Kenntnis seines Namens vorliegt (n = 932): Je mehr *Asterix*-Medien die Lernenden rezipieren, desto besser können sie die Namen von Asterix und/oder Obelix benennen.

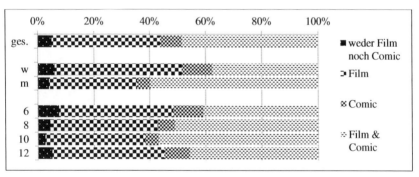

Abb. 109: Rezeption von *Asterix*-Medien durch die Lernenden

Mafalda

3,5 % der befragten Lernenden, 33 in ganzen Zahlen, geben an, Mafalda zu kennen, nur 1,0 % (neun Lernende) können ihren Namen benennen (siehe Abb. 110). Weder bei der Bekanntheit noch bei der Namensnennung lassen sich signifikante Unterschiede zwischen den Geschlechtern feststellen (Signifikanzwerte 0,206 und 0,599), jedoch in beiden Fällen bezüglich der Jahrgangsstufe, wie der zweimalige Wert von 0,000 im Kruskal-Wallis-Test deutlich macht, und zwar beim Vergleich der Stufen 10 (n = 227) und 12 (n = 217), wie die Werte 0,000 und 0,004 im Mann-Whitney-U-Test belegen. 23 der 33 (69,7 %) Lernenden, die angeben, Mafalda zu kennen, sowie acht der neun (88,9 %) Lernenden, die Mafalda benennen können, sind Lernende der Stufe 12. Des Weiteren macht der Signifikanzwert von 0,000 im Mann-Whitney-U-Test deutlich, dass Spanischlernende (n = 84) mit 19,0 % zu 2,0 % Mafalda deutlich häufiger kennen als jene Befragten, die Spanisch nicht in der Schule lernen (n = 848).

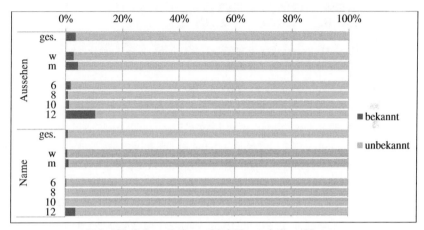

Abb. 110: **Bekanntheit von Mafalda sowie ihres Namens**

Bezüglich der Medienrezeption geben 97,6 % der Lernenden an, weder *Mafalda*-Filme noch -Comics rezipiert zu haben. 0,8 % kennen Mafalda ausschließlich aus den Filmen, 1,6 % ausschließlich aus den Comics, niemand aus beiden Medien (siehe Abb. 111). Zwischen den Geschlechtern lassen sich keine signifikanten Unterschiede feststellen (Signifikanzwert: 0,471), bei den Klassenstufen fällt erneut der veritable Unterschied zwischen den Stufen 10 und 12 mit einem Wert von 0,000 im Mann-Whitney-U-Test auf. 42,9 % derjenigen, die Mafalda aus Filmen kennen (3 von 7), und 86,7 % derjenigen, die *Mafalda*-Comics gelesen haben (13 von 15), stammen aus der Stufe 12.

Der Cramers-V-Test zeigt mit einem Signifikanzwert von 0,000 und einem Korrelationskoeffizienten von 0,511, dass ein mittlerer Zusammenhang zwischen der *Mafalda*-Medienrezeption und der Kenntnis ihres Namens vorliegt (n = 932): Je mehr *Mafalda*-Medien die Lernenden rezipieren, desto besser können sie ihren Namen benennen.

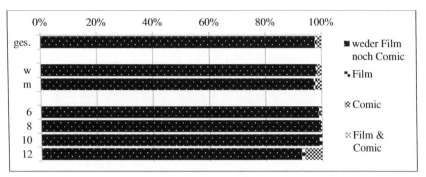

Abb. 111: Rezeption von *Mafalda*-Medien durch die Lernenden

Catwoman

72,4 % der befragten Lernenden geben an, Catwoman zu kennen, 67,7 % der Lernenden können zudem ihren Namen korrekt benennen (siehe Abb. 112). Wie die Werte 0,001 und 0,004 im Mann-Whitney-U-Test belegen, gibt es dabei signifikante Unterschiede zwischen den Geschlechtern. 77,7 % der Jungen (n = 430) und 68,2 % der Mädchen (n = 488) geben an, Catwoman zu kennen. Benennen können die Superheldin 72,3 % der Jungen und 63,9 % der Mädchen, so dass Catwoman bei den Jungen etwas bekannter ist. Der Kruskal-Wallis-Test beim Vergleich der vier befragten Jahrgangsstufen weist mit zweimal 0,000 ebenfalls auf signifikante Unterschiede bei der Bekanntheit und der Benennung hin. Der Vergleich der einzelnen Jahrgangsstufen ergibt, dass sowohl zwischen den Stufen 6 und 8 als auch zwischen den Stufen 8 und 10 bei der Benennung signifikante Unterschiede vorliegen: Mit ansteigender Jahrgangsstufe wird Catwoman immer bekannter: 48,1 % in der Stufe 6 (n = 262), 70,8 % in der Stufe 8 (n = 226), 85,0 % in der Stufe 10 (n = 227) und 90,3 % in der Stufe 12 (n = 217). Ebenso steigt mit der Jahrgangsstufe der Anteil der Lernenden, die ihren Namen benennen können: 38,9 % in der Stufe 6, 66,8 % in der Stufe 8, 82,4 % in der Stufe 10 und 88,0 % in der Stufe 12.

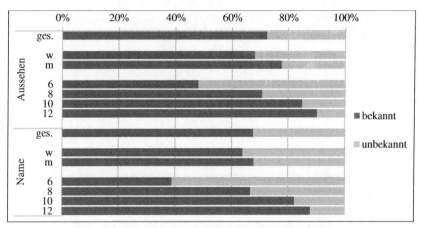

Abb. 112: Bekanntheit von Catwoman sowie ihres Namens

Bezüglich der Medienrezeption geben 52,0 % der Lernenden an, weder *Catwoman*-Filme noch Comics rezipiert zu haben, 37,6 % kennen sie ausschließlich aus den Filmen, 6,0 % ausschließlich aus den Comics, 4,4 % aus beiden Medien (siehe Abb. 113). Die Unterschiede zwischen Mädchen und Jungen erweisen sich im Mann-Whitney-U-Test bei der *Catwoman*-Medienrezeption als signifikant: Die Jungen liegen in allen Kategorien der Medienrezeption vor den Mädchen: 40,2 % zu 34,8 % beim Film, 7,9 % zu 4,5 % beim Comic und 6,3 % zu 2,9 % bei beiden Medien. Hinsichtlich der Klassenstufenunterschiede zeigt der Wert von 0,001 im Kruskal-Wallis-Test erneut signifikante Jahrgangsstufenunterschiede an, die sich jedoch nur beim Vergleich der Stufen 6 und 8 in einem signifikanten Wert von 0,002 im Mann-Whitney-U-Test widerspiegeln: Es wird deutlich, dass in der Stufe 6 mit 63,7 % zu 49,1 % deutlich mehr Lernende weder Film noch Comic rezipiert haben und auch bezüglich ausschließlicher Film- bzw. Comicrezeption liegt die Stufe 6 mit 26,0 % zu 37,2 % bzw. 5,3 % zu 8,8 % deutlich unter den Zahlen der Stufe 8. Bei der Kombination von Film und Comic ergeben sich bei beiden Stufen mit 5,0 % und 4,9 % vergleichbare Werte. Da sich bei den anschließenden Stufenvergleichen keine signifikanten Unterschiede mehr zeigen (Signifikanzwerte: 0,543 und 0,236), kann abgeleitet werden, dass sich ausschließlich zwischen den Stufen 6 und 8 die *Catwoman*-Medienrezeption signifikant verstärkt.

Der Cramers-V-Test zeigt mit einem Signifikanzwert von 0,000 und einem Korrelationskoeffizienten von 0,526, dass ein mittlerer Zusammenhang zwischen der *Catwoman*-Medienrezeption und der Kenntnis ihres Namens vorliegt (n = 932): Je mehr *Catwoman*-Medien die Lernenden rezipieren, desto besser können sie ihren Namen benennen.

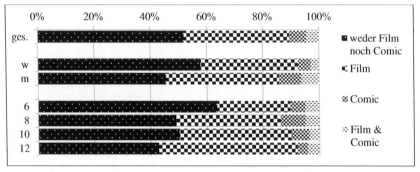

Abb. 113: Rezeption von *Catwoman*-Medien durch die Lernenden

Superman

96,2 % der befragten Lernenden kreuzen an, Superman zu kennen, 94,8 % können auch seinen Namen benennen (siehe Abb. 114). Dabei lassen sich sowohl bei der Bekanntheit als auch bei der Namensnennung signifikante Unterschiede zwischen Mädchen (n = 488) und Jungen (n = 430) feststellen, wie die Werte 0,011 und 0,016 im Mann-Whitney-U-Test verdeutlichen: 97,9 % der Jungen und 94,7 % der Mädchen kennen Superman, 96,7 % der Jungen und 93,2 % der Mädchen können Superman namentlich benennen. Auch hinsichtlich der Jahrgangsstufe weist ein zweimaliger Wert von 0,000 im Kruskal-Wallis-Test auf signifikante Unterschiede zwischen den Jahrgangsstufen hin. Ein Einzelstufenvergleich macht deutlich, dass diese sich jedoch ausschließlich im Vergleich der Stufen 6 (n = 262) und 8 (n = 226) als signifikant erweisen: Von der Stufe 6 und 8 steigt der Bekanntheitsgrad von Superman von 89,7 % auf 97,8 %, bevor er über 98,7 % in der Stufe 10 (n = 227) die 100 % in der Stufe 12 (n = 217) erreicht werden. Auch bei der Benennung wächst Supermans Bekanntheit von der Stufe 6 zur Stufe 8 von 87,0 % auf 96,5 % und bleibt anschließend in den Stufen 10 und 12 mit 97,8 % und 99,5 % mit weiter leichter Tendenz nach oben auf einem sehr hohen Niveau.

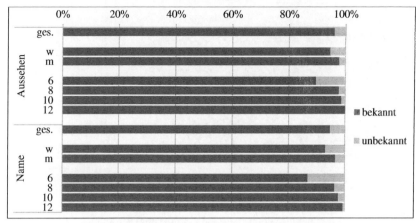

Abb. 114: **Bekanntheit von Superman sowie seines Namens**

Hinsichtlich der Mediennutzung wird deutlich, dass 32,6 % weder *Superman*-Filme noch -Comics rezipiert haben, 45,3 % nur Filme, 7,2 % nur Comics und 14,9 % beide Medien (siehe Abb. 115). Die signifikanten Unterschiede zwischen den Geschlechtern, die der Mann-Whitney-U-Test mit 0,000 belegt, schlagen sich folgendermaßen in den errechneten Werten nieder: Jungen erweisen sich insgesamt als intensivere *Superman*-Mediennutzer mit 23,3 % zu 41,2 % bei der Rezeption von weder Film noch Comic, 49,3 % zu 41,2 % bei nur Film, lediglich 6,5 % zu 8,0 % bei nur Comic, aber 20,9 % zu 9,6 % bei der Rezeption beider Medien. Ebenso weist der Kruskal-Wallis-Test beim Vergleich der Jahrgangsstufen auf signifikante Unterschiede hin, die sich beim Klassenstufeneinzelvergleich jedoch nur zwischen den Stufen 6 und 8 als signifikant erweisen: Die *Superman*-Mediennutzung steigt demnach an, denn nur noch 29,2 % in der Stufe 8 rezipieren im Vergleich zu 41,2 % in der Stufe 6 weder Comic noch Film. Die Zahlen steigen von der Stufe 6 zur Stufe 8 von 37,4 % auf 41,2 % beim Film, von 8,0 % auf 8,4 % beim Comic und von 13,4 % auf 21,2 % bei beiden Medien.

Der Cramers-V-Test zeigt mit einem Signifikanzwert von 0,000 und einem Korrelationskoeffizienten von 0,284, dass ein geringer Zusammenhang zwischen der *Superman*-Medienrezeption und der Kenntnis seines Namens vorliegt (n = 932): Je mehr *Superman*-Medien die Lernenden rezipieren, desto besser können sie seinen Namen benennen.

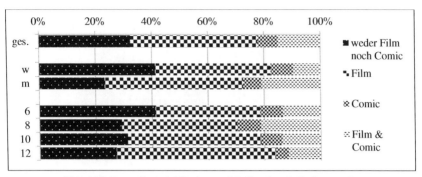

Abb. 115: **Rezeption von *Superman*-Medien durch die Lernenden**

Spiderman

99,2 % der befragten Lernenden geben an, Spiderman zu kennen, 98,4 % können zudem seinen Namen benennen (siehe Abb. 116). Zwischen den Geschlechtern zeigen sich dabei keine signifikanten Unterschiede (Signifikanzwerte: 0,331 und 0,115), allerdings bei den Jahrgangsstufen, wie die Kruskal-Wallis-Werte von 0,044 bei der Bekanntheit bzw. 0,025 bei der Namensnennung belegen. Der Einzelstufenvergleich per Mann-Whitney-U-Test ergibt jedoch keine veritablen Unterschiede zwischen den benachbarten Klassenstufen (Signifikanzwerte bei der Bekanntheit: 0,344 bei den Stufen 6 und 8, 0,156 bei den Stufen 8 und 10 und 1,000 bei den Stufen 10 und 12; Name: 0,255, 0,176 und 0,975). Insgesamt ist eine mit der Klassenstufe leicht ansteigende Tendenz bei der Bekanntheit des Aussehens und des Namens aus den Zahlen ablesbar.

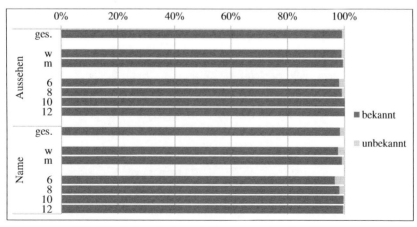

Abb. 116: **Bekanntheit von Spiderman sowie seines Namens**

Hinsichtlich der Medienrezeption zeigt sich, dass 18,7 % der befragten Lernenden Spiderman weder aus Filmen noch Comics kennen, 62,6 % nur aus Filmen, 2,0 % nur aus Comics und 16,7 % aus beiden Medien (siehe Abb. 117). Der Wert von 0,000 im Mann-Whitney-U-Test weist auf signifikante Geschlechterunterschiede hin, die sich neben vergleichbaren Zahlen bei der Rezeption von nur Filmen oder nur Comics v.a. darin widerspiegeln, dass Jungen (n = 430) nur zu 11,4 % im Vergleich zu 25,6 % bei Mädchen (n = 488) weder *Spiderman*-Filme gesehen noch -Comics gelesen haben, während Jungen zu 25,1 % sowohl Film als auch Comic rezipiert haben, Mädchen nur zu 9,4 %. Die Jungen liegen also bei der *Spiderman*-Medienrezeption deutlich vorne. Bei den Klassenstufen lassen sich hingegen keine signifikanten Unterschiede bei der Rezeption von *Spiderman*-Medien erkennen (Signifikanzwert: 0,091). Lediglich bei der ausschließlichen Filmrezeption zeigt sich eine veritable stetig ansteigende Tendenz von 50,4 % in der Stufe 6 (n = 262) über 61,5 % in der Stufe 8 (n = 226) zu 68,3 % in der Stufe 10 (n = 227) bis hin zu 72,4 % in der Stufe 12 (n = 217).

Der Cramers-V-Test zeigt mit einem Signifikanzwert von 0,000 und einem Korrelationskoeffizienten von 0,158, dass ein sehr geringer Zusammenhang zwischen der *Spiderman*-Medienrezeption und der Kenntnis seines Namens vorliegt (n = 932): Je mehr *Spiderman*-Medien die Lernenden rezipieren, desto besser können sie seinen Namen benennen.

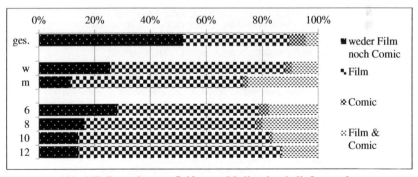

Abb. 117: Rezeption von *Spiderman*-Medien durch die Lernenden

Lucky Luke

89,9 % der befragten Lernenden kennen Lucky Luke, 84,3 % können auch seinen Namen benennen (siehe Abb. 118). Dabei zeigen sich signifikante Unterschiede zwischen den Geschlechtern bei einem Signifikanzwert von 0,000 im Mann-Whitney-U-Test: Jungen (n = 430) kennen Lucky Luke zu 94,4 % und können zu 91,9 % seinen Namen benennen, Mädchen (n = 488) kennen ihn zu 86,1 % und können zu 78,1 % seinen Namen benennen. Auch bei den einzelnen Klassenstufen liegen mit zweimaligem 0,000-Wert im Kruskal-Wallis-Test veritable Unterschiede vor, die sich jedoch nur im Vergleich der Stufen 6 (n = 262) und 8 (n = 226) als signifikant erweisen: Der Bekanntheitsgrad steigt von 82,4 % in der Stufe 6 auf 92,0 % in der Stufe 8 und bleibt anschließend mit 93,0 % und 93,5 % in den Stufen 10 (n = 227) und 12 (n = 217) auf hohem Niveau. Auch die Namensnennung steigt mit der Klassenstufe von 71,0 % in der Stufe 6 über 85,4 % in der Stufe 8 zu 91,2 % in der Stufe 10 auf 92,2 % in der Stufe 12. Ein veritabler Unterschied bezüglich der Bekanntheit von Lucky Luke zwischen Lernenden, die in der Schule Französisch lernen, und denjenigen, die dies nicht tun, kann mit einem Signifikanzwert von 0,919 im Mann-Whitney-U-Test nicht festgestellt werden.

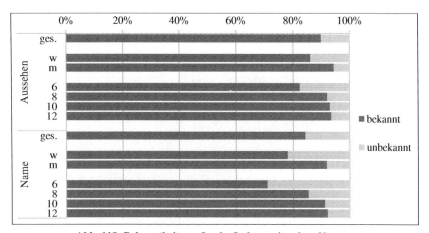

Abb. 118: Bekanntheit von Lucky Luke sowie seines Namens

Bei der Mediennutzung zu Lucky Luke geben 18,8 % der Lernenden an, weder Film noch Comic rezipiert zu haben, 44,5 % kennen nur Filme, 11,1 % nur Comics, 25,6 % sowohl Film als auch Comics (siehe Abb. 119). Der Wert von 0,000 im Mann-Whitney-U-Test weist dabei auf signifikante Unterschiede zwischen den Geschlechtern hin: Jungen rezipieren mit 10,5 % zu 26,2 % weniger häufig keine *Lucky Luke*-Medien als Mädchen, mit 40,7 % zu 47,7 % etwas seltener nur Filme, mit 11,6 % zu 10,7 % etwas häufiger nur Comics und mit großem Abstand, 37,2 % zu 15,4 %, deutlich häufiger *Lucky Luke*-Filme und -Comics. Beim Unterschied nach Klassenstufen lassen sich bei den *Lucky Luke*-Medien keine signifikanten Unterschiede feststellen (Signifikanzwert: 0,074).

Der Cramers-V-Test zeigt mit einem Signifikanzwert von 0,000 und einem Korrelationskoeffizienten von 0,573, dass ein mittlerer Zusammenhang zwischen der *Lucky Luke*-Medienrezeption und der Kenntnis seines Namens vorliegt (n = 932): Je häufiger die Lernenden *Lucky Luke*-Medien rezipieren, desto besser können sie seinen Namen benennen.

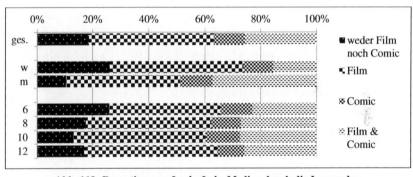

Abb. 119: Rezeption von *Lucky Luke*-Medien durch die Lernenden

Schlumpfine

98,1 % der befragten Lernenden kennen Schlumpfine, 94,0 % können ihren Namen benennen (siehe Abb. 120). Veritable Unterschiede lassen sich dabei weder hinsichtlich Geschlechtern noch Klassenstufen oder der Tatsache, dass Lernende (kein) Französisch lernen, feststellen.

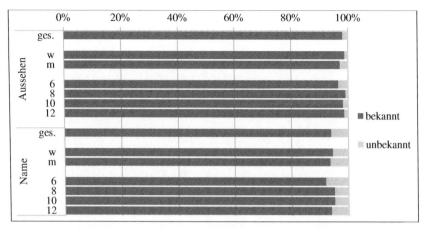

Abb. 120: Bekanntheit von Schlumpfine sowie ihres Namens

Bei der *Schlumpfine*-Mediennutzung zeigt sich, dass 10,9 % weder Film noch Comic rezipiert haben, 66,4 % nur Filme, 3,4 % nur Comics und 19,2 % beides (siehe Abb. 121). Signifikante Unterschiede zeigen sich dabei zwischen den Geschlechtern nicht, jedoch zwischen den Klassenstufen, wie der Wert von 0,039 im Kruskal-Wallis-Test anzeigt. Die Einzelstufenvergleiche weisen allerdings nur für die Stufen 8 (n = 226) und 10 (n = 227) mit 0,050 eine grenzwertige Signifikanz auf. Die Zahlen lassen dabei entsprechend keine eindeutige Tendenz im Verhältnis zur Klassenstufe erkennen.

Der Cramers-V-Test zeigt mit einem Signifikanzwert von 0,000 und einem Korrelationskoeffizienten von 0,303, dass ein geringer Zusammenhang zwischen der *Schlumpfine*-Medienrezeption und der Kenntnis ihres Namens vorliegt (n = 932): Je mehr *Schlumpfine*-Medien die Lernenden rezipieren, desto besser können sie ihren Namen benennen.

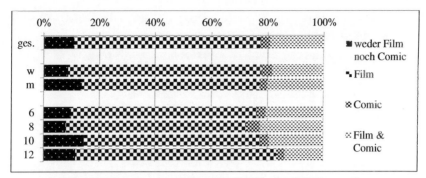

Abb. 121: Rezeption von *Schlumpfine*-Medien durch die Lernenden

Minnie Mouse

97,1 % der befragten Lernenden geben an, Minnie Mouse zu kennen, 88,8 % können auch ihren Namen benennen (siehe Abb. 122). Bei der Namensbenennung zeigen sich dabei signifikante Geschlechterunterschiede, wie der Wert von 0,003 im Mann-Whitney-U-Test anzeigt: 85,8 % der Jungen (n = 430) zu 92,0 % der Mädchen (n = 488) können Minnie Mouse auch benennen. Auch bei Unterschieden nach Klassenstufen weist lediglich die Namensnennung veritable Unterschiede auf, wie der Wert von 0,003 im Kruskal-Wallis-Test verdeutlicht. Ein Vergleich der benachbarten Jahrgangsstufen zeigt jedoch keine veritablen Unterschiede auf (Signifikanzwerte: 0,253 (Stufen 6 und 8), 0,360 (Stufen 8 und 10) und 0,100 (Stufen 10 und 12)). Von der Klassenstufe 6 bis 12 lässt sich eine ansteigende Tendenz hinsichtlich der Namensnennung von Minnie Mouse beobachten: von 84,0 % (Stufe 6) über 87,6 % (Stufe 8) und 90,3 % (Stufe 10) zu 94,5 % (Stufe 12).

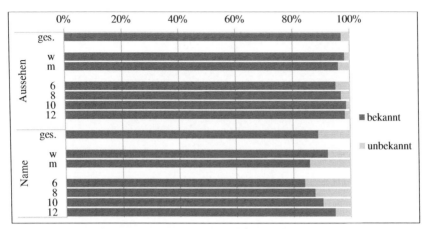

Abb. 122: **Bekanntheit von Minnie Mouse sowie ihres Namens**

Bei der *Minnie Mouse*-Mediennutzung wird deutlich, dass 12,9 % Minnie Mouse nie in Filmen oder Comics sehen, 42,9 % nur *Minnie Mouse*-Filme, 10,8 % nur *Minnie Mouse*-Comics und 33,4 % sowohl Filme als auch Comics rezipieren (siehe Abb. 123). Dabei zeigen sich mit einem Wert von 0,011 im Mann-Whitney-U-Test signifikante Geschlechterunterschiede: Insgesamt geben mit 14,2 % zu 11,9 % mehr Jungen (n = 430) an, nie *Minnie Mouse*-Medien zu rezipieren und auch bei der reinen Filmrezeption liegen die Jungen mit 35,3 % hinter den Mädchen (n = 488) mit 49,2 %. Bei Comics hingegen liegen die Jungen mit 12,1 % knapp vor den Mädchen mit 10,0 % und bei der Kombination aus *Minnie Mouse*-Filmen und -Comics liegen sie mit 38,4 % deutlich vor den Mädchen mit 28,9 %. In Bezug auf *Minnie Mouse*-Comics liegen Jungen somit insgesamt vorne mit 50,5 % zu 38,9 %, bei *Minnie Mouse*-Filmen haben Mädchen mit 78,1 % zu 73,7 % einen leichten Vorsprung. Bezüglich der Klassenstufen zeigt sich beim *Minnie Mouse*-Medienvergleich insgesamt im Kruskal-Wallis-Test mit 0,008 ein veritabler Unterschied, der sich jedoch im Einzelstufenvergleich auf den Unterschied zwischen Stufen 6 (n = 262) und 8 (n = 226) beschränkt. Im Vergleich zur Stufe 6 (17,6 %) rezipieren in der Stufe 8 (10,6 %) weniger Lernende keines der beiden *Minnie Mouse*-Medien und die Nutzung beider Medien steigt von der Stufe 6 zur Stufe 8 von 25,6 % auf 33,2 %. Dieser Trend setzt sich jedoch in den höheren Stufen, wie bereits erwähnt, nicht in diesem Maße fort.

Der Cramers-V-Test zeigt mit einem Signifikanzwert von 0,000 und einem Korrelationskoeffizienten von 0,202, dass ein geringer Zusammenhang zwischen der *Minnie Mouse*-Medienrezeption und der Kenntnis ihres Namens vorliegt (n = 932): Je mehr *Minnie Mouse*-Medien die Lernenden rezipieren, desto besser können sie ihren Namen benennen.

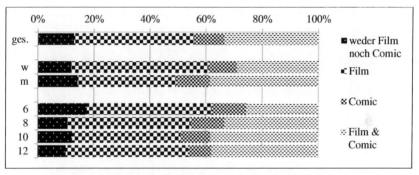

Abb. 123: **Rezeption von *Minnie Mouse*-Medien durch die Lernenden**

Charlie Brown

55,0 % der befragten Lernenden geben an, Charlie Brown zu kennen, nur 26,9 % können jedoch auch seinen Namen benennen (siehe Abb. 124). Bezüglich der Namensnennung zeigen sich dabei mit dem Wert von 0,047 im Mann-Whitney-U-Test signifikante Unterschiede: Von den Mädchen (n = 488) können 24,2 % Charlie Brown benennen, von den Jungen (n = 430) 30,0 %. Sowohl bezüglich der Bekanntheit als auch der Namensnennung zeigt der Wert von 0,000 im Kruskal-Wallis-Test signifikante Unterschiede zwischen den Jahrgangsstufen. Der Einzelstufenvergleich zeigt mit 0,000 im Mann-Whitney-U-Test, dass in beiden Fällen die veritablen Unterschiede zwischen den Stufen 6 (n = 262) und 8 (n = 226) sowie zwischen 10 (n = 227) und 12 (n = 217) liegen. Insgesamt lässt sich eine ansteigende Tendenz bei Bekanntheitsgrad und Namensnennung in Bezug auf Charlie Brown festhalten: Der Bekanntheitsgrad steigt mit der Klassenstufe von 26,7 % (Stufe 6) über 56,2 % (Stufe 8) und 62,1 % (Stufe 10) bis auf 80,6 % (Stufe 12). Bei der Namensgebung verhält es sich ähnlich mit 7,3 % (Stufe 6), 22,1 % (Stufe 8), 27,3 % (Stufe 10) und 54,8 % (Stufe 12).

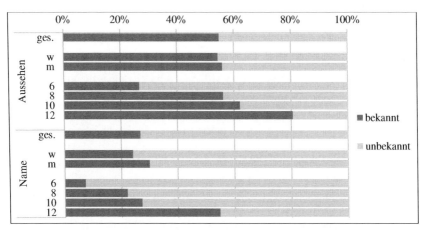

Abb. 124: **Bekanntheit von Charlie Brown sowie seines Namens**

Bei der *Charlie Brown*-Mediennutzung zeigt sich, dass 58,2 % weder Filme noch Comics rezipiert haben, 23,0 % nur Filme, 13,5 % nur Comics und 5,4 % beide Medien (siehe Abb. 125). Signifikante Geschlechterunterschiede gibt es dabei nicht, jedoch weist der Kruskal-Wallis-Test mit 0,000 auf veritable Unterschiede zwischen den Klassenstufen hin. Der Einzelstufenvergleich zeigt, dass diese – im Einklang mit Bekanntheitsgrad und Namensnennung – ebenfalls zwischen den Stufen 6 und 8 sowie 10 und 12 signifikant sind. Von der Stufe 6 zur Stufe 8 steigt die *Charlie Brown*-Mediennutzung in allen Bereichen an: Nur noch 58,0 % (Stufe 8) im Vergleich zu 79,4 % (Stufe 6) rezipieren keine *Charlie Brown*-Medien, 18,6 % (Stufe 8) zu 9,2 % (Stufe 6) geben an, Filme zu kennen, 15,9 % (Stufe 8) zu 8,0 % (Stufe 6) Comics und 7,5 % (Stufe 8) zu 3,4 % (Stufe 6) beide Medien. Im Vergleich der Stufen 10 bis 12 verhält es sich ähnlich: Nur noch 35,9 % (Stufe 12) zu 55,1 % (Stufe 10) rezipieren keine *Charlie Brown*-Medien, 39,2 % (Stufe 12) zu 27,8 % (Stufe 10) geben an, Filme zu kennen, 18,0 % (Stufe 12) zu 13,2 % (Stufe 10) Comics und 6,9 % (Stufe 12) zu 4,0 % (Stufe 10) beide Medien. Eine klare Tendenz von der Stufe 6 bis 12 lässt sich jedoch nicht erkennen.

Der Cramers-V-Test zeigt mit einem Signifikanzwert von 0,000 und einem Korrelationskoeffizienten von 0,474, dass ein geringer Zusammenhang zwischen der *Charlie Brown*-Medienrezeption und der Kenntnis seines Namens vorliegt (n = 932): Je mehr *Charlie Brown*-Medien die Lernenden rezipieren, desto besser können sie seinen Namen benennen.

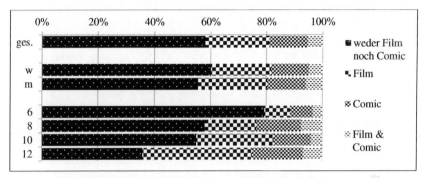

Abb. 125: **Rezeption von *Charlie Brown*-Medien durch die Lernenden**

Titeuf

18,7 % der befragten Lernenden geben an, Titeuf zu kennen, nur 1,9 % können seinen Namen benennen (siehe Abb. 126). Veritable Geschlechterunterschiede lassen sich dabei nicht feststellen. Hinsichtlich der Klassenstufen weist der Wert von 0,000 im Kruskal-Wallis-Test beim Bekanntheitsgrad jedoch auf signifikante Unterschiede hin, die sich auch in allen Einzelstufenvergleichen als veritabel erweisen und auf eine ansteigende Tendenz zurückzuführen sind: Von 3,1 % in der Stufe 6 (n = 262) über 12,4 % in der Stufe 8 (n = 226) und 26,9 % in der Stufe 10 (n = 227) steigt der Bekanntheitsgrad auf 35,5 % in der Stufe 12 (n = 217). Zudem lassen sich mit einem Signifikanzwert von 0,000 im Mann-Whitney-U-Test veritable Unterschiede zwischen Lernenden mit oder ohne Französisch als Schulfach feststellen: 33,3 % der Französischlernenden, aber nur 11,6 % der Lernenden, die kein Französisch lernen, geben an, Titeuf zu kennen.

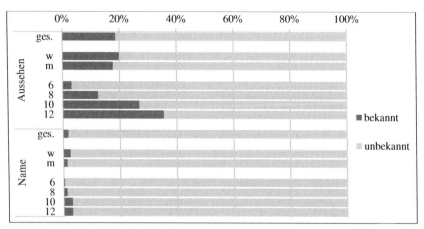

Abb. 126: Bekanntheit von Titeuf sowie seines Namens

Bei der *Titeuf*-Mediennutzung wird deutlich, dass 89,3 % weder Filme noch Comics kennen, 6,4 % nur Filme, 3,9 % nur Comics und 0,4 % beides (siehe Abb. 127). Veritable Geschlechterunterschiede lassen sich dabei nicht feststellen. Hinsichtlich der Klassenstufen weist 0,000 im Kruskal-Wallis-Test jedoch auf signifikante Unterschiede hin, die sich in den Einzelstufenvergleichen jedoch nur zwischen Stufe 6 und 8 bestätigen: Der Anteil der Lernenden, der keines der beiden *Titeuf*-Medien kennt, sinkt von 98,1 % auf 91,2 %, die Rezeption von Filmen steigt von 1,9 % auf 3,5 % und die Comicnutzung von 0 % auf 5,3 %. Beide *Titeuf*-Medien kennt in den Stufen 6 und 8 niemand. Als Tendenz bis zur Stufe 12 kann lediglich der Anstieg der *Titeuf*-Filmrezeption festgestellt werden: von 1,9 % (Stufe 6) über 3,5 % (Stufe 8) und 5,3 % (Stufe 10) bis zu 16,1 % (Stufe 12).

Der Cramers-V-Test zeigt mit einem Signifikanzwert von 0,000 und einem Korrelationskoeffizienten von 0,346, dass ein geringer Zusammenhang zwischen der *Titeuf*-Medienrezeption und der Kenntnis seines Namens vorliegt (n = 932): Je mehr *Titeuf*-Medien die Lernenden rezipieren, desto besser können sie seinen Namen benennen.

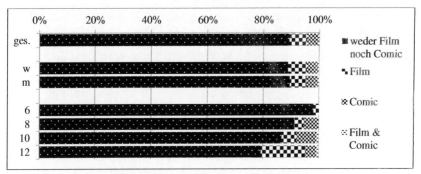

Abb. 127: Rezeption von *Titeuf*-Medien durch die Lernenden

Daisy Duck

95,5 % der befragten Lernenden geben an, Daisy Duck zu kennen, 86,4 % können auch ihren Namen korrekt benennen (siehe Abb. 128). Veritable Geschlechterunterschiede lassen sich dabei in beiden Bereichen nicht feststellen, bei den Klassenstufen zeigt sich lediglich bei der Namensnennung mit dem Wert von 0,011 im Kruskal-Wallis-Test ein signifikanter Unterschied, der sich jedoch bei den Einzelstufenvergleichen nicht bestätigt. Insgesamt kann bei der Daisy Duck-Namensnennung eine leicht steigende Tendenz im Einklang mit der ansteigenden Klassenstufe verzeichnet werden: von 81,7 % (Stufe 6) über 85,8 % (Stufe 8) und 86,8 % (Stufe 10) zu 92,2 % (Stufe 12).

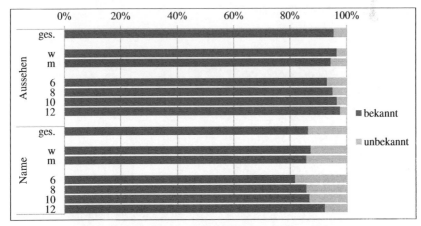

Abb. 128: Bekanntheit von Daisy Duck sowie ihres Namens

Hinsichtlich der *Daisy Duck*-Mediennutzung zeigt sich, dass 15,8 % weder Film noch Comics kennen, 39,7 % Filme, 11,8 % Comics und 32,7 % beides (siehe Abb. 129). Dabei zeigen sich signifikante Unterschiede zwischen Mädchen (n = 488) und Jungen (n = 430), wie der Wert von 0,21 im Mann-Whitney-U-Test anzeigt: Mit 15,0 % zu 16,5 % gibt es etwas weniger Mädchen als Jungen, die keines der beiden Medien kennen. Beim Abgleich von Film und Comic – jeweils inklusive der Nutzung beider Medien – zeigen sich die Mädchen mit 74,0 % zu 70,4 % als etwas filmaffiner, die Jungen liegen mit 50,4 % zu 40,0 % bei der Nutzung von Comics vor den Mädchen. Bei den Klassenstufen weist der Kruskal-Wallis-Wert mit 0,038 veritable Unterschiede zwischen den vier Jahrgangsstufen auf, im Einzelstufenvergleich zeigen sich jedoch keine signifikanten Unterschiede zwischen benachbarten Stufen (Signifikanzwerte: 0,084, 0,904 und 0,336). Die Zahlen machen deutlich, dass insgesamt der Anteil derjenigen, die keine *Daisy Duck*-Medien kennen, mit der Klassenstufe tendenziell leicht abnimmt von 19,8 % (Stufe 6) über 15,0 % (Stufe 8) und 15,9 % (Stufe 10) bis zu 11,5 % (Stufe 12) und der Anteil derjenigen, die beide Medien nutzen, zunimmt: 26,3 % (Stufe 6), 32,7 % (Stufe 8), 34,8 % (Stufe 10) und 38,2 % (Stufe 12).

Der Cramers-V-Test zeigt mit einem Signifikanzwert von 0,000 und einem Korrelationskoeffizienten von 0,436, dass ein geringer Zusammenhang zwischen der *Daisy Duck*-Medienrezeption und der Kenntnis ihres Namens vorliegt (n = 932): Je mehr *Daisy Duck*-Medien die Lernenden rezipieren, desto besser können sie ihren Namen benennen.

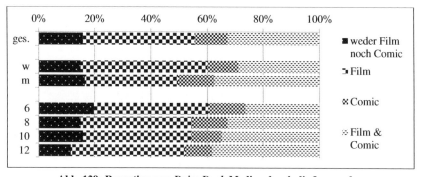

Abb. 129: Rezeption von *Daisy Duck*-Medien durch die Lernenden

Batman

95,1 % der befragten Lernenden geben an, Batman zu kennen, 92,8 % können auch seinen Namen benennen (siehe Abb. 130). Sowohl bei der Bekanntheit als auch bei der Namensnennung zeigt der Mann-Whitney-U-Test mit den Werten 0,000 und 0,001 signifikante Unterschiede zwischen den Geschlechtern auf: 92,8 % der Mädchen (n = 488) und 97,4 % der Jungen (n = 430) kennen Batman, 89,3 % der Mädchen können seinen Namen nennen, 96,5 % der Jungen. Auch bezüglich der Klassenstufen zeigt der zweimalige Wert von 0,000 im Kruskal-Wallis-Test signifikante Unterschiede an. In beiden Fällen zeigt sich im Einzelstufenvergleich anhand des Mann-Whitney-U-Tests, dass mit 0,004 und 0,007 signifikante Unterschiede benachbarter Stufen lediglich beim Vergleich der Stufen 6 (n = 262) und 8 (n = 226) vorliegen: Der Bekanntheitsgrad von Batman steigt von 89,7 % in der Stufe 6 auf 96,5 % in den Stufen 8 (und 10 (n = 227)) – in der Stufe 12 steigt er auf 98,6 %. Auch bei der Namensnennung lässt sich ein Anstieg von der Stufe 6 zur Stufe 8 verzeichnen, von 87,0 % auf 94,2 % – nach 93,8 % in Stufe 10 wird in der Stufe 12 (n = 217) der Wert von 97,2 % erreicht.

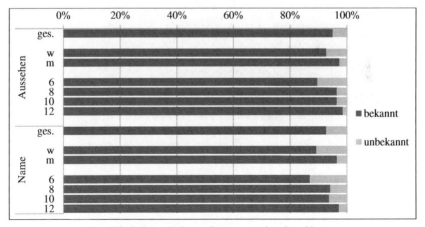

Abb. 130: Bekanntheit von Batman sowie seines Namens

Bei der *Batman*-Mediennutzung geben 28,6 % an, weder Film noch Comic zu kennen, 49,8 % kennen Batman nur aus den Filmen, 4,1 % nur aus den Comics,

17,5 % aus beiden Medien (siehe Abb. 131). Dabei deutet das Ergebnis des Mann-Whitney-U-Tests mit 0,000 auf signifikante Geschlechterunterschiede hin. Jungen zeigen insgesamt eine deutlich höhere Vertrautheit mit *Batman*-Medien, nur 15,8 % der Jungen gegenüber 40,2 % bei den Mädchen kennen weder Film noch Comic. 54,0 % der Jungen im Gegensatz zu 45,9 % bei den Mädchen kennen Batman aus den Filmen. Bei der ausschließlichen *Batman*-Comicrezeption liegen Jungen knapp hinter den Mädchen 4,0 % zu 4,3 %, bei der Nutzung beider Medien liegen sie jedoch mit 26,3 % zu 9,6 % wieder deutlich vor den Mädchen. Beim Vergleich der Klassenstufen zeigen sich hinsichtlich der *Batman*-Mediennutzung keine veritablen Unterschiede.

Der Cramers-V-Test zeigt mit einem Signifikanzwert von 0,000 und einem Korrelationskoeffizienten von 0,375, dass ein geringer Zusammenhang zwischen der *Batman*-Medienrezeption und der Kenntnis seines Namens vorliegt (n = 932): Je mehr *Batman*-Medien die Lernenden rezipieren, desto besser können sie seinen Namen benennen.

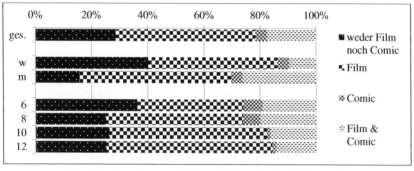

Abb. 131: **Rezeption von *Batman*-Medien durch die Lernenden**

Adèle Blanc-Sec

Nur 1,4 % der Lernenden geben an, Adèle Blanc-Sec zu kennen, nur ein Lernender kann sie benennen (siehe Abb. 132). Entsprechend sind weder signifikante Unterschiede zwischen den Geschlechtern noch den Klassenstufen oder der Tatsache, dass Lernende (kein) Französisch lernen, festzustellen.

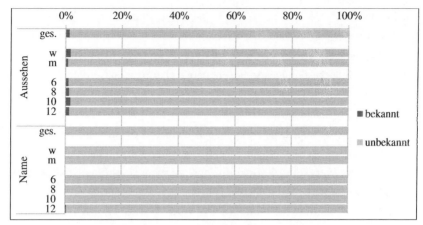

Abb. 132: **Bekanntheit von Adèle Blanc-Sec sowie ihres Namens**

Ähnlich verhält es sich bei den Medien: 0,8 % (sieben Lernende) geben an den Film gesehen zu haben, alle anderen Befragten haben weder Film noch Comic rezipiert (siehe Abb. 133). Aus einigen falschen namentlichen Angaben lässt sich zudem schließen, dass ggf. auch von den sieben Lernenden einige Adèle Blanc-Sec mit anderen Figuren verwechselt haben. Unter anderen wurde Mary Poppins mehrfach erwähnt. Auch hier sind keine signifikanten Unterschiede zwischen Geschlechtern und Klassenstufen festzustellen (Signifikanzwerte: 0,242 und 0,951). Der Cramers-V-Test zeigt mit einem Signifikanzwert von 0,931, dass es keinen bedeutenden Zusammenhang zwischen der Medienrezeption und der Kenntnis des Namens von Adèle Blanc-Sec gibt.

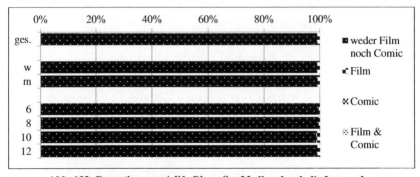

Abb. 133: **Rezeption von *Adèle Blanc-Sec*-Medien durch die Lernenden**

The Flash

56,2 % der befragten Lernenden geben an, The Flash zu kennen, 49,0 % können ihn auch benennen (siehe Abb. 134). Wie der zweifache Wert von 0,000 im Mann-Whitney-U-Test aufzeigt, liegen dabei signifikante Geschlechterunterschiede vor: Bezüglich der Bekanntheit von The Flash liegen die Jungen (n = 430) mit 74,4 % deutlich vor den Mädchen (n = 488) mit 39,5 %. Ähnlich verhält es sich beim Namen, den die Jungen zu 68,6 % benennen konnten, die Mädchen lediglich zu 31,0 %. Auch bei den Klassenstufen zeigt ein zweifacher Kruskal-Wallis-Wert von 0,000 signifikante Unterschiede auf, mit signifikanten Unterschieden in den Einzelstufenvergleichen per Mann-Whitney-U-Test zwischen den Stufen 6 (n = 262) und 8 (n = 226) sowie Stufen 8 und 10 (n = 227): Insgesamt ist beim Bekanntheitsgrad eine ansteigende Tendenz proportional zur Klassenstufe zu verzeichnen: 40,1 % (Stufe 6), 50,0 % (Stufe 8), 67,8 % (Stufe 10) und 70,0 % (Stufe 12). Ebenso sieht es bei der Namensnennung aus: 28,6 % (Stufe 6), 43,8 % (Stufe 8), 61,7 % (Stufe 10) und 65,7 % (Stufe 12).

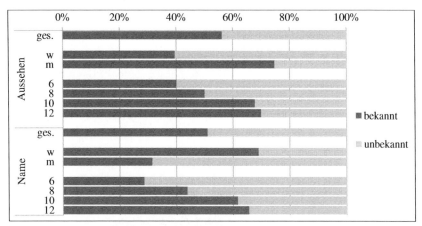

Abb. 134: Bekanntheit von The Flash sowie seines Namens

Bezüglich der *The Flash*-Mediennutzung geben 62,1 % an, weder Film noch Comics rezipiert zu haben, 28,0 % nur Filme, 4,5 % nur Comics und 5,4 % beide Medien (siehe Abb. 135). Auch dabei belegt der Mann-Whitney-U-Test-Wert von 0,000 signifikante Geschlechterunterschiede: Weder Film noch Comic haben 74,0 % der Mädchen rezipiert, bei den Jungen sind es nur 49,5 %. Aus Filmen kennen 21,1 % der Mädchen, aber 34,7 % der Jungen The Flash, 2,5 % der Mädchen zudem aus Comics, bei den Jungen sind es 7,0 %. Auch bei der Nutzung beider Medien liegen die Mädchen mit 2,5 % hinter den Jungen mit 8,8 %. Hinsichtlich der Jahrgangsstufen können keine signifikanten Unterschiede (Signifikanzwert: 0,087) und keine eindeutigen Tendenzen festgestellt werden.

Der Cramers-V-Test zeigt mit einem Signifikanzwert von 0,000 und einem Korrelationskoeffizienten von 0,648, dass ein mittlerer Zusammenhang zwischen der *The Flash*-Medienrezeption und der Kenntnis seines Namens vorliegt (n = 931): Je mehr *The Flash*-Medien die Lernenden rezipieren, desto besser können sie seinen Namen benennen.

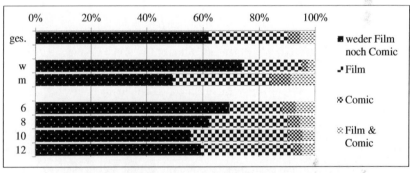

Abb. 135: Rezeption von *The Flash*-Medien durch die Lernenden

Gaston Lagaffe

5,9 % der befragten Lernenden geben an, Gaston Lagaffe zu kennen, 1,5 % können ihn auch benennen (siehe Abb. 136). In Bezug auf die Namensnennung sind keine signifikanten Geschlechter- oder Klassenstufenunterschiede zu erkennen (Signifikanzwerte: 0,188 und 0,088), ebenso wenig beim Bekanntheitsgrad und den Klassenstufen (Signifikanzwert: 0,500). Anders verhält es sich bei der Bekanntheit bezüglich des Unterschieds zwischen Jungen (n = 430) und Mädchen (n = 488), wie der Wert von 0,044 im Mann-Whitney-U-Test belegt: 4,5 % der Mädchen, aber 7,7 % der Jungen kennen Gaston Lagaffe. Zwischen Lernenden mit oder ohne Französisch als Schulfach lässt sich mit einem Signifikanzwert von 0,070 im Mann-Whitney-U-Test kein veritabler Unterschied feststellen.

198 Ergebnisse und Diskussion

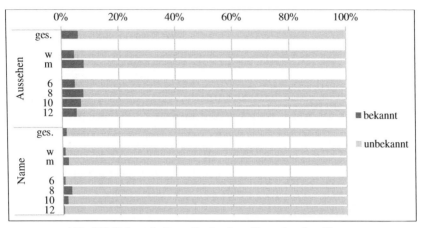

Abb. 136: **Bekanntheit von Gaston Lagaffe sowie seines Namens**

Bei der *Gaston Lagaffe*-Mediennutzung haben 96,0 % der Befragten weder Film noch Comic rezipiert, 0,5 % kennen nur Filme, 3,1 % nur Comics und 0,3 % Film und Comic (siehe Abb. 137). Weder bezüglich Geschlecht noch Klassenstufe lassen sich dabei signifikante Unterschiede feststellen.

Der Cramers-V-Test zeigt mit einem Signifikanzwert von 0,000 und einem Korrelationskoeffizienten von 0,600, dass ein mittlerer Zusammenhang zwischen der *Gaston Lagaffe*-Medienrezeption und der Kenntnis seines Namens vorliegt (n = 932): Je mehr *Gaston Lagaffe*-Medien die Lernenden rezipieren, desto besser können sie seinen Namen benennen.

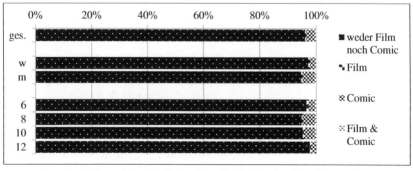

Abb. 137: **Rezeption von *Gaston Lagaffe*-Medien durch die Lernenden**

Wonder Woman

44,2 % der befragten Lernenden geben an, Wonder Woman zu kennen, 31,3 % können sie auch korrekt benennen (siehe Abb. 138). Der zweifache Mann-Whitney-U-Test zeigt, dass in beiden Fällen signifikante Geschlechterunterschiede vorliegen: 35,0 % der Mädchen (n = 488), aber 55,8 % der Jungen (n = 430) kennen Wonder Woman, 21,3 % der Mädchen, aber 43,7 % der Jungen können sie korrekt benennen. Auch bezüglich der Klassenstufe weist in beiden Fällen der Wert von 0,000 im Kruskal-Wallis-Test darauf hin, dass veritable Unterschiede zwischen den Klassenstufen bestehen, die sich beim Einzelstufenvergleich jeweils zwischen den Stufen 8 (n = 226) und 10 (n = 227) als signifikant erweisen: Der Mann-Whitney-U-Test gibt 0,026 als Signifikanzwert für die Bekanntheit und 0,001 für die Namensnennung aus. In beiden Bereichen ist die Tendenz festzuhalten, dass Bekanntheitsgrad bzw. Namenskenntnis proportional zur Klassenstufe ansteigen: 33,6 % (Stufe 6), 40,3 % (Stufe 8), 50,7 % (Stufe 10) und 54,4 % (Stufe 12) für die Bekanntheit bzw. 18,7 % (Stufe 6), 24,8 % (Stufe 8), 39,6 % (Stufe 10) und 44,7 % (Stufe 12) für die Namensnennung.

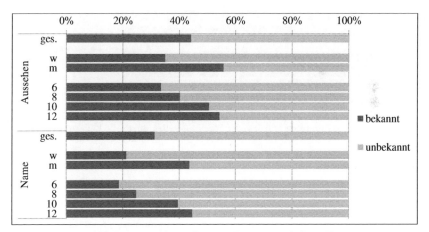

Abb. 138: **Bekanntheit von Wonder Woman sowie ihres Namens**

Hinsichtlich der *Wonder Woman*-Mediennutzung geben 75,5 % der Lernenden an, weder Filme noch Comics zu kennen, 15,2 % kennen nur Filme, 5,3 % nur Comics, 4,0 % beides (siehe Abb. 139). Dabei zeigen sich mit einem Signifikanzwert von 0,000 im Mann-Whitney-U-Test veritable Unterschiede zwischen den Geschlechtern: Während 81,1 % der Mädchen keines der beiden Medien nutzen, sind es bei den Jungen nur 68,6 %. Auch in allen anderen Kategorien liegen die Jungen vor den Mädchen: 19,5 % zu 11,9 % bei der ausschließlichen Filmkenntnis, 6,7 % zu 3,9 % bei der ausschließlichen Comickenntnis und 5,1 % zu 3,1 % bei beiden Medien. Bei den Klassenstufen lassen sich hingegen bezüglich der *Wonder Woman*-Mediennutzung keine signifikanten Unterschiede oder Tendenzen feststellen (Signifikanzwert: 0,940).

Der Cramers-V-Test zeigt mit einem Signifikanzwert von 0,000 und einem Korrelationskoeffizienten von 0,467, dass ein geringer Zusammenhang zwischen der *Wonder Woman*-Medienrezeption und der Kenntnis ihres Namens vorliegt (n = 932): Je mehr *Wonder Woman*-Medien die Lernenden rezipieren, desto besser können sie ihren Namen benennen.

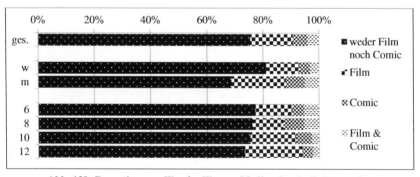

Abb. 139: Rezeption von *Wonder Woman*-Medien durch die Lernenden

Lisa Simpson

95,5 % der befragten Lernenden geben an, Lisa Simpson zu kennen, 86,5 % können auch ihren Namen benennen (siehe Abb. 140). Sowohl in Bezug auf die Bekanntheit als auch bezogen auf die Namensnennung lassen sich signifikante Unterschiede zwischen den Geschlechtern im Mann-Whitney-U-Test mit den Werten 0,006 bzw. 0,026 nachweisen: 93,6 % der Mädchen (n = 488) im Vergleich zu 97,4 % der Jungen (n = 430) geben an, Lisa Simpson zu kennen; 84,0 % der Mädchen im Vergleich zu 89,1 % der Jungen können sie zudem benennen. Auch bezüglich der Klassenstufe zeigt der zweifache Kruskal-Wallis-

Wert von 0,000 veritable Unterschiede bei der Bekanntheit von Lisa Simpson an. Bei der Bekanntheit erweist sich beim Einzelstufenvergleich nur der Abstand von der Stufe 6 (n = 262) zur Stufe 8 (n = 226) als signifikant, mit einem Mann-Whitney-U-Test-Wert von 0,023. Insgesamt lässt sich aber eine ansteigende Tendenz erkennen: Je höher die Klassenstufe der Lernenden, desto höher ist auch der Bekanntheitsgrad von Lisa Simpson: 90,8 % (Stufe 6), 96,0 % (Stufe 8), 97,4 % (Stufe 10), 98,6 % (Stufe 12). Auch die Namensbekanntheit steigt mit der Jahrgangsstufe, wobei die Abstände zwischen den Stufen 6 und 8 mit 0,017 und zwischen den Stufen 8 und 10 (n = 227) mit 0,004 signifikant sind: 76,3 % (Stufe 6), 85,0 % (Stufe 8), 93,4 % (Stufe 10), 93,1 % (Stufe 12).

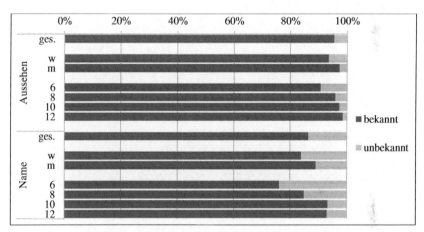

Abb. 140: Bekanntheit von Lisa Simpson sowie ihres Namens

Bezüglich der *Simpsons*-Mediennutzung wird deutlich, dass 14,1 % weder Film noch Comic kennen, 69,8 % ausschließlich Film bzw. Serie, 0,6 % nur die Comics und 15,5 % beide Medien (siehe Abb. 141). Auch hier zeigt der Wert von 0,000 im Mann-Whitney-U-Test veritable Unterschiede zwischen den Geschlechtern an. Insgesamt kennen nur 10,0 % der Jungen – im Gegensatz zu 17,8 % der Mädchen – keines der beiden *Simpsons*-Medien. Während die ermittelten Werte zum ausschließlichen Filmkonsum zunächst eine höhere Bekanntheit auf Seiten der Mädchen vermuten lassen (73,0 % zu 66,5 %), zeigt die Bekanntheit beider Medien, dass Jungen mit 23,0 % zu 8,6 % bei den Mädchen insgesamt deutlich vorne liegen. Bei der ausschließlichen Comic-Rezeption sind die Zahlen vergleichsweise gering: 0,6 % bei den Mädchen, 0,5 % bei den Jungen. Hinsichtlich der Jahrgangsstufen lassen sich keine signifikanten Unterschiede feststellen (Signifikanzwert: 0,105). Insgesamt sinkt der Anteil derer, die keine *Simpsons*-Medien kennen, es nimmt jedoch nur der Wert für ausschließliche Filmrezeption signifikant zu.

Der Cramers-V-Test zeigt mit einem Signifikanzwert von 0,000 und einem Korrelationskoeffizienten von 0,460, dass ein geringer Zusammenhang zwischen der *Simpsons*-Medienrezeption und der Kenntnis ihres Namens vorliegt (n = 932): Je mehr *Simpsons*-Medien die Lernenden rezipieren, desto besser können sie ihren Namen benennen.

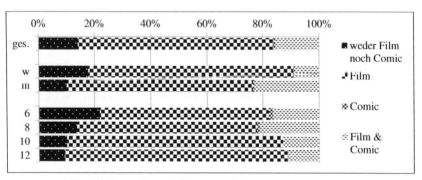

Abb. 141: **Rezeption von *Simpsons*-Medien durch die Lernenden**

Las hermanas Gilda

1,8 % der befragten Lernenden geben an Las hermanas Gilda zu kennen, ihre(n) Namen kann niemand benennen (siehe Abb. 142). Entsprechend zeigen sich auch keine veritablen Geschlechter- oder Jahrgangsstufenunterschiede (Signifikanzwerte bei der Bekanntheit: 0,986 und 0,087; Name: 1,000). Auch die Tatsache, ob Lernende Spanisch belegen oder nicht, ergibt keine signifikanten Unterschiede bezüglich des Bekanntheitsgrades (Signifikanzwert: 0,689).

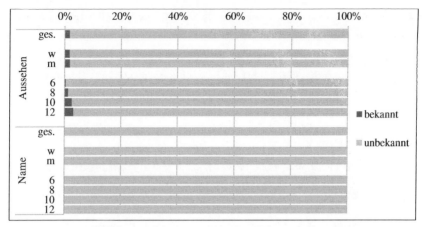

Abb. 142: Bekanntheit von *Las hermanas Gilda* sowie ihrer Namen

98,7 % der befragten Lernenden geben an, kein *Las hermanas Gilda*-Medium zu kennen, 1,0 % kennen laut Angabe den Film, 0,3 % das Comic (siehe Abb. 143). Auch hier liegen keine signifikanten Geschlechter- oder Jahrgangsunterschiede vor (Signifikanzwerte: 0,822 und 0,129).

Da keiner der befragten Lernenden den Namen der Comicheldinnen benennen kann, kann keine Korrelation zwischen der Medienrezeption errechnet werden.

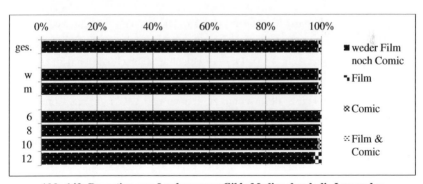

Abb. 143: Rezeption von *Las hermanas Gilda*-Medien durch die Lernenden

Clever und Smart

Nur 4,6 % der befragten Lernenden geben an, Clever und Smart zu kennen, 1,5 % können ihre Namen benennen (siehe Abb. 144). In beiden Bereichen zeigen sich dabei keine signifikanten Unterschiede nach Klassenstufen (Signifikanzwerte: 0,066 und 0,073) oder der Tatsache, dass Spanisch (nicht) in der Schule gelernt wird (Signifikanzwert: 0,540), aber nach Geschlecht, wie ein Mann-Whitney-U-Test-Wert von 0,000 und 0,001 deutlich macht: 1,6 % der Mädchen (n = 488) im Vergleich zu 8,1 % der Jungen (n = 430) geben an, Clever und Smart zu kennen; 0,2 % der Mädchen im Vergleich zu 3,0 % der Jungen können auch ihre Namen angeben.

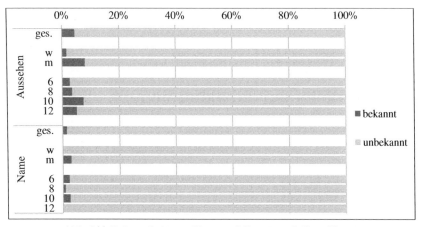

Abb. 144: Bekanntheit von Clever und Smart sowie ihrer Namen

Bei den *Clever & Smart*-Medien verhält es sich so, dass 96,6 % weder Film noch Comic rezipieren, 0,1 % nur den Film, 3,0 % nur das Comic und 0,3 % beide Medien (siehe Abb. 145). Die Geschlechterunterschiede sind mit einem Wert von 0,000 im Mann-Whitney-U-Test signifikant: Während 99,0 % der Mädchen angeben, keines der Medien zu kennen und 1,0 % nur das Comic, geben die Jungen zu 93,7 % an, keines der Medien zu rezipieren, 0,2 % nur Filme, 5,3 % nur Comics und 0,7 % beides. Veritable Jahrgangsunterschiede lassen sich bei der *Clever & Smart*-Medienrezeption mit einem Testwert von 0,070 nicht nachweisen.

Der Cramers-V-Test zeigt mit einem Signifikanzwert von 0,000 und einem Korrelationskoeffizienten von 0,628, dass ein mittlerer Zusammenhang zwischen der *Clever & Smart*-Medienrezeption und der Kenntnis ihrer Namen vorliegt (n = 932): Je mehr *Clever & Smart*-Medien die Lernenden rezipieren, desto besser können sie ihre Namen benennen.

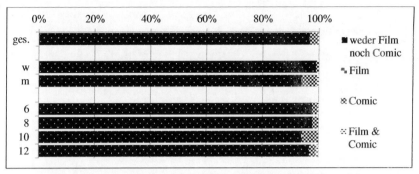

Abb. 145: Rezeption von *Clever & Smart*-Medien durch die Lernenden

Tim und Struppi

88,8 % der befragten Lernenden geben an, Tim und Struppi zu kennen, 83,5 % können ihre Namen benennen (siehe Abb. 146). Während sich hinsichtlich des Geschlechts keine signifikanten Unterschiede feststellen lassen, variieren Bekanntheit und Namenskenntnis hinsichtlich der Jahrgangsstufe. Dies belegt der zweifache Wert von 0,004 im Kruskal-Wallis-Test. Signifikant ist beim Einzelstufenvergleich hinsichtlich der Bekanntheit von Tim und Struppi der Unterschied zwischen den Stufen 10 (n = 227) und 12 (n = 217) mit 0,002 im Mann-Whitney-U-Test: Hier steigt der Wert von 86,3 % (Stufe 10) auf 94,9 % (Stufe 12). Bei der Namensnennung verhält es sich ebenso mit 0,001 als Signifikanzwert: Hier ist ein Anstieg von 79,7 % (Stufe 10) auf 90,8 % (Stufe 12) zu verzeichnen. Insgesamt lässt sich in beiden Fällen keine eindeutige Tendenz beim Jahrgangsstufenvergleich erkennen. Signifikante Unterschiede zwischen Französischlernenden und jenen, die diese Sprache nicht in der Schule lernen, lassen sich bezüglich der Bekanntheit von Tim und Struppi mit einem Signifikanzwert von 0,398 im Mann-Whitney-U-Test nicht festmachen.

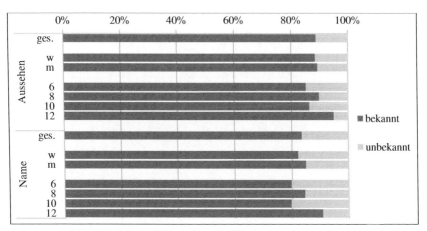

Abb. 146: Bekanntheit von Tim und Struppi sowie ihrer Namen

Beim *Tim und Struppi*-Medienkonsum geben 24,5 % der Lernenden an, keines der beiden Medien zu kennen, 51,5 % kennen nur Filme, 4,3 % nur Comics, 20,2 % beide Medien (siehe Abb. 147). Der Wert 0,000 im Mann-Whitney-U-Test zeigt dabei signifikante Geschlechterunterschiede: Mit 22,3 % geben etwas weniger Jungen (n = 430) als Mädchen (26,4 %) (n = 488) an, weder Film noch Comic zu kennen, bei der ausschließlichen Filmrezeption sind es mit 55,1 % zu 46,0 % etwas mehr Mädchen, ebenso beim Comic mit 4,5 % zu 4,0 %. Bei der Bekanntheit beider Medien liegen die Jungen mit 27,7 % zu 13,9 % jedoch deutlich vor den Mädchen. Addiert man die Kenntnis beider Medien mit den Einzelwerten, ergibt sich somit, dass die Jungen beim Film mit 73,7 % zu 69,0 % etwas und mit 31,7 % zu 18,4 % beim Comic deutlich vor den Mädchen liegen. Auch bei den Klassenstufen liegen signifikante Unterschiede vor, wie der Wert von 0,016 im Kruskal-Wallis-Test anzeigt, der Einzelstufenvergleich zeigt jedoch auch hier nur zwischen den Stufen 10 und 12 veritable Unterschiede mit dem Signifikanzwert von 0,001 im Mann-Whitney-U-Test: Der Anteil der Lernenden, die keine *Tim und Struppi*-Medien kennen, sinkt von der Stufe 10 zur Stufe 12 von 30,8 % auf 16,6 %. Beim reinen *Tim und Struppi*-Filmkonsum steigt er von 48,5 % auf 54,8 %, beim reinen Comickonsum von 4,0 % auf 8,3 % und bei beiden Medien von 16,7 % auf 20,3 %. Insgesamt lässt sich keine jahrgangsbezogene Tendenz festhalten.

Der Cramers-V-Test zeigt mit einem Signifikanzwert von 0,000 und einem Korrelationskoeffizienten von 0,534, dass ein mittlerer Zusammenhang zwischen der *Tim und Struppi*-Medienrezeption und der Kenntnis ihrer Namen vorliegt (n = 932): Je mehr *Tim und Struppi*-Medien die Lernenden rezipieren, desto besser können sie ihren Namen benennen.

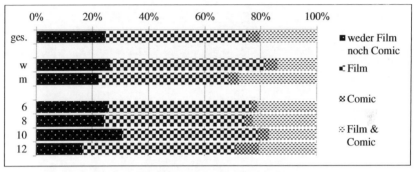

Abb. 147: Rezeption von *Tim und Struppi*-Medien durch die Lernenden

4.5.2. Bekanntheit von Comichelden – Diskussion

Dieses Kapitel diskutiert die Bekanntheit der im Fragebogen angegebenen Comichelden, bezüglich derer sich eine klare Rangfolge aufstellen lässt (siehe Abb. 148): Spiderman (99,2 %), Asterix und Obelix (99,0 %), Schlumpfine (98,1 %), Minnie Mouse (97,1 %), Superman (96,2 %), Daisy Duck (95,5 %), Lisa Simpson (95,5 %), Batman (95,1 %), Lucky Luke (89,9 %), Tim und Struppi (88,8 %), Catwoman (72,4 %), The Flash (56,2 %), Charlie Brown (55,0 %), Wonder Woman (44,2 %), Titeuf (18,7 %), Gaston Lagaffe (5,9 %), Clever und Smart (4,6 %), Mafalda (3,5 %), Las hermanas Gilda (1,8 %), Adèle Blanc-Sec (1,4 %). Dabei ist festzustellen, dass sich bei fünf der sehr bekannten Comichelden(-paare), nämlich Spiderman, Asterix und Obelix, Schlumpfine, Daisy Duck, Tim und Struppi, sowie bei vier der eher bis sehr wenig bekannten Comichelden, nämlich Titeuf, Mafalda, Las hermanas Gilda, Adèle Blanc-Sec, keine Geschlechterunterschiede zeigen. Nur Minnie Mouse kennen mehr Mädchen als Jungen, ansonsten liegen Jungen bei allen anderen Helden vorne.

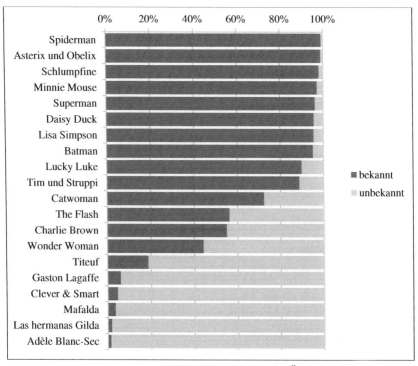

Abb. 148: **Bekanntheit der Comichelden im Überblick**

Bezüglich der Medien zu den jeweiligen Helden wird, wie zu erwarten war, ersichtlich, dass eine erhöhte Medienrezeption mit einer größeren Wahrscheinlichkeit einhergeht, dass die Lernenden die Comichelden auch benennen können. Sowohl die bekanntesten Comics (56,1 %) als auch die bekanntesten Filme/Serien (87,1 %) sind diejenigen rund um Asterix und Obelix. Bei den Comics folgen auf den nächsten vier Plätzen Comics rund um Daisy Duck (44,5 %) sowie Minnie Mouse (44,2 %), die inhaltlich eng miteinander verbunden sind, sowie rund um Lucky Luke (36,7 %) und Tim und Struppi (24,5 %). Damit sind unter den bekanntesten Comics immerhin drei (ursprünglich) französischsprachige vertreten. Bezüglich der bekanntesten Filme/Serien folgen auf Asterix und Obelix die Schlümpfe (85,6 %), die Simpsons (85,3 %) sowie Spiderman (79,3 %) und die Filme/Serien um Minnie Mouse (76,3 %). Insgesamt lässt sich feststellen, dass deutlich seltener nur die Comics zum jeweiligen Helden bekannt sind – angeführt wird das Feld von den Peanuts mit lediglich 13,5 % – wohingegen die ausschließliche Bekanntheit der Filme/Serien – mit den Simpsons und 69,8 % an der Spitze – deutlich höhere Werte aufweist. Dies passt auch zu den Alltagsgewohnheiten der Lernenden, bei denen audiovisuelle Medien vor Comics liegen. Beide Medien kennen die Lernenden besonders häufig bezüglich der folgenden Comichelden: Asterix und Obelix (48,3 %), Minnie Mouse (33,4 %), Daisy Duck (32,7 %) und Lucky Luke (25,6 %).

Auch die Unterschiede zwischen Mädchen und Jungen bezüglich der Medienrezeption rund um Comichelden decken sich mit den bereits vorgestellten Erkenntnissen. Jungen liegen v.a. bei der Rezeption beider Medien durchweg vorne – auch bei Minnie Mouse, obwohl dies die einzige Comicheldin ist, die bei Mädchen bekannter ist als bei Jungen. Dass dies mit der Tatsache zu tun hat, dass hier eine weibliche Figur ausgewählt worden ist, erweist sich insofern als unwahrscheinlich, als sich dies bei den anderen weiblichen Helden nicht bestätigt hat. Jahrgangsunterschiede finden sich bezüglich der Medienrezeption so gut wie keine, lediglich die Filme/Serien von Spiderman, Titeuf und Lisa Simpson sowie die Mafalda-Medien zeigen eine leichte Zunahme mit ansteigender Klassenstufe. Hinsichtlich der Bekanntheit der Comichelden ist jedoch festzustellen, dass für 13 der 20 Comichelden ein Anstieg mit der Klassenstufe erfolgt. Dies mag darauf zurückzuführen sein, dass die Lernenden mit größerer Wahrscheinlichkeit, ob über die jeweiligen Medien selbst oder über Merchandisingartikel, Werbung, andere Serien, die auf die Comicfiguren zurückgreifen, z.B. die US-amerikanische Sitcom *The Big Bang Theory*, zu irgendeinem Zeitpunkt mit den Comichelden in Kontakt gekommen sind. In gewisser Hinsicht sind die Comichelden somit Teil des größeren Allgemeinwissens der älteren Lernenden.

Bezüglich der Frage, ob die Bekanntheit der Comichelden aus dem französischsprachigen bzw. spanischsprachigen Raum v.a. bei denjenigen Lernenden bekannt sind, die diese Sprache auch in der Schule lernen, zeigt sich lediglich bei Titeuf eine größere Bekanntheit bei den Französischlernenden (siehe Abb. 149) und bei Mafalda (siehe Abb. 150) eine größere Bekanntheit bei den Spanischlernenden. Es muss jedoch erwähnt werden, dass z.B. bezüglich Asterix, den Schlümpfen, Lucky Luke und Tim und Struppi die Bekanntheit insgesamt so groß und bezüglich Gaston Lagaffe und Adèle Blanc-Sec so klein ist, dass grundsätzlich darauf geschlossen werden kann, dass die ersten Helden eher aus den deutschen Übersetzungen bekannt sind. Titeuf stellt den einzigen Comichelden dar, bei dem die Wahrscheinlichkeit relativ hoch ist, dass die Lernenden v.a. im Französischunterricht mit diesem in Kontakt gekommen sind.

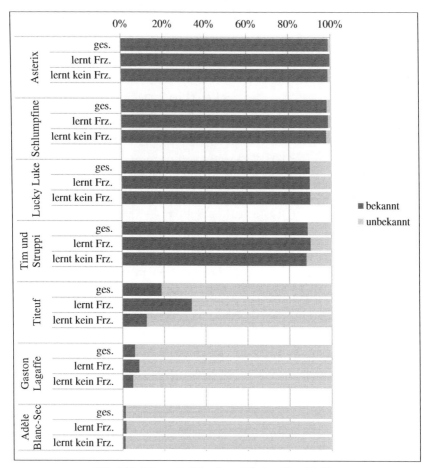

Abb. 149: Bekanntheit der französischen Comichelden

Ähnliches gilt für die spanischen Comichelden, denn Clever und Smart scheinen trotz deutscher Übersetzung relativ unbekannt zu sein und Las hermanas Gilda sind aufgrund ihres hohen Alters insgesamt bei den Lernenden wenig bekannt.

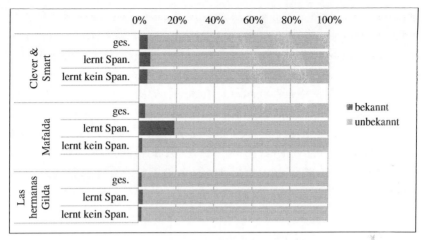

Abb. 150: **Bekanntheit der spanischen Comichelden**

4.6. Comickompetenz der Lernenden
4.6.1. Comickompetenz der Lernenden – Ergebnisse

Dieses Teilkapitel beantwortet die folgenden Fragestellungen: Wie hoch ist die Comickompetenz der Lernenden? Wie sieht es in den Teilbereichen Sprechreihenfolge, Gefühle, Sprechweise und Text-Bild-Bezüge aus? Gibt es Geschlechter- oder Jahrgangsstufenunterschiede? Gibt es einen Zusammenhang mit dem sozialen Status der Lernenden oder mit ihrer Englisch-, Französisch-, Latein- und Spanischnote? Gibt es einen Zusammenhang damit, wie häufig im Alltag Comics rezipiert werden? Gibt es einen Zusammenhang damit, wie häufig Comics im ersten oder zweiten Fremdsprachenunterricht eingesetzt werden? Gibt es einen Zusammenhang zwischen Comickompetenz und Comicwunsch für den Fremdsprachenunterricht?

Leserichtung im Comic

Von den 932 befragten Lernenden geben bei der Aufgabe zur Leserichtung 5,7 % eine falsche Antwort, 13,3 % eine richtige Antwort, 24,2 % zwei richtige Antworten und 55,4 % drei von drei richtigen Antworten (siehe Abb. 151). 1,4 % bearbeiten die Aufgabe nicht. Dabei lassen sich mit einem Signifikanzwert von 0,183 im Mann-Whitney-U-Test keine signifikanten Unterschiede zwischen den Geschlechtern feststellen. Der errechnete Wert 0,000 im Kruskal-

Wallis-Test weist jedoch auf signifikante Unterschiede zwischen den Klassenstufen hin, die sich jedoch im Einzelstufenvergleich nur zwischen den Stufen 6 (n = 256) und 8 (n = 223) mit 0,006 als signifikant zeigen. Die Stufenvergleiche 8 und 10 (n = 226) bzw. 10 und 12 (n = 214) ergeben Signifikanzwerte von 0,377 bzw. 0,065 im Mann-Whitney-U-Test. Insgesamt steigt der Anteil derjenigen, die alle Leserichtungs-Antworten richtig gegeben haben, proportional zur Klassenstufe an: 44,9 % (Stufe 6), 55,2 % (Stufe 8), 59,7 % (Stufe 10) und 66,8 % (Stufe 12) und es sinkt ebenso der Anteil derjenigen, die keine richtige Antwort geben: 9,8 % (Stufe 6), 4,5 % (Stufe 8), 5,8 % (Stufe 10) und 2,3 % (Stufe 12).

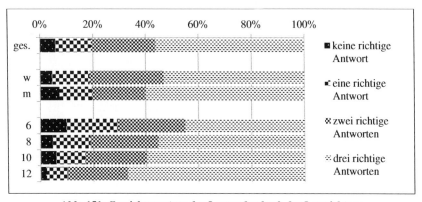

Abb. 151: Comickompetenz der Lernenden bzgl. der Leserichtung

Einen signifikanten Zusammenhang zwischen der Anzahl der richtigen Antworten bei den Leserichtungs-Aufgaben und dem sozialen Status der Lernenden lässt sich mit einem Signifikanzwert von 0,054 im Spearman-Rho-Test nicht nachweisen. Auch Zusammenhänge mit der Englisch-, Französisch-, Latein- oder Spanischnote sind nicht erkennbar, wie die Signifikanzwerte 0,736 (Englisch), 0,724 (Französisch), 0,378 (Latein) und 0,605 (Spanisch) belegen.

Gefühle im Comic

Von den 932 befragten Lernenden geben 5,9 % bei der Aufgabe zu Gefühlen im Comic eine falsche Antwort. 4,1 % wählen das richtige Gefühl aus, geben allerdings eine fehlerhafte Begründung an. 2,8 % treffen die richtige Auswahl, geben allerdings nur eine teilweise richtige Begründung an. 81,5 % wählen das richtige Gefühl aus und liefern die richtige Begründung (siehe Abb. 152). 5,7 % der Lernenden bearbeiten die Gefühle-Aufgabe nicht. Es zeigen sich dabei mit einem Signifikanzwert von 0,019 im Mann-Whitney-U-Test signifikante Unterschiede zwischen den Geschlechtern: Bei der richtigen Auswahl und der richtigen Begründung liegen die Mädchen (n = 459) mit 89,3 % vor den Jungen (n = 406) mit 83,5 %. Auch bezüglich der Klassenstufen weist der Kruskal-Wallis-Testwert von 0,000 auf veritable Unterschiede hin, die sich im Einzelstufenvergleich jedoch mit 0,000 nur zwischen den Stufen 6 (n = 234) und 8 (n = 220) bestätigen. Die Unterschiede zwischen Stufe 8 und Stufe 10 (n = 215) sind mit 0,366 im Mann-Whitney-U-Test nicht signifikant, ebenso wenig die Unterschiede zwischen den Stufen 10 und 12 (n = 210) mit 0,249. Insgesamt lässt sich die Tendenz festhalten, dass der Anteil falscher Antworten mit ansteigender Klassenstufe abnimmt: von 11,1 % in der Stufe 6 über 5,9 % in der Stufe 8 und 4,2 % in der Stufe 10 bis auf 3,3 % in der Stufe 12. Ähnlich verhält es sich bei der Gefühle-Aufgabe mit der richtigen Auswahl inklusive richtiger Begründung: von 76,5 % in der Stufe 6 über 90,9 % in der Stufe 8 mit einem kurzen Absinken auf 87,9 % in der Stufe 10 auf den Höchstwert von 91,4 % in der Stufe 12.

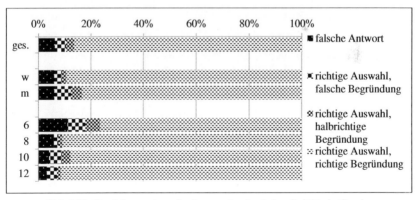

Abb. 152: Comickompetenz der Lernenden bzgl. der Gefühle in Comics

Es lässt sich eine sehr geringe positive Korrelation zwischen dem Erkennen und richtigen Begründen von Gefühlen im Comic und dem sozialen Status erkennen, wie der Spearman-Rho-Signifikanzwert von 0,018 bei Niveau 0,05 deutlich macht (n = 875). Der Zusammenhang ist mit 0,080 jedoch sehr gering. Hieraus leitet sich Folgendes ab: Je höher der soziale Status der Lernenden, desto besser sind diese dazu in der Lage, die Gefühle im Comic richtig zu erkennen und zu deuten. Zusammenhänge mit der Englisch-, Französisch-, Latein- oder Spanischnote sind nicht erkennbar. Dies belegen die Signifikanzwerte 0,380 (Englisch), 0,969 (Französisch), 0,955 (Latein) und 0,676 (Spanisch).

Sprechweise im Comic
Von den 932 befragten Lernenden geben 3,6 % bei der Aufgabe zur Sprechweise im Comic eine falsche Antwort. 24,7 % wählen die richtige Sprechweise aus, geben allerdings eine fehlerhafte Begründung an. 35,0 % treffen die richtige Auswahl, jedoch nur mit einer teilweise richtigen Begründung. 32,4 % wählen die richtige Sprechweise aus und liefern die richtige Begründung (siehe Abb. 153). 4,3 % der Lernenden bearbeiten die Sprechweise-Aufgabe nicht. Dabei liegen, wie ein Signifikanzwert von 0,775 im Mann-Whitney-U-Test erkennen lässt, keine veritablen Geschlechterunterschiede vor. Bezüglich der Jahrgangsstufen weist der Wert von 0,000 im Kruskal-Wallis-Test hingegen auf veritable Unterschiede hin, die sich jedoch beim Einzelstufenvergleich per Mann-Whitney-U-Test nur zwischen den Stufen 6 (n = 249) und 8 (n = 216) mit 0,006 als signifikant erweisen. Zwischen den Stufen 8 und 10 (n = 215) bzw. 10 und 12 (n = 212) weisen Signifikanzwerte von 0,250 bzw. 0,556 darauf hin, dass keine signifikanten Unterschiede vorliegen. Als allgemeine Tendenz kann festgehalten werden, dass der Anteil der Lernenden, die die richtige Auswahl treffen und die richtige Begründung liefern, mit ansteigender Jahrgangsstufe zunimmt: von 22,1 % in der Stufe 6 über 34,3 % in der Stufe 8 und 39,1 % in der Stufe 10 bis zu 42,0 % in der Stufe 12.

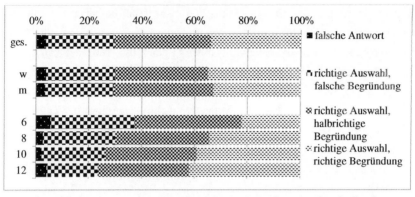

Abb. 153: **Comickompetenz der Lernenden bzgl. der Sprechweisen in Comics**

Es lässt sich eine sehr geringe positive Korrelation zwischen dem Erkennen und dem richtigen Begründen von Sprechweisen im Comic und dem sozialen Status erkennen, wie der Spearman-Rho-Signifikanzwert von 0,000 bei Niveau 0,01 deutlich macht (n = 887). Obgleich der Zusammenhang mit 0,121 sehr gering ist, lässt sich dennoch Folgendes festhalten: Je höher der soziale Status, desto besser können die Lernenden die Sprechweisen im Comic richtig erkennen und deuten. Zusammenhänge mit der Französisch- (n = 274), Latein- (n = 305) oder Spanischnote (n = 79) sind nicht erkennbar, wie die Signifikanzwerte 0,385, 0,447 und 0,814 belegen. Bei der Englischnote zeigt sich mit 0,035 bei Niveau 0,05 im Spearman-Rho-Test eine signifikante negative Korrelation (n = 872). Hieraus lässt sich Folgendes ableiten: Je besser die Englischnote, desto besser können die Lernenden die Sprechweisen im Comic richtig erkennen und begründen. Die Korrelation ist jedoch mit -0,071 sehr gering.

Text-Bild-Bezüge im Comic
Von den 932 befragten Lernenden geben 15,9 % bei der Aufgabe zu Text-Bild-Bezügen im Comic eine falsche Antwort. 6,9 % geben die richtige Antwort, begründen diese allerdings fehlerhaft. 16,5 % geben die richtige Antwort, begründen diese jedoch nur teilweise richtig. 35,5 % geben die richtige Antwort und liefern die richtige Begründung (siehe Abb. 154). 25,2 % bearbeiten die Aufgabe zu Text-Bild-Bezügen nicht. Hinsichtlich der Geschlechter zeigen sich dabei mit einem Signifikanzwert von 0,077 keine veritablen Unterschiede. Bei den

Klassenstufen zeigt der Kruskal-Wallis-Wert von 0,000 hingegen signifikante Unterschiede an, die sich im Einzelstufenvergleich mit 0,010 bzw. 0,043 im Mann-Whitney-U-Test sowohl zwischen den Stufen 6 (n = 180) und 8 (n = 173) als auch zwischen den Stufen 10 (n = 169) und 12 (n = 175) bestätigen. Der Vergleich der Stufen 10 und 12 ergibt mit 0,135 keine veritablen Unterschiede. Als allgemeine Tendenz lässt sich festhalten, dass mit ansteigender Jahrgangsstufe der Anteil falscher Antworten sinkt: von 36,7 % in der Stufe 6 über 22,5 % in der Stufe 8 und 14,2 % in der Stufe 10 auf 10,9 % in der Stufe 12. Gleichermaßen steigt der Anteil der Lernenden mit richtiger Antwort inklusive richtiger Begründung: 36,7 % (Stufe 6), 42,8 % (Stufe 8), 49,7 % (Stufe 10) und 61,1 % (Stufe 12).

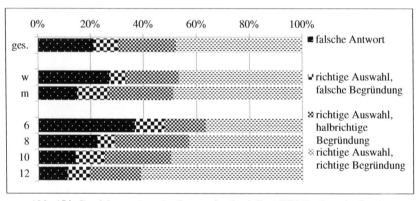

Abb. 154: Comickompetenz der Lernenden bzgl. Text-Bild-Bezügen in Comics

Zudem lässt sich mit dem Wert von 0,000 bei Niveau 0,01 im Spearman-Rho-Test eine sehr geringe positive Korrelation (0,178) zwischen dem richtigen Erkennen und Begründen von Text-Bild-Bezügen im Comic und dem sozialen Status feststellen (n = 696). Hieraus lässt sich Folgendes ableiten: Je höher der soziale Status, desto besser können die Lernenden Text-Bild-Bezüge erkennen und begründen. Beim Zusammenhang mit Schulnoten zeigt sich erneut, dass die Französisch- (n = 212), Latein- (n = 258) und Spanischnote (n = 65) keine signifikanten Zusammenhänge mit dem Erkennen und Begründen von Text-Bild-Bezügen aufweisen, wie die Signifikanzwerte 0,240, 0,255 und 0,366 im Spearman-Rho-Test belegen. In Bezug auf die Englischnote lässt sich – wie bei der

Sprechweise – mit einem Wert von 0,027 bei Niveau 0,05 eine sehr geringe negative Korrelation mit dem Erkennen und Begründen von Text-Bild-Bezügen nachweisen (n = 684). Diese ist jedoch mit -0,084 sehr niedrig. Das bedeutet: Je niedriger der soziale Status, desto besser erkennen die Lernenden Text-Bild-Bezüge im Comic.

Comickompetenz insgesamt
Im Folgenden werden in einer Gesamtauswertung der Ergebnisse der vier Aufgaben zur Leserichtung, zu Gefühlen, zu Sprechweisen sowie zu Text-Bild-Bezügen im Comic die Niveaustufen der Comickompetenz der Lernenden dargestellt. Die Lernenden konnten in den vier Aufgaben insgesamt zwischen 0 und 12 Punkten erreichen, die Aufschluss über ihre Comickompetenz geben: geringe Comickompetenz (0-3 Punkte), mittlere Comickompetenz (4-8 Punkte) und hohe Comickompetenz (9-12 Punkte) (siehe auch Kap. 3.4.).

Die Auswertung macht deutlich, dass 5,9 % der 932 befragten Lernenden eine geringe Comickompetenz aufweisen, wobei zu betonen ist, dass fehlende Werte hier als falsche Antwort gewertet werden. 45,4 % verfügen über eine mittlere Comickompetenz und 48,9 % über eine hohe Comickompetenz (siehe Abb. 155). Es lassen sich dabei signifikante Geschlechterunterschiede feststellen, wie der Wert von 0,033 im Mann-Whitney-U-Test belegt. 5,9 % der Mädchen (n = 488) im Vergleich zu 5,4 % der Jungen (n = 430) verfügen über eine geringe Comickompetenz, 48,2 % der Mädchen im Vergleich zu 41,4 % der Jungen eine mittlere und 46,0 % der Mädchen im Vergleich zu 53,3 % der Jungen eine hohe Comickompetenz. Auch hinsichtlich der Klassenstufen zeigt der Wert von 0,000 im Kruskal-Wallis-Test signifikante Unterschiede, die sich beim Einzelstufenvergleich per Mann-Whitney-U-Test zwischen den Stufen 6 (n = 262) und 8 (n = 226) mit 0,000 und zwischen den Stufen 10 (n = 227) und 12 (n = 217) mit 0,004 als signifikant erweisen, nicht jedoch zwischen der Stufe 8 und der Stufe 10 mit 0,928. Es wird deutlich, dass mit Anstieg der Jahrgangsstufe auch die Comickompetenz der Lernenden deutlich ansteigt. Der Anteil der Lernenden mit geringer Comickompetenz geht von 13,0 % in der Stufe 6 über 3,9 % in der Stufe 8 und 3,5 % in der Stufe 10 auf nur 1,4 % in der Stufe 12 zurück. Umgekehrt schaffen es immer mehr Lernende von geringer oder mittlerer zu hoher Comickompetenz zu gelangen: Über hohe Comickompetenz verfügen 28,6 % der befragten Lernenden der Stufe 6, 53,0 % der Stufe 8, 52,5 % der Stufe 10 und 65,5 % der Stufe 12. Diesen Zahlen entsprechend ergibt auch der Spearman-Rho-Test mit einem Signifikanzwert von 0,000 bei Niveau 0,01, dass mit 0,275 ein, wenn auch geringer, positiver Zusammenhang zwischen Klassenstufe und Comickompetenz besteht: Je höher die Klassenstufe, desto höher die Comickompetenz der Lernenden. Auch mit dem sozialen Status korreliert die Comickompetenz laut Spearman-Rho-Test in signifikanter Weise, wie der Wert von 0,000 bei Niveau 0,01 anzeigt. Es besteht demnach ein sehr geringer positiver Zusammenhang (0,178) zwischen Comickompetenzniveau und sozialem Status (n = 926): Je höher der soziale Status der Lernenden, desto höher ist ihre Comickompetenz.

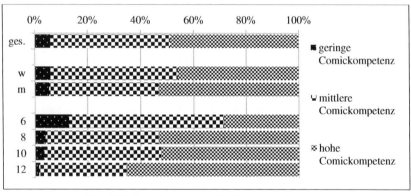

Abb. 155: Comickompetenz der Lernenden insgesamt

Beim Zusammenhang mit den Schulnoten zeigt sich, dass zwischen der Englisch- (n = 910), Französisch- (n = 285) und Spanischnote (n = 79) und der Comickompetenz der Lernenden keine signifikanten Zusammenhänge vorliegen, wie die Signifikanzwerte 0,338 (Englisch), 0,863 (Französisch) und 0,485 (Spanisch) im Spearman-Rho-Test belegen. Mit der Lateinnote lässt sich jedoch mit einem Signifikanzwert von 0,031 bei Niveau 0,05 eine sehr geringe negative Korrelation (-0,121) feststellen (n = 319): Je besser die Lateinnote, desto höher die Comickompetenz.

Es lässt sich zudem in Bezug auf die Comickompetenz der Lernenden kein signifikanter Zusammenhang zur Comicrezeption im Alltag oder zum Wunsch, im Fremdsprachenunterricht Comics zu lesen, herstellen, wie die Signifikanzwerte 0,477 und 0,078 im Spearman-Rho-Test verdeutlichen. Es lässt sich jedoch mit dem Signifikanzwert von 0,16 eine sehr geringe Korrelation (0,079) zwischen der Comickompetenz der Lernenden und der Häufigkeit des Lesens von Comics im ersten Fremdsprachenunterricht (i.d.R. Englisch) feststellen (n = 925). In geringem Maße steht die Behandlung von Comics im Englischunterricht somit im Zusammenhang mit dem Kompetenzniveau der Lernenden hinsichtlich Comics. In Bezug auf die Häufigkeit, mit der Comics im zweiten Fremdsprachenunterricht gelesen werden, macht der Signifikanzwert von 0,580 deutlich, dass kein Zusammenhang mit der Comickompetenz der Lernenden besteht.

4.6.2. Comickompetenz der Lernenden – Diskussion

Die Ergebnisse bezüglich der Comickompetenz zeichnen ein positives Bild, da nur 5,9 % der befragten Lernenden lediglich eine geringe Comickompetenz aufweisen, 45,4 % hingegen eine mittlere und 48,9 % sogar eine hohe. Auch wenn die begrenzten Aufgaben des Fragebogens lediglich eine Tendenz andeuten können, so zeigt sich doch, dass die Lernenden, selbst wenn sie in ihrem Alltag keine Comics rezipieren – auch rechnerisch ließ sich kein Zusammenhang mit der Alltagsrezeption feststellen –, i.d.R. über eine gute Comickompetenz verfügen, auf der beim Einsatz im Unterricht aufgebaut werden kann. Auch der Wunsch danach, sich mit Comics im Fremdsprachenunterricht zu beschäftigen, steht in keinem Zusammenhang mit der Comickompetenz der Lernenden, so dass davon ausgegangen werden kann, dass auch Lernende mit einer mittleren oder geringen Kompetenz für die Arbeit mit Comics motiviert sind. Die Tatsache, dass sich ein – wenn auch nur geringer – positiver Zusammenhang zwischen der Häufigkeit des Lesens von Comics im Englischunterricht und der Comickompetenz der Lernenden erkennen lässt, ermutigt zudem, durch die Beschäftigung mit Comics im Fremdsprachenunterricht (weiter) daran zu arbeiten, die Comickompetenz der Lernenden noch zu steigern.

Bezüglich der Geschlechter zeigen sich zwar signifikante Unterschiede hinsichtlich der Comickompetenz, diese sind jedoch – v.a. auf der niedrigsten Stufe – sehr gering. Dass Jungen auf der höchsten Stufe von Comickompetenz mit 53,3 % zu 46,0 % vorne liegen, kann auf ihre grundsätzlich höhere Affinität zu Comics zurückgeführt werden. Im Teilbereich „Gefühle im Comic", indem insgesamt die besten Ergebnisse erzielt worden sind, sind es hingegen die Mädchen, die mit 89,3 % zu 83,5 % die richtige Antwort auswählen und die richtige Begründung liefern. Jungen wie Mädchen scheinen also mit Comics insgesamt gut zurechtzukommen.

Hinsichtlich der Jahrgangsstufe überrascht es wenig, dass die Comickompetenz mit dem Alter ansteigt, da schlichtweg mehr Erfahrungen gesammelt worden sind und auch insgesamt die kognitiven und fremdsprachlichen Fähigkeiten ansteigen. Da auch für die Schulnoten gilt: „Je höher der soziale Status, desto besser ist die Englisch- bzw. Französischnote", überrascht es zudem wenig, dass die Comickompetenz mit dem sozialen Status in einem ebensolchen Zusammenhang steht, auch wenn dieser nur sehr gering ist. Eine positive Korrelation mit einer Schulnote weist die Comickompetenz lediglich mit Latein auf, so dass an dieser Stelle der direkte Bezug zur sonstigen Leistung im Fremdsprachenunterricht nur sehr gering ausgeprägt ist.

Die Ergebnisse älterer Studien, z.B. von Grünewald, der mit 499 Grundschulkindern 16 Fragen zu Comickompetenz im weitesten Sinne bearbeitete (vgl. Grünewald 1984, 98), u.a. zum Erfassen narrativer Informationen einer Bildfolge, stellen zudem gar keine Zusammenhänge zur sozialen Schicht, zum Geschlecht und zur Schulleistung heraus (ebd., 127). Gerade das in Verbindung setzen von Text und Bild fiel auch Grünewalds Studie zufolge den Kindern relativ leicht (ebd., 132), so dass auch er abschließend festhält, dass Grundschullernende gut mit den Rezeptionsanforderungen von Comics zurechtkommen. Dies konnte durch die Ergebnisse der vorliegenden Studie nun auch für die Sekundarstufen gezeigt werden.

4.7. Comicmotivation der Lernenden
4.7.1. Comicmotivation der Lernenden – Ergebnisse

Dieses Teilkapitel beantwortet folgende Fragestellungen: Aus welchen Gründen sind Lernende (nicht) für den Einsatz von Comics im Fremdsprachenunterricht motiviert? Gibt es Geschlechter- oder Jahrgangsstufenunterschiede? Gibt es einen Zusammenhang mit der Englisch-, Französisch-, Latein- und Spanischnote?

Um zu ermitteln, aus welchen Gründen sich die Lernenden im Fremdsprachenunterricht gerne mit Comics beschäftigen möchten, wurden ihnen fünf Aussagen dargeboten, die die Lernenden mit „stimme nicht zu", „stimme eher nicht zu", „stimme eher zu" oder „stimme zu" bewerten sollten. Des Weiteren war ein offenes Feld für Argumente gegen den Einsatz von Comics im Fremdsprachenunterricht vorhanden. Die im Folgenden dargestellten Ergebnisse wurden mit Hilfe dieses Fragenblocks zur Comicmotivation ermittelt.

... weil Comics lustig sind.
Von den 932 befragten Lernenden stimmen 9,4 % der Aussage, dass Comics lustig sind und deshalb im Fremdsprachenunterricht eingesetzt werden sollen, nicht zu, 16,2 % eher nicht, 42,2 % stimmen ihr eher zu, 30,4 % stimmen ihr zu, 1,8 % machen keine Angabe (siehe Abb. 156). 72,6 % erachten die Komik in Comics somit (eher) als Grund, diese im Unterricht zu behandeln. Der Wert von 0,000 im Mann-Whitney-U-Test weist dabei auf signifikante Geschlechterunterschiede hin: 46,0 % der Mädchen (n = 478), die diese Frage bearbeiten, stimmen der Aussage eher zu, 22,0 % stimmen ihr zu. Bei den Jungen (n = 423) stimmen 39,2 % der Aussage eher zu, 41,1 % stimmen zu. Mit 80,3 % zu 68,0 % erachten Jungen den komischen Aspekt von Comics somit insgesamt als bedeutsameren Grund für die Behandlung im Fremdsprachenunterricht als Mädchen. Auch hinsichtlich der Klassenstufe zeigen sich in Bezug auf die Gewichtigkeit der Komik von Comics veritable Unterschiede, wie der Wert von 0,000 im Kruskal-Wallis-Test belegt. Die Unterschiede zwischen den Stufen 6 (n = 257) und 8 (n = 220) zeigen sich dabei im Einzelstufenvergleich mit 0,008 im Mann-Whitney-U-Test als signifikant, ebenso die Unterschiede zwischen Stufe 8 und Stufe 10 (n = 223) mit 0,014. Nicht signifikant sind hingegen die Unterschiede zwischen den Stufen 10 und 12 (n = 215) mit dem Wert von 0,370. Insgesamt lässt sich eine leicht

absteigende Tendenz erkennen: Während in der Stufe 6 die Lustigkeit von Comics noch zu 80,6 % ausschlaggebend oder eher ausschlaggebend für die Behandlung im Fremdsprachenunterricht ist, sinkt die Zahl in der Stufe 8 auf 75,4 %, in der Stufe 10 auf 69,9 % und auf 68,4 % in der Stufe 12. Nichtsdestotrotz erachten auch in der Stufe 12 noch mehr als zwei Drittel die Komik in Comics als ein Argument für deren Einsatz im Unterricht.

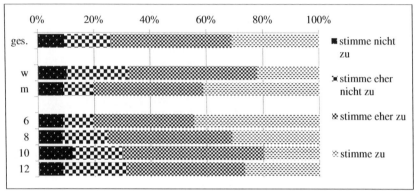

Abb. 156: Comicmotivation der Lernenden, „…weil Comics lustig sind"

Bezüglich der Noten in den Fremdsprachen wird durch den Signifikanzwert von 0,008 bei Niveau 0,01 im Spearman-Rho-Test deutlich, dass mit 0,089 eine sehr geringe Korrelation zwischen der Angabe, dass ihre Komik Comics für den Einsatz im Fremdsprachenunterricht prädestiniert, und der Englischnote besteht (n = 983): Je schwächer die Englischnote, desto mehr wird Komik als Grund für den Einsatz im Unterricht als wichtig erachtet. Bei der Französisch- (n = 279), Latein- (n = 314) und Spanischnote (n = 78) zeigen sich mit den Signifikanzwerten 0,449, 0,279 und 0,931 keine veritablen Zusammenhänge zu diesem Grund.

… weil in Comics viele Bilder sind.
Der Aussage, dass in Comics viele Bilder anzutreffen sind und sie sich deshalb für den Einsatz im Fremdsprachenunterricht prädestinieren, stimmen 12,0 % der 932 Lernenden nicht zu, 16,2 % eher nicht, 30,9 % stimmen ihr eher zu, 38,7 % stimmen ihr zu, 2,1 % machen keine Angabe (siehe Abb. 157). 69,6 % halten die Bilder in Comics somit für (eher) entscheidend. Die Signifikanzwerte 0,131

im Mann-Whitney-U-Test bzw. 0,436 im Kruskal-Wallis-Test machen deutlich, dass es diesbezüglich keine signifikanten Geschlechter- oder Klassenstufenunterschiede gibt.

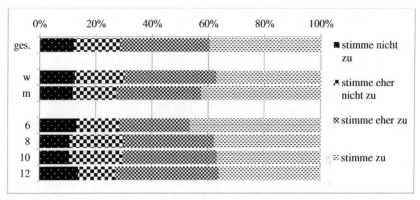

Abb. 157: Comicmotivation der Lernenden, „… weil in Comics viele Bilder sind"

Bezüglich der Fachnoten in den Fremdsprachen zeigt sich mit einem zweifachen Wert von 0,000 bei Niveau 0,01 als Signifikanzwert im Spearman-Rho-Test, dass mit der Englischnote (n = 890) eine sehr geringe positive Korrelation (0,174) und mit der Französischnote (n = 279) eine geringe positive Korrelation (0,209) besteht. Hieraus lässt sich Folgendes ableiten: Je schwächer die Englisch- oder Französischnote, desto wichtiger ist den Lernenden die hohe Anzahl an Bildern im Comic als Grund für deren Einsatz im Fremdsprachenunterricht. Bei der Latein- (n = 312) und Spanischnote (n = 78) lassen mit den Signifikanzwerten 0,984 und 0,694 keine veritablen Korrelationen feststellen.

… weil es in Comics wenig Text gibt.
Von den 932 befragten Lernenden stimmen 18,8 % der Aussage, dass der wenige Text in Comics dafür spricht, sie im Fremdsprachenunterricht einzusetzen, nicht zu, 24,7 % eher nicht, 27,9 % stimmen ihr eher zu, 26,2 % stimmen ihr zu, 2,5 % machen keine Angabe (siehe Abb. 158). 54,1 % halten den wenigen Text somit für (eher) ausschlaggebend. Dabei belegen die Werte 0,622 im Mann-Whitney-U-Test bzw. 0,713 im Kruskal-Wallis-Test, dass keine signifikanten Geschlechter- oder Klassenstufenunterschiede vorliegen.

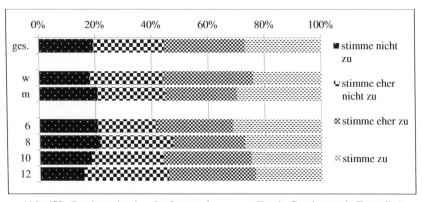

Abb. 158: Comicmotivation der Lernenden, „… weil es in Comics wenig Text gibt"

Hinsichtlich der Fachnoten in den Fremdsprachen wird anhand der Signifikanzwerte 0,000 bei Niveau 0,01 und 0,044 bei Niveau 0,05 im Spearman-Rho-Test deutlich, dass mit 0,174 eine sehr geringe positive Korrelation der Bedeutsamkeit des wenigen Textes in Comics für den Einsatz im Unterricht mit der Englischnote (n = 888) besteht sowie mit 0,229 eine geringe positive Korrelation mit der Spanischnote (n = 78). Das bedeutet: Je schwächer die Note in dem jeweiligen Fach, desto häufiger geben die Lernenden an, sich aufgrund des wenigen Textes gerne im Fremdsprachenunterricht mit Comics beschäftigen zu wollen. Die Signifikanzwerte 0,108 und 0,125 machen hingegen deutlich, dass es keinen Zusammenhang mit der Französisch- (n = 278) oder Lateinnote (n = 311) gibt.

… weil Bilder das Textverständnis erleichtern.
Von den 932 befragten Lernenden stimmen 6,1 % der Aussage, dass Bilder in Comics das Textverständnis erleichtern und deshalb im Fremdsprachenunterricht eingesetzt werden sollten, nicht zu, 8,4 % weniger, 28,6 % stimmen ihr eher zu, 54,7 % stimmen ihr zu, 2,1 % machen keine Angabe (siehe Abb. 159). 83,3 % der Lernenden sind somit (eher) der Ansicht, dass bildliche Hilfe beim Textverständnis ein Grund für die Beschäftigung mit Comics im Fremdsprachenunterricht darstellt. Es lassen sich dabei mit dem Signifikanzwert von 0,165 im Mann-Whitney-U-Test bzw. 0,071 im Kruskal-Wallis-Test keine veritablen Unterschiede zwischen den Geschlechtern oder den Jahrgangsstufen feststellen.

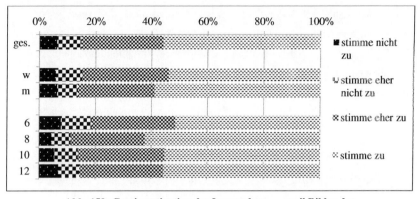

Abb. 159: Comicmotivation der Lernenden, „… weil Bilder das Textverständnis erleichtern"

Bezüglich der Fachnoten lässt sich anhand des Signifikanzwertes 0,010 bei Niveau 0,05 im Spearman-Rho-Test mit 0,086 eine sehr geringe positive Korrelation zwischen der Englischnote und der Bedeutsamkeit der bildlichen Unterstützung beim Textverständnis für die Lernenden feststellen (n = 890). Hieraus lässt sich Folgendes ableiten: Je schwächer die Englischnote ist, desto eher möchten sich die Lernenden aufgrund der Erleichterung des Textverständnisses durch die Bilder mit Comics im Fremdsprachenunterricht beschäftigen. Die Französisch- (n = 279), Latein- (n = 313) und Spanischnote (n = 78) weisen in diesem Kontext keinen Zusammenhang auf, wie die Signifikanzwerte 0,194, 0,079 und 0,584 bestätigen.

… weil Comics eine Abwechslung sind.
Von den 932 befragten Lernenden, die diese Frage bearbeiten, stimmen 6,1 % der Aussage, dass Comics im Fremdsprachenunterricht eingesetzt werden sollten, weil sie eine Abwechslung darstellen, nicht zu, 6,8 % eher nicht, 25,3 % stimmen ihr eher zu, 59,8 % stimmen ihr zu, 2,0 % machen keine Angabe (siehe Abb. 160). 85,1 % der Lernenden sind somit (eher) der Ansicht, dass Comics eine Abwechslung darstellen und daher im Fremdsprachenunterricht eingesetzt werden sollten. Es lassen sich dabei, wie der Wert von 0,581 im Kruskal-Wallis-Test anzeigt, keine veritablen Unterschiede zwischen den Klassenstufen feststellen, aber zwischen den Geschlechtern, wie der Wert 0,002 im Mann-Whitney-U-

Test verdeutlicht: 28,9 % der Mädchen (n = 478) stimmen der Aussage eher zu, 56,3 % stimmen ihr zu; bei den Jungen (n = 421) stimmen 22,1 % eher zu, 66,5 % stimmen zu. Auch wenn der Gesamtwert einer tendenziellen Zustimmung folglich mit 85,2 % für Mädchen und 88,6 % für Jungen nur einen geringfügig höheren Wert für letztere ausweist, zeigen die angeführten Detailzahlen, dass Jungen dieser Aussage weitaus häufiger voll zustimmen: 66,5 % zu 56,3 %.

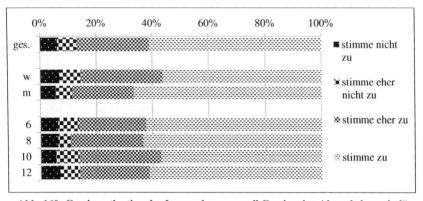

Abb. 160: Comicmotivation der Lernenden, „… weil Comics eine Abwechslung sind"

Korrelationen mit den Fachnoten in den Fremdsprachen lassen sich weder für Englisch noch für Französisch, Latein oder Spanisch nachweisen. Dies belegen die Signifikanzwerte aus dem Spearman-Rho-Test: 0,383 (Englisch), 0,144 (Französisch), 0,398 (Latein) und 0,247 (Spanisch).

Gründe gegen den Einsatz von Comics im Fremdsprachenunterricht

Den Abschluss des Blocks zu Comicmotivation – und des Fragebogens – bildet ein Textfeld, in das v.a. die Lernenden, die bei den vorherigen fünf positivorientierten Gründen für den Einsatz von Comics im Fremdsprachenunterricht mehr als zweimal „stimme nicht zu" oder „stimme eher nicht zu" angekreuzt haben, gebeten wurden einzutragen, warum sie sich eher nicht mit Comics beschäftigen möchten. Die Ergebnisse gehen somit auf selbstverfasste Schülerantworten zurück, die im Rahmen der qualitativen Auswertung geclustert worden sind. Es zeigen sich neben Einzelbefürchtungen wie „die Beschäftigung in der Schule damit verdirbt an sich jede Art von Unterhaltungsmedien" vier große Blöcke:

Ein sehr häufig geäußerter, erster Grund gegen den Einsatz von Comics im Fremdsprachenunterricht betrifft die Sorge der Lernenden um ihren Lernertrag: Zum einen wird betont, dass der Lehrplan keine Zeit lasse, zum anderen befürchten die befragten Lernenden, dass Comics von wichtigeren Inhalten ablenken würden. In diesem Kontext wird Sprache allgemein sowie Aussprache, Grammatik und Textverständnis im Besonderen erwähnt. Mit Aussagen wie „Ich möchte im Unterricht etwas lernen und nicht Comics lesen" betonen dabei schon Sechstklässler, dass sie den Bildungswert von Comics als nicht sehr hoch einstufen, da es sich dabei um „keine richtigen Bücher" handle. Comics seien zudem deshalb zu wenig anspruchsvoll, weil man durch die Bilder „auch ohne Text evtl. schon wissen [kann], worum es geht", sorgen sich mehrere Lernende der Stufen 8 und 10, denn dadurch könne man nichts Neues lernen und gewöhne sich daran, „alles an den Bildern abzulesen". Auch in der Stufe 12 wird dies deutlich – „Comics können keine philosophisch wertvollen Inhalte vermitteln", heißt es in einer Antwort. Lernende der höheren Klassenstufen betonen zudem, dass Comics eher für jüngere Lernende geeignet, in der Oberstufe jedoch „komplexere, richtige Texte" sinnvoller seien.

Der zweite, häufig angeführte Grund ist das mangelnde Interesse an Comics generell. Mehr als 25 Mal wird über alle Jahrgangsstufen hinweg betont: „Ich mag (einfach) keine Comics" – und zwar mit wenigen Ausnahmen ausschließlich von Mädchen. Dabei werden Comics häufig als kindisch oder albern, zu einfach, langweilig und unrealistisch bezeichnet. Manche Lernende interessieren zudem die Themen in Comics nicht, andere finden sie zu farbintensiv und dadurch anstrengend. In diesem Kontext betont eine Lernende der Stufe 12: „Die Lehrer suchen uninteressante Comics aus" und auch eine Sechstklässlerin hebt hervor: „[Es] kommt auf den Comic an." Hier vermischt sich die Einschätzung von Comics insgesamt mit Aussagen über bestimmte, bereits im Unterricht behandelte Comics.

Als dritter Grund lässt sich die Präferenz für andere Texte und Medien ausmachen, die eng verbunden ist mit der oben genannten Auffassung einiger Lernenden, dass Comics „keine richtigen Bücher" seien. Durch alle Jahrgangsstufen hinweg werden verschiedene Textsorten und Medien benannt, die Comics vorgezogen werden, v.a. Romane, Lieder, Kurzgeschichten, Filme und Serien, aber auch Neue Medien. Eine Zehntklässlerin betont in diesem Kontext: „Ich finde zusammenhängende Texte besser" und auch eine Sechstklässlerin hebt hervor: „Ich mag lieber Bücher mit viel Text".

Den vierten Grund bietet laut Aussagen der Lernenden der zu hohe Schwierigkeitsgrad von Comics: Während einige befürchten, dass die Sprache in Comics u.a. „wegen den gekürzten Ausdrücken und speziellen Wörtern" zu schwierig sei, wie eine Lernende der Stufe 8 anführt, finden andere das „bildliche Lesen" von Comics zu komplex. Vermutlich angestoßen durch die entsprechende Aufgabe im Fragebogen, wird z.B. die Sprechreihenfolge explizit von einer Achtklässlerin benannt: „Man muss sich Gedanken machen, welche Sprechblase am Anfang und welche am Ende kommt". In Bezug auf die als schwierig empfundenen Vokabeln in Comics wird an einigen Stellen auch deutlich, dass grundsätzlich „nicht gerne auf einer anderen Sprache" gelesen wird.

4.7.2. Comicmotivation der Lernenden – Diskussion

Aus den Angaben der Lernenden, warum sie für den Einsatz von Comics im Fremdsprachenunterricht motiviert sind, ergibt sich, dass für die Lernenden am häufigsten (85,1 %) von Bedeutung ist, dass Comics eine Abwechslung vom „normalen" Unterricht darstellen, am zweithäufigsten (83,3 %), dass die Bilder das Textverständnis erleichtern, am dritthäufigsten (72,6 %), dass Comics lustig sind, am vierthäufigsten (69,6 %), dass in Comics viele Bilder vorhanden sind und am fünfthäufigsten (54,1 %), dass Comics wenig Text enthalten. Wie bereits bei den Wünschen zu Comics in Kapitel 4.4. zeigt sich auch hier eine insgesamt hohe Motivation für Comics. Bezüglich des höchsten Wertes, dass Comics eine Abwechslung darstellen, gilt jedoch zu berücksichtigen, dass ein verstärkter Einsatz von Comics im Fremdsprachenunterricht diesen Punkt abschwächen würde. Langfristig ist es daher eher wahrscheinlich, dass die anderen Punkte, die die gattungstypischen Merkmale des Comics betreffen, stabilere Motive liefern.

Geschlechterunterschiede zeigen sich lediglich an zwei Stellen: Jungen ist der komische Aspekt von Comics mit 80,3 % zu 68,0 % tendenziell wichtiger als Mädchen und ebenso, dass Comics eine Abwechslung darstellen, denn 66,5 % der Jungen stimmen dieser Aussage voll zu im Vergleich zu 56,3 % der Mädchen. Bezüglich des Alters zeigt sich, dass zwar auch in der Stufe 12 noch mehr als zwei Drittel aller befragten Lernenden die lustige Seite von Comics als Grund für ihren Einsatz im Unterricht erachten, die Bedeutung dieser Aussage nimmt jedoch mit zunehmendem Alter etwas ab. Komik spricht somit die große Mehrheit aller Lernenden, in besonderem Maße aber Jungen jüngeren Alters an.

Wirft man einen Blick auf die möglichen Zusammenhänge mit den Noten in den Schulfremdsprachen, so wird deutlich, dass gerade Lernende mit schwächeren Noten aus verschiedenen Gründen für den Einsatz von Comics im Fremdsprachenunterricht motiviert sind. So gilt z.B. für Lernende mit einer tendenziell schwächeren Englischnote, dass diesen die Komik, die vielen Bilder, der wenige Text und die Erleichterung des Textverständnisses durch die Bilder besonders wichtig sind. Eine schwächere Französischnote zeigt dieselbe Verbindung in Bezug auf viele Bilder, eine schwächere Spanischnote in Bezug auf wenig Text. Gerade im Sinne eines Fremdsprachenunterrichts, der auch die Leistungsschwächeren zur Mitarbeit motivieren möchte, erweist sich der Einsatz von Comics somit als besonders sinnvoll.

Die eigenen Gründe *gegen* den Einsatz, die die Lernenden in das freie Antwortfeld eingetragen haben, greifen einige angesprochene bedeutsame Aspekte wieder auf, z.B. die Sorge, dass die Beschäftigung mit Comics in der Schule dazu führen könnte, dass den Lernenden die Freude an ihnen vergeht. Wie bereits in Kapitel 4.4.2. erwähnt, gilt es somit, einen Umgang mit Comics – und jeglichen anderen Texten und Medien – im Fremdsprachenunterricht zu pflegen, der zum einen zur Erreichung der angestrebten Lernziele führt, zum anderen aber eben auch der literar-ästhetischen, eher lustbetonten Rezeption, wie sie eher in der Freizeit erfolgt, Raum gibt, z.B. durch Phasen, in denen nicht jedes Bild einer Analyse unterzogen wird, oder durch kreative Aufgaben nach Wahl.

Dies geht auch mit der Auswahl des Comics für den Unterricht einher, da einzelne Lernende aus Erfahrung ganz explizit die Auswahl durch die Lehrkräfte kritisieren. Zudem zeigen die Aussagen, dass erstens v.a. weibliche Lernende Comics als zu kindisch, albern, langweilig, unrealistisch und farbintensiv beschreiben und zweitens, dass dezidiert der Bildungswert von Comics angezweifelt wird – sowohl mit dem Argument, dass Comics „keine richtigen Bücher" bzw. nur für jüngere Lernende gedacht sind, als auch bezogen auf die zu wenig anspruchsvollen Themen. Dies zeigt, dass die Lernenden das breite Panorama von Comics nicht kennen. Es mag sein, dass die *Asterix*-Ausschnitte im Fragebogen dieses klassische Bild von Comics – bunt, lustig und für Kinder – noch verstärkt haben, aber gerade hier gilt es anzuknüpfen. Den Lernenden sollte im Unterricht der modernen Fremdsprachen bewusst gemacht werden, dass es zu jedem im Unterricht behandelten Thema passende Comics gibt und dass diese – ebenso wie komische – auch anspruchsvolle, z.b. geschichtliche oder gesellschaftlich relevante, Themen behandeln können und dies auch tun. Des Weiteren kann gerade an *Asterix*-Comics aufgezeigt werden, dass es sich aufgrund vielfältiger Lesarten lohnt einen zweiten Blick zu riskieren. Vielfältige Bildzitate, historische Anspielungen u.Ä. richten sich v.a. an ein erwachseneres Publikum, was *Asterix* zum einen zu einer Comicserie für fast alle Altersgruppen macht und zum anderen zahlreiche Anknüpfungspunkte für verschiedenste unterrichtlich relevante Themen bietet. Herrscht die Vorliebe, die im freien Antwortfeld geäußert wird, für „Bücher mit viel Text" in einer Lerngruppe vor, könnten zudem z.B. graphische Romane einen Kompromiss zwischen einer Text-Bild-Kombination und viel Text liefern.

Während einige Lernende den zu geringen Anspruch als Hinderungsgrund für den Einsatz im Fremdsprachenunterricht anführen, sehen andere Comics als zu schwierig an. Der Befürchtung, dass man sich zu sehr daran gewöhnt, alles aus den Bildern herauszulesen, steht somit die Sorge gegenüber, dass die Bilder nur schwer zu entschlüsseln sind und der sprachliche Teil Probleme bereiten könnte. Beiden Extremen gilt es im Fremdsprachenunterricht durch die geeignete Auswahl und Aufbereitung entgegenzuwirken, z.B. durch Passagen, die entsprechend vorentlastet oder gemeinsam rezipiert oder besprochen werden, oder durch Angaben zu kulturell bedeutsamen Bildinhalten oder notwendigem, aber unbekanntem Wortschatz.

5. Konsequenzen für Fremdsprachendidaktik und -unterricht

Die zentralen Fragen, die dieses Kapitel abschließend beantwortet, sind mit Rückbezug auf die in der Einleitung aufgeworfenen zwei gegensätzlichen Thesen, inwiefern Comics (noch) Teil der Lebenswelt von Lernenden sind, sie Lernende motivieren und letztere mit ihnen umgehen können. Daraus werden zudem Konsequenzen für den Einsatz im Fremdsprachenunterricht, Nachfolgestudien und die fachdidaktische Weiterarbeit abgeleitet.

Zunächst einmal muss der These, dass der Alltag der Lernenden heutzutage beträchtlich von Neuen Medien bestimmt wird, insofern Recht gegeben werden, als dass quasi alle befragten Lernenden der Sekundarstufen ein eigenes Handy und drei Viertel zudem einen eigenen PC besitzen. Es zeigt sich zudem, dass Jungen und Lernende mit zunehmendem Alter sowie höherem sozialen Status tendenziell mehr Medien besitzen. Die reine Präsenz der Medien bedeutet aber nicht automatisch, dass diese auch mehr genutzt werden. So legen die Ergebnisse beispielsweise offen, dass die Nutzung von Spielekonsolen und Fernsehern mit steigendem sozialen Status trotz größerer Verfügbarkeit sogar sinkt. Bei einem hohen sozialen Status sind das Angebot und ggf. auch das entsprechende Vorbild der Familie offenbar so vielfältig, dass durchaus auch vermehrt zur Rezeption Alter Medien angeregt wird, darunter auch Comics. Auf die Leistungen im Fremdsprachenunterricht zeigt die Beschäftigung mit Alten Medien, z.B. Romanen, Zeitungs- und Zeitschriftenartikeln und Theaterstücken, tendenziell einen positiven Einfluss, wohingegen die Nutzung Neuer Medien, z.B. Spielekonsolen und Handys, eher negative Zusammenhänge ergibt.

Für Comics lässt sich festhalten, dass fast 60 % der befragten Lernenden sich in ihrem Alltag mit Comics beschäftigen, jüngere etwas mehr als ältere und Jungen häufiger als Mädchen. Es wird jedoch deutlich, dass sich fast 80 % der Lernenden – Jungen wie Mädchen – den Einsatz von Comics im Fremdsprachenunterricht wünschen, so dass sich ganz offensichtlich auch Lernende Comics für den Fremdsprachenunterricht wünschen, die sich in ihrem Alltag nicht mit ihnen beschäftigen. Comics liegen dabei hinter Filmen, Fotos, Kurzgeschichten und Liedern relativ weit vorne im erfragten Text-Medien-Feld. Bei der Nachfrage nach den Gründen für den Einsatz von Comics im Fremdsprachenunterricht erreichen die Abwechslung von „normalem" Unterricht, die Erleichterung des

Textverständnisses durch die Bilder und die Komik der Comics die höchsten Motivationswerte mit bis zu 85 %. Während bis zur Stufe 10 der Wunsch nach Comics im Fremdsprachenunterricht leicht abnimmt, steigt er in der Stufe 12 wieder an, so dass auch auf Abiturniveau der Wunsch nach Comics noch beachtlich groß ist und somit für den Einsatz in allen Jahrgangsstufen spricht.

Nimmt man den Wunsch der Lernenden ernst, müssten folglich deutlich mehr Comics im Fremdsprachenunterricht zum Einsatz kommen, denn dem Wunsch nach Comics von knapp 80 % steht der tatsächliche Einsatz zu etwa 42 % im Englisch-, zu 70 % im Französisch- und zu 21 % im Lateinunterricht gegenüber. Der verstärkte Einsatz im Französischunterricht deckt sich mit der höheren Anzahl von Unterrichtsmaterialien, die für dieses Fach bereits angeboten werden. Generell gilt jedoch für die erfassten Fremdsprachenunterrichte, dass ebenso Alte wie Neue Medien Comics im Fremdsprachenunterricht Konkurrenz machen. Neue Medien wie PC, Tablet und Handy sind dabei relativ selten vertreten, so dass – wenn das Ziel ist, auch die Vorlieben der Lernenden in die Auswahl einzubeziehen, – ebenso wie mehr Comics auch mehr dieser Neuen Medien in den Fremdsprachenunterricht integriert werden müssten.

Um auf die anfänglichen gegensätzlichen Hypothesen zurückzukommen, kann somit festgehalten werden, dass die vorliegende Studie zwar durchaus bestätigt, dass Neue Medien eine große Rolle im Alltag spielen und für die Lernenden attraktiv sind, es zeigt sich jedoch ebenso, dass Comics und auch andere Alte Medien sehr wohl einen bedeutsamen Platz in der heutigen Lebenswelt der Lernenden einnehmen und dass die Motivation für die Beschäftigung mit Comics im Fremdsprachenunterricht die Präsenz in ihrem Alltag sogar übersteigt. Die Ergebnisse belegen zudem, dass Jungen, denen – v.a. im Französisch- und Spanischunterricht – eine besondere Förderung zuteilwerden sollte, damit ihr Anteil nicht noch weiter sinkt, sich in ihrer Freizeit vermehrt mit Comics beschäftigen. Dieser Präferenz kann auch deshalb im Unterricht ohne Bedenken nachgegangen werden, weil die Mädchen einen ebenso hohen Motivationswert für Comics aufweisen und somit auch ihre Vorlieben berücksichtigt würden. Zudem offenbaren die Ergebnisse, dass sich v.a. Lernende mit schwächeren Leistungen in den Fremdsprachen den Einsatz von Comics verstärkt wünschen. Da viele Comics auf verschiedenen Ebenen zu rezipieren sind, kann durch den

Einsatz dieser Text-Bild-Kombination im Fremdsprachenunterricht somit zugleich auch differenzierend gearbeitet werden.

Wie bei allen Texten und Medien, die für den Unterricht ausgewählt werden, gilt dabei jedoch auch für Comics, dass es auf die konkrete Auswahl ankommt. In einem freien Antwortfeld kritisieren einzelne Lernende diesbezüglich ganz explizit die Comicauswahl ihrer Lehrkräfte, die sie dazu bewegt, sich im Fragebogen eher gegen den Einsatz von Comics im Fremdsprachenunterricht auszusprechen. Darüber hinaus wird durch die freien Antworten deutlich, dass den Lernenden die Bandbreite der Gattung Comic nicht bekannt ist. Im Fremdsprachenunterricht gilt es somit, die hohe Motivation der Lernenden für die Beschäftigung mit Comics zu nutzen und ihnen gleichzeitig zu verdeutlichen, dass alle Genres, die sie z.B. aus Filmen kennen, auch in Comics vertreten sind. Damit könnte auch das Argument gegen den Einsatz von Comics, das einzelne Lernende vorbringen, abgemildert werden, nämlich die Sorge um ihren Lernertrag. Durch den Einsatz entsprechender Comics würden sie merken, dass mit diesen ebenso intensiv an ihrer funktional-kommunikativen sowie inhaltlichen Ausbildung gearbeitet werden kann wie mit anderen sorgfältig ausgewählten Texten auch. Der Englischunterricht zeigt als einziger eine zunehmende Tendenz des Einsatzes von Comics mit ansteigender Klassenstufe, ggf. kann dies bereits als Anzeichen gewertet werden, dass dort erkannt worden ist, dass sich Comics als Textgattung nicht nur für jüngere Lernende eignen.

Wirft man zudem einen Blick auf die konkreten Kenntnisse der Lernenden über englisch-, französisch- und spanischsprachige Comichelden sowie auf ihre Comickompetenz, so zeigt sich in beiden Fällen – ähnlich wie bei der Motivation für den Einsatz von Comics im Fremdsprachenunterricht –, dass die Werte deutlich über dem liegen, was nach den Angaben zur Alltagsverwendung von Comics zu erwarten wäre. Fast alle Lernenden kennen bestimmte Comichelden, unabhängig davon, ob sie sich in ihrer Freizeit mit Comics beschäftigen. Unter den ersten drei bekanntesten Comichelden folgen auf Spiderman zwei frankobelgische (Asterix und Obelix sowie die Schlümpfe), danach dominieren weiter US-amerikanische Figuren, bis Lucky Luke und Tim und Struppi auf dem neunten und zehnten Platz folgen. Bei den am häufigsten rezipierten Comics liegen Asterix und Obelix allerdings eindeutig vorne und Lucky Luke sowie Tim und

Struppi liegen hier auf dem vierten bzw. fünften Platz. Es zeigt sich allerdings, dass die Filme und Serien zu den Comichelden bei den Lernenden deutlich bekannter sind als ihre Comics. Die für den Fragebogen ausgewählten spanischen Comichelden sind zudem nur sehr wenigen bekannt. Insgesamt lässt sich dennoch festhalten, dass durch den Einsatz bekannter Comichelden, zumindest im Französisch- und Englischunterricht, häufig auf konkretes Vorwissen der Lernenden aufgebaut und ein Wiedererkennungseffekt erreicht werden kann. Sowohl für die deutschen Lernenden als auch für die zielsprachlichen Kulturen der modernen Schulfremdsprachen gilt, dass Comichelden ganz offensichtlich Teil des Allgemeinwissens sind – was auch das Ergebnis bestätigt, dass mit zunehmendem Alter die Kenntnis über Comichelden ansteigt.

Dem modernen Fremdsprachenunterricht kommt somit die Verantwortung zu, die Lernenden auch durch die Behandlung einschlägiger Comics mit bedeutsamen Elementen der Zielkulturen vertraut zu machen, da einige Comichelden Einzug in das kollektive Gedächtnis gehalten haben. Die Tatsache, dass Titeuf bei Französischlernenden und Mafalda bei Spanischlernenden größere Bekanntheit genießen, deutet darauf hin, dass eine Bekanntmachung im Unterricht in einigen Fällen bereits erfolgt. Die international sehr bekannten Comichelden, die fast alle Lernenden kennen, sind vermutlich eher aus Comicübersetzungen oder anderen Medien bekannt. Doch auch diesbezüglich bieten sich Anknüpfungs- und Vertiefungsmöglichkeiten für den Fremdsprachenunterricht, in dem durch genaueres Hinschauen aufgedeckt werden kann, worauf der große Erfolg zurückzuführen ist und welchem Zeitgeist, welchem Selbst- oder Weltbild, welcher (nationalen) Identität die Ausrichtung des jeweiligen Comics entspricht.

Auch die Tatsache, dass der verstärkte Einsatz von Comics im Englischunterricht in der vorliegenden Studie einen positiven Einfluss auf die Comickompetenz der Lernenden erkennen lässt, ermutigt dazu, durch die Beschäftigung mit Comics im Fremdsprachenunterricht (weiter) daran zu arbeiten, die Lernenden im Umgang mit Comics zu schulen. Dabei kann bereits auf einer sehr guten Basis aufgebaut werden, da fast 50 % der Lernenden eine hohe Comickompetenz aufweist und etwa 45% zudem eine mittlere. Die Motivation, sich mit Comics im Fremdsprachenunterricht zu beschäftigen, korreliert dabei interessanterweise nicht mit der Comickompetenz, so dass sich Lernende aller drei Niveaustufen mit deutlicher Mehrheit für den Einsatz aussprechen. Ohne Frage ist für die Zukunft wünschenswert, dass die Comickompetenz von (Sekundarstufen-)Lernenden noch intensiver erforscht wird, als dies mit den sehr begrenzten Fragen im Rahmen der vorliegenden Studie möglich war. Vor allem das Zusammenspiel zwischen der Wahrnehmung der Bilderfolge und der Rezeption fremdsprachlichen Textes gilt es, noch genauer zu betrachten, da mit dem hier verwendeten Fragebogen Lernende aller Fremdsprachen gleichzeitig erreicht werden sollten und daher stets mit Übersetzungen gearbeitet werden musste.

Dass im Rahmen dieser Studie der Begriff „Comickompetenz" verwendet wird, soll – wie bereits anfangs erwähnt – keinesfalls so verstanden werden, dass für eine Einführung dieser Kompetenz in die bildungspolitischen Vorgaben plädiert wird. Vielmehr sollte durch diesen Begriff für diese konkrete Studie eine spezifische Bezeichnung gefunden werden. Was hier unter „Comickompetenz" verstanden wird, lässt sich jedoch einer übergeordneten kommunikativen Teilkompetenz unterordnen, nämlich dem Seh-Lese-Verstehen. Dieses fehlt in der Tat bedauerlicherweise in den Bildungsstandards und sollte – seinem kombinierten „Kollegen", dem Hör-Seh-Verstehen, entsprechend – unbedingt in Zukunft noch in die Standards aufgenommen werden.

Wie der Name „Seh-Lese-Verstehen" schon zum Ausdruck bringt, wird diese kommunikative Teilkompetenz für Situationen benötigt, in denen Bilder und geschriebener Text gemeinsam rezipiert werden müssen. Auch wenn jede spezifische Gattung eigene Anforderungen an ihre Rezipienten richtet, zeigt die Tatsache, dass Lernende, die gar keine oder nur wenige Comics rezipieren, i.d.R. dennoch über eine mindestens gute Comickompetenz verfügen, dass Seh-Lese-Verstehen übertragbar ist. Dies bedeutet, dass Lernende sowohl durch die Rezeption anderer Kombinationen aus Bildern und geschriebenem Text bereits Fähigkeiten mitbringen, die ihnen bei der Comicrezeption hilfreich sind, als auch umgekehrt, dass sich der Einsatz von Comics im Fremdsprachenunterricht auch positiv auf die Rezeption von z.B. Karikaturen oder Werbeanzeigen auswirken kann. Teileelemente decken sich durch die Schnittmenge des *Seh*-Verstehens sogar mit der Rezeption audiovisueller Medien bzw. durch gemeinsame Elemente auf sprachlicher Ebene mit reinen Textgattungen im Bereich des *Lese*-Verstehens. Für den Fremdsprachenunterricht bedeutet dies, dass beim Seh-Lesen zum einen immer schon auf bestimmtes Vorwissen zurückgegriffen werden kann, das es bewusst zu machen und zu reflektieren gilt, zum anderen aber auch, dass durch die Arbeit mit Comics propädeutisch auf die Rezeption anderer Texte und Medien vorbereitet werden kann, da an einer übergeordneten kommunikativen Teilkompetenz gearbeitet wird. Entscheidend ist dabei jedoch, den Umgang mit Comics nicht ausschließlich auf die Vorbereitung für vermeintlich anspruchsvollere und wertvollere Texte und Medien zu reduzieren, sondern der Textgattung als solcher gerecht zu werden und ihr literarisches wie fremdsprachendidaktisches Potenzial anzuerkennen.

Die vorliegende Studie hat den Versuch unternommen, „wissenschaftlich begründete Handlungsempfehlungen" (Grotjahn 2007, 493) rund um den Einsatz von Comics im Fremdsprachenunterricht zu liefern – und gibt durch die zahlreichen Einzelergebnisse gleichzeitig wertvolle Hinweise zu anderen Texten und Medien – mit dem Ziel „zu einer Verbesserung der Unterrichtspraxis beizutragen" (ebd.). Die Ergebnisse der Studie machen deutlich, was der Fremdsprachenunterricht durch den Einsatz von Comics leisten kann, nämlich u.a. Hintergründe zu kulturell bedeutsamen Comichelden zu vermitteln, die Comickompetenz der Lernenden – und damit generell ihr Seh-Lese-Verstehen – zu verbessern sowie verschiedene Lernende anzusprechen – ganz besonders Jungen und Leistungsschwächere. Entscheidend ist dabei die konkrete Auswahl des Comics und neben der zu Unterrichtszwecken notwendigen Analyse von Comics auch das Rezeptionsvergnügen so weit wie möglich aufrecht zu erhalten, so dass idealerweise Lust auf eine individuelle Weiterlektüre in der Freizeit gemacht wird. Die Ergebnisse zu dem ebenfalls vorherrschenden hohen Wunsch, sich mit Neuen Medien auseinanderzusetzen, könnten zum Einsatz von Mischformen wie (interaktiven) Webcomics führen oder zur parallelen Arbeit an einem Comic und seiner Verfilmung. Es ist dabei unbestritten, dass „ein direkter Schluss von Sein auf Sollen, d.h. eine direkte Ableitung von Handlungsempfehlungen aus den Resultaten empirischer Forschung, nicht möglich ist" (ebd., 494). Daher sind die gewonnenen Erkenntnisse selbstverständlich vor dem Hintergrund ihrer immanenten Begrenztheit zu interpretieren.

Nichtsdestotrotz ermutigen die Ergebnisse der vorliegenden Fragebogenstudie, die fachdidaktische Forschung zu Comics weiterzuführen und auszuweiten.

Dies bedeutet sowohl Comics als Unterrichtsgegenstand weiterhin hermeneutisch-konzeptionell auf ihr fremdsprachendidaktisches Potenzial und ihre Einsatzmöglichkeiten hin zu erkunden und konkrete Comics für einen Fremdsprachenunterricht – v.a. Englisch und Spanisch sollten verstärkt in den Blick genommen werden – zu erschließen und konkrete Unterrichtsmaterialien zu veröffentlichen als auch weitere empirische Forschungsprojekte anzustoßen. Letztere könnten z.B. in Ergänzung zu der hier dargestellten Lernendenperspektive auf den Unterricht durch eine Befragung von Lehrkräften erfolgen, denn letztendlich hängt der Einsatz im Unterricht ganz entscheidend davon ab, inwiefern die Lehrkräfte Comics als wertvollen Unterrichtsgegenstand ansehen und sich über deren Einsatzmöglichkeiten bewusst sind. Dies geht mit einem generellen Anliegen einer, dem sich die Fachdidaktik verschreiben sollte, nämlich den Ruf von Comics zu verbessern und damit für eine tatsächliche und flächendeckendere Implementierung im Unterricht zu sorgen. Dies kann z.B. durch Fortbildungen, Vorträge, Veröffentlichungen und Ähnliches erreicht werden, besonders aber auf bildungspolitischer Ebene durch die Aufnahme von Comics als exemplarischen Unterrichtsgegenstand in die (Kern-)Lehrpläne für Englisch und Spanisch (siehe Kap. 2) und die Aufnahme von Seh-Lese-Verstehen als wichtige kommunikative Teilkompetenz in die Bildungsstandards.

6. Literaturverzeichnis

ABÓS, Elena & BASAR, Natividad. 2016. „Al sur de la Alameda, diario de una toma", in: *Hispanorama* 152, 56-76.
ALBES, Wolf-Dietrich. 1987. „Stundenblätter Astérix: ‚Le tour de Gaule d'Astérix'. ‚Astérix en Corse'", in: *Schulpraxis*. Stuttgart: Klett, 130.
ÁNGELES CASTRILLEJO, Victoria. 2016a. „Viñetas de vida: Hablar de cooperación al desarrollo a través del cómic", in: *Der Fremdsprachliche Unterricht Spanisch* 54, 42-43.
ÁNGELES CASTRILLEJO, Victoria. 2016b. „Tus alumnos son unos artistas", in: *Der Fremdsprachliche Unterricht Spanisch* 54, 44-45.
ARNOLD, Helmut. 1998a. „Tintin en Syldavie: Ein Lektürevorschlag für den fortgeschrittenen Französischunterricht", in: *Französisch heute* 29/2 (Beilage), 15-27.
ARNOLD, Helmut. 1998b. „‚Tintin en Syldavie': Plädoyer für die Behandlung einer bande dessinée im Französischunterricht", in: *Fremdsprachenunterricht* 42 (51)/2, 100-104.
AUE, Daniela. 2008. „Mama, Papa, Superman: Helden haben viele Gesichter", in: *Praxis Englisch* 2/2, 6-7.
BÄHR, Sabine. 1995. „La satire de la médecine dans la littérature française", in: *Fremdsprachenunterricht* 39 (48)/2, 106-110.
BALADA ROSA, Eva. 2016. „Aprender español con Mafalda y todos los sentidos: actividades cinéticas para las clases de lengua y cultura argentina", in: *Hispanorama* 151, 32-38.
BAUDRY, Jean. 1986. „Astérix et l'urbanisme", in: *Le Français dans le Monde* 203, 80-81.
BEHRENDT, Achim & SCHÜWER, Martin. 2008. „Superheroes in Comics: Wie Comichelden gesellschaftliche Realitäten spiegeln", in: *Praxis Englisch* 2/2, 39-43.
BERMEJO MUÑOZ, Sandra & VERNAL SCHMIDT, Janina. 2016. „Graphic Novels im Spanischunterricht", in: *Hispanorama* 152, 14-19.
BERNDT, Jaqueline. 2014. „Manga ist nicht gleich Manga: Plädoyer für eine Differenzierung", in: *APuZ (Aus Politik und Zeitgeschichte)* 64/33-34, 49-54.
BERTHOU, Benoît. 2015. „Bande dessinée, école et université: quelle mésentente?", in: *Comicalités. Études de culture graphique*, janvier 20, 2015. http://graphique.hypotheses.org/537, Zugriff: 25.11.2016.
BERTHOU, Benoît & MARTIN, Jean-Philippe. 2015. „Introduction", in: Berthou, Benoît. ed. *La bande dessinée: quelle lecture, quelle culture?* Bibliothèque Centre Pompidou, 5-16. http://books.openedition.org/bibpompidou/1671, Zugriff: 25.11.2016.
BLAND, Janice. 2014. „From Picture Books to Graphic Novels: David Almond's 'The Savage'", in: *Praxis Fremdsprachenunterricht Englisch* 11/3, 4-7.
BLUME, Otto-Michael. 2009a. „A nos amours ...: Die Emotionen Titeufs beschreiben", in: *Der Fremdsprachliche Unterricht Französisch* 97, 10-13.
BLUME, Otto-Michael. 2009b. „Au bord de l'éclatement: Beziehungsgeflechte in der BD ‚No limits' analysieren", in: *Der Fremdsprachliche Unterricht Französisch* 97, 30-35.
BLUME, Otto-Michael. 2014. „Sehen als Verstehen. Kompetenzen fördern mit Bildern im Fremdsprachenunterricht", in: *Der Fremdsprachliche Unterricht Französisch* 127, 2-9.
BOIRON, Michel. 1996. „La bande dessinée: principes d'utilisation pédagogique", in: *Der Fremdsprachliche Unterricht Französisch* 22, 11-14.
BOISSON-ZARIC, Valérie & ESCALIER, Hélène. 2009. „Un handicap dans la personnalité?: Strategien einer Sekte verstehen und reflektieren", in: *Der Fremdsprachliche Unterricht Französisch* 97, 14-17.

BOOS, Rudolf. 1992. „Eine heitere Französischstunde: Humor als Lernzielkontrolle?", in: *Der Fremdsprachliche Unterricht Französisch* 26, 33-35.
BORTZ, Jürgen & DÖRING, Nicola. 2006. *Forschungsmethoden und Evaluation für Human- und Sozialwissenschaftler*. Heidelberg: Springer.
BOS, Wilfried & EICKELMANN, Birgit & GERICK, Julia & GOLDHAMMER, Frank & SCHAUMBURG, Heike & SCHWIPPERT, Knut & SENKBEIL, Martin & SCHULZ-ZANDER, Renate & WENDT, Heike. edd. 2014. *ICILS 2013 – Computer- und informationsbezogene Kompetenzen von Schülerinnen und Schülern der 8. Jahrgangsstufe im internationalen Vergleich*. Münster: Waxmann.
BROSIUS, Felix. 2013. *SPSS 21*. Heidelberg et al.: mitp.
BÜHL, Achim. 2014. *SPSS 22*. 14. Auflage. Halbergmoos: Pearson.
BÜTER, Mara & KOCH, Corinna. 2016. „*La Ley de Extranjería nos afecta a todos*: Arbeitsteilige Erarbeitung von Comic-Kurzgeschichten zum Thema Immigration", in: *Der Fremdsprachliche Unterricht Spanisch* 54, 18-23.
BURSCH, Horst. 1983. „‚Asterix en Hispania': Eine Lektüreanregung für den Spanischunterricht der Sekundarstufe II", in: *Neusprachliche Mitteilungen aus Wissenschaft und Praxis* 36/2, 97-101.
BUSEMANN, Katrin & GSCHEIDLE, Christoph. 2012. „Web 2.0: Habitualisierung der Social Comunities", in: *Media Perspektiven* 7/8, 380-390.
CHRISTOPHEL, Cai. 1996a. „Auswahlbibliographie: ‚Bande dessinée'", in: *Der Fremdsprachliche Unterricht Französisch* 22, 10.
CHRISTOPHEL, Cai. 1996b. „‚Bédé', ‚grammaire' und mehr: Bildgeschichtliche Übungen im Französischunterricht", in: *Der Fremdsprachliche Unterricht Französisch* 22, 19-22.
DAASE, Andrea & HINRICHS, Beatrix & SETTINIERI, Julia. 2014. „Befragung", in: Settinieri, Julia et al. edd. *Empirische Forschungsmethoden für Deutsch als Fremd- und Zweitsprache: Eine Einführung*. Paderborn: Schöningh, 103-122.
DEHARDE, Kristine & LÜCK-HILDEBRANDT, Simone. 2008. „Ciel, mes fiches!: Schreibanleitungen zu einer Tintin-BD", in: *Der Fremdsprachliche Unterricht Französisch* 93, 26-33.
DEL VALLE, Victoria. 2016. „Vocabulario para hablar del cómic / de la novela gráfica", in: *Der Fremdsprachliche Unterricht Spanisch* 54, 11.
DITTMAR, Jakob, F. 2011. *Comic-Analyse*. 2., überarbeitete Auflage. Konstanz, UVK.
DOCWRA, Alan. 1991. „Working with 'Peanuts'", in: *Der Fremdsprachliche Unterricht Englisch* 25/1, 38-41.
DOCWRA, Alan. 1992. „Peanuts - from comic to musical", in: *Der Fremdsprachliche Unterricht Englisch* 6, 44-45.
DOFF, Sabine & WANDERS, Mona. 2005. „Stories with and without words: Comics in der Unterstufe", in: *Der Fremdsprachliche Unterricht Englisch* 73, 9-17.
EGMONT EHAPA VERLAG GMBH. ed. 1997. *Coole Profis: Die Medienrealität der Kids. Neues über Mediennutzung, Medienerinnerung und die Einstellung zur Werbung bei Kindern, Kids und Jugendlichen*. Stuttgart: Egmont Ehapa.
EIMEREN, Birgit von & FREES, Beater. 2013. „Rasanter Anstieg des Internet-Konsums – Onliner fast drei Stunden im täglich im Netz", in: *Media Perspektiven* 7/8, 358-372.
EISENMANN, Maria. 2013. „Shadows and Superheroes in 9/11 Graphic Novels", in: Ludwig, Christian & Pointner, Frank E. edd. *Teaching Comics in the Foreign Language Classroom*. Trier: Wissenschaftlicher Verlag Trier, 183-212.

ELSNER, Daniela. 2014. „Wort trifft Bild ... in *Graphic Novels*, Comics and Mangas", in: *Praxis Fremdsprachenunterricht* 11/3. Basisheft, 5-8.

ELSNER, Daniela & HELFF, Sissy & VIEBROCK, Britta. edd. 2013. *Films, Graphic Novels & Visuals: Developing Multiliteracies in Foreign Language Education. An Interdisciplinary Approach.* Serie: Fremdsprachendidaktik in globaler Perspektive; 2. Verlag. Berlin, Münster: LIT Verlag, 221.

ELSNER, Daniela & LUDWIG, Christian. 2014. „Comics selbst gestalten: Websites zur Erstellung von Webcomics", in: *Praxis Fremdsprachenunterricht Englisch* 11/ 3, 16-17.

FRIEDEL, Anne-Sophie. 2014. „Editorial", in: *APuZ (Aus Politik und Zeitgeschichte)* 64/33-34, 2.

GABEL, Gernot U. 1996. „Tintin wurde 65", in: *Französisch heute* 27/2, 106-108.

GALTER, Sigrun. 2012. „Das neu erwachte Interesse am Comic? Zur Rolle der Literaturwissenschaft in der deutschen Comicforschung", in: *literaturkritik.de* 6, Juni 2012. http://www.literaturkritik.de/public/rezension.php?rez_id=16748, Zugriff: 25.11.2016.

GOSCINNY, René & UDERZO, Albert. 1967. *Astérix. Légionnaire*. Paris, Dargaud.

GOSCINNY, René & UDERZO, Albert. 1969. *Astérix. La Serpe d'or*. Paris, Dargaud.

GROENSTEEN, Thierry. 2014. „Zwischen Literatur und Kunst: Erzählen im Comic", in: *APuZ (Aus Politik und Zeitgeschichte)* 64/33-34, 35-42.

GROTJAHN, Rüdiger. 2007. „Konzepte für die Erforschung des Lehrens und Lernens fremder Sprachen: Forschungsmethodologischer Überblick", in: Bausch, Karl-Richard & Christ, Herbert & Krumm, Hans-Jürgen. edd. *Handbuch Fremdsprachenunterricht.* 5., unveränderte Auflage. Tübingen et al.: Francke, 493-499.

GRÜNEWALD, Dietrich. 1984. *Wie Kinder Comics lesen: eine Untersuchung zum Prinzip Bildgeschichte, seinem Angebot und seinen Rezeptionsanforderungen sowie dem diesbezüglichen Lesevermögen und Leseinteressen von Kindern.* Frankfurt am Main: dipa-Verlag.

GRÜNEWALD, Dietrich. 2010. „Das Prinzip Bildgeschichte: Konstitutiva und Variablen einer Kunstform", in: Grünewald, Dietrich (Hrsg.): *Struktur und Geschichte der Comics: Beiträge zur Comicforschung*. Bochum und Essen: Christian A. Bachmann, 11-31.

GRÜNEWALD, Dietrich. 2014. „Zur Comicrezeption in Deutschland", in: *APuZ (Aus Politik und Zeitgeschichte)* 64/33-34, 42-48.

GUBESCH, Swenja & SCHÜWER, Martin. 2005. „Calvin and Hobbes: Comics als authentische Texte", in: *Der Fremdsprachliche Unterricht Englisch* 73, 18-24.

GUNDERMANN, Christine. 2014. „Geschichtskultur in Sprechblasen: Comics in der politisch-historischen Bildung", in: *APuZ (Aus Politik und Zeitgeschichte)* 64/33-34, 24-29.

HAGGE, Helmut P. 1996. „Paris als Jurassic Park?", in: *Der Fremdsprachliche Unterricht Französisch* 22, 23-24.

HALLET, Wolfgang. 2012a. „*Graphic Novels*: Literarisches und multiliterales Lernen mit Comic-Romanen", in: *Der Fremdsprachliche Unterricht Englisch* 117, 2-8.

HALLET, Wolfgang. 2012b. „AutobioGraphic Novels: Selbsterzählungen in Comic-Form analysieren und verfassen", in: *Der Fremdsprachliche Unterricht Englisch* 117, 34-38.

HARMS, Lisa-Malin. 2014. „Amis, pour le meilleur et pour le pire: Sich in ‚Le bleu est une couleur chaude' mit Freundschaft und Liebe auseinandersetzen", in: *Der Fremdsprachliche Unterricht Französisch* 131, 19-23.

HEIDRICH, Mireille & HAGGE, Helmut P. 1989. „1. Was tun mit IMAGES? 2. Paroles & Dessins", in: *Der Fremdsprachliche Unterricht* 94, 26.

HENSELER, Roswitha. 2012. „Story-orientierte Aufgaben zu einer *graphic novel* stellen", in: *Der Fremdsprachliche Unterricht Englisch* 117, 10-13.

HERTRAMPF, Marina O. 2010. „Comicnation Spanien: Historieta - TBO - Cómic", in: *Hispanorama* 128, 37-43.

HERTRAMPF, Marina O. 2016. „Kulturgut Comic", in: *Der Fremdsprachliche Unterricht Spanisch* 54, 4-10.

HESSE, Mechthild. 2005. „Historical fiction: neuere englische Jugendliteratur mit historischen Bezügen", in: *Der Fremdsprachliche Unterricht Englisch* 73, 45.

HOCHBRUCK, Sabine & HOCHBRUCK, Wolfgang. 2005. „Britische Alltagsgeschichte im Comic-Roman: Raymond Briggs' ‚Ethel & Ernest'", in: *Der Fremdsprachliche Unterricht Englisch* 73, 25-32.

HOCHSTEIN-PESCHEN, Rita. 1979. „Spaß und Wissen mit Astérix und den ‚Schtroumpfs'. Über Möglichkeiten des Einsatzes von Comics im Französischunterricht der Erwachsenenbildung", in: *Zielsprache Französisch* 4, 153-162.

HUBER, Hans Dieter. 2008. „Schnittstelle Imagination", in: Lieber, Gabriele. ed. *Lehren und Lernen mit Bildern. Ein Handbuch zur Bilddidaktik*. Baltmannsweiler: Schneider Verlag Hohengehren, 54-59.

IMGRUND, Bettina. 1996. „‚Un sac de billes': Lektürearbeit und BD", in: *Der Fremdsprachliche Unterricht Französisch* 22, 15-18.

JOPP-LACHNER, Karlheinz. 2003. „Titeuf: les vacances à la mer. Produktionsorientierter Umgang mit einer BD von ZEP", in: *RAAbits Französisch* 2.

KAHL, Detlev. 1996. „Bandes Dessinées im Französischunterricht oder Frank Margerin als Sprachlehrer", in: *Der Fremdsprachliche Unterricht Französisch* 22, 4-9.

VON KAHLDEN, Ute. 2016. „‚Salir al mundo y hacer mi vida': Identitätsfindung in der *novela gráfica* ‚Virus tropical' von Powerpaola", in: *Der Fremdsprachliche Unterricht Spanisch* 54, 30-37.

KIMES-LINK, Ann & STEININGER, Ivo. 2012a. „Erzählkonventionen einer *graphic novel* untersuchen", in: *Der Fremdsprachliche Unterricht Englisch* 117, 14-15.

KIMES-LINK, Ann & STEININGER, Ivo. 2012b. „American Born Chinese: Sich anhand einer *graphic novel* mit dem Leben zwischen zwei Kulturen auseinandersetzen", in: *Der Fremdsprachliche Unterricht Englisch* 117, 28-33.

KLÜN, Jens-Uwe. 2007. „La BD - Fremdsprachenunterricht einmal anders", in: Bosold-DasGupta, Bettina & Klump, Andre. edd. *Romanistik in Schule und Universität: Akten des Diskussionsforums „Romanistik und Lehrerausbildung: Zur Ausrichtung und Gewichtung von Didaktik und Fachwissenschaften in den Lehramtsstudiengängen Französisch, Italienisch und Spanisch" an der Johannes Gutenberg-Universität Mainz (28. Oktober 2006)*. Stuttgart: ibidem, 139-156.

KMK = STÄNDIGE KONFERENZ DER KULTUSMINISTER DER LÄNDER IN DER BUNDESREPUBLIK DEUTSCHLAND. 2003. *Bildungsstandards für die erste Fremdsprache (Englisch/Französisch) für den Mittleren Schulabschluss. Beschluss vom 4.12.2003*. http://www.kmk.org/fileadmin/Dateien/veroeffentlichungen_beschluesse/2003/2003_12_0 4-BS-erste-Fremdsprache.pdf, Zugriff: 25.11.2016.

KMK = STÄNDIGE KONFERENZ DER KULTUSMINISTER DER LÄNDER IN DER BUNDESREPUBLIK DEUTSCHLAND. 2012. *Bildungsstandards für die fortgeführte Fremdsprache (Englisch/Französisch) für die Allgemeine Hochschulreife. Beschluss vom 18.10.2012*.

http://www.kmk.org/fileadmin/Dateien/veroeffentlichungen_beschluesse/2012/2012_10_1 8-Bildungsstandards-Fortgef-FS-Abi.pdf, Zugriff: 25.11.2016.

KNIGGE, Andreas C. 2014. „KLONK, BIONG, WUSCH!!!", in: *APuZ* (*Aus Politik und Zeitgeschichte*) 64/33-34, 11-16.

KOCH, Corinna. 2011. „Flugsaurier und Dämonen über Paris: Die mysteriöse Welt der Adèle Blanc-Sec in der BD von Jacques Tardi", in: *Französisch heute* 42/3, 116-122.

KOCH, Corinna. 2013. „Die spezifischen Merkmale der Medienkombination *bande dessinée* und ihr Potenzial für den Französischunterricht", in: Leitzke-Ungerer, Eva & Neveling, Christiane. edd. *Intermedialität im Französischunterricht: Grundlagen und Anwendungsvielfalt*. Stuttgart: ibidem, 31-46.

KOCH, Corinna. 2014a. „À bord du Super Grand Huit Infernal: „Casse-pipe à la Nation": Detektivarbeit im zwölften Pariser arrondissement", in: *Der Fremdsprachliche Unterricht Französisch* 131, 24-27.

KOCH, Corinna. 2014b. „Mortadelo y Filemón - Olympische Spiele als interkulturelles Event im Spanischunterricht", in: *Hispanorama* 143, 75-83.

KOCH, Corinna. erscheint 2017. „*Onomatopeyas e interjecciones*: Interkulturell-kommunikative Kompetenz durch Comics verschiedener Sprachen und Varietäten des Spanischen", in: Leitzke-Ungerer, Eva & Polzin-Haumann, Claudia.edd. *Varietäten des Spanischen im Spanischunterricht*. Stuttgart, ibidem.

KOCH, Corinna & SOMMERFELDT, Kathrin. 2016. „Comics für den Spanischunterricht im Überblick", in: *Der Fremdsprachliche Unterricht Spanisch* 54, 46-47.

KOHL, Bert. 2005a. „BD + Spracharbeit", in: *Der Fremdsprachliche Unterricht Französisch* 74-75, 4-10.

KOHL, Bert. 2005b. „Au marché", in: *Der Fremdsprachliche Unterricht Französisch* 74-75, 12-15.

KOHL, Bert. 2005c. „Sur le terrain de camping", in: *Der Fremdsprachliche Unterricht Französisch* 74-75, 19-21.

KOHL, Bert. 2005d. „Gaston Lagaffe, le sportif", in: *Der Fremdsprachliche Unterricht Französisch* 74-75, 22-25.

KOHL, Bert. 2005e. „Père et moniteur", in: *Der Fremdsprachliche Unterricht Französisch* 74-75, 26-29.

KOHL, Bert. 2005f. „Hugo, le chauffeur amoureux", in: *Der Fremdsprachliche Unterricht Französisch* 74-75, 30-33.

KOHL, Bert. 2005g. „Titeuf: Millésime Man", in: *Der Fremdsprachliche Unterricht Französisch* 74-75, 34-36.

KOLACKI, Heike. 2005. „Titeuf, Malika; Ecoline et les autres: Wortschatzarbeit an BDs im Lernzirkel", in: *Der fremdsprachliche Unterricht Französisch* 74-75, 38-66.

KOLBE, Annette. 2016. „Literarische Übersetzung mit Comics", in: *Hispanorama* 152, 68-73.

KRUSE, Iris. 2013. „Texte mit Bildern und Bilder mit Texten: Herausforderungen und Perspektiven einer Text-Bild-Didaktik", in: *Grundschulunterricht Deutsch* 3, 4-7.

LANGE, Ulrike C. 2014. „Mit *romans graphiques* themenspezifisch arbeiten: Chancen für einen inhaltsreichen und kompetenzfördernden Französischunterricht", in: *Der Fremdsprachliche Unterricht Französisch* 131, 2-9.

LAUZIER, Fanny. 2015. „Un cours sur la BD dans une université britannique", in: *LeFigaro.fr*, 3. Dezember 2015 http://etudiant.lefigaro.fr/international/etudier-a-l-etranger/detail/article/ un-cours-sur-la-bd-dans-une-universite-britannique-18141/, Zugriff: 25.11.2016.

LETZ, Ulrike & LINTANF, Benoît. 2014. „Poitrine bombée et regard fier: Die Rekrutierung Jugendlicher im Ersten Weltkrieg in „Notre mère la guerre" untersuchen", in: *Der Fremdsprachliche Unterricht Französisch* 131, 38-43.

LEUPOLD, Eynar. 2002. *Französisch unterrichten: Grundlagen, Methoden, Anregungen.* Seelze: Klett / Kallmeyer.

LIEBER, Gabriele. 2008. „Lehren und Lernen mit Bildern", in: dieselbe. ed. *Lehren und Lernen mit Bildern. Ein Handbuch zur Bilddidaktik.* Baltmannsweiler: Schneider Verlag Hohengehren, 4-10.

LIEBIG, Cara. 2016. „¿Mafalda – un modelo eterno?", in: *Der Fremdsprachliche Unterricht Spanisch* 54, 38-41.

LUDWIG, Christian. 2014a. „Shakespeare goes graphic: Grafische Adaptationen von „A Midsummer Night's Dream", in: *Praxis Fremdsprachenunterricht Englisch* 11/3, 8-10.

LUDWIG, Christian. 2014b. „Shump! Zoom! Throkk!: Kreative Spracharbeit mit Comicstrips und Cartoons", in: *Praxis Fremdsprachenunterricht* 11/3, 12-14.

LUDWIG, Christian & POINTNER, Frank Erik. edd. 2013. *Teaching Comics in the Foreign Language Classroom.* Trier: Wissenschaftlicher Verlag Trier.

LUKESCH, Helmut et al. 1990. *Jugendmedienstudie. Verbreitung, Nutzung und ausgewählte Wirkungen von Massenmedien bei Kindern und Jugendlichen.* Regensburg: Roderer.

MÄLZER, Nathalie. 2014. „Was ist eigentlich Transmediale Übersetzung? Vielfältige Formen von Ausgangs- und Zugangssprachen", in: *Forschung & Lehre* 8/2014, 636-637.

MÄLZER, Nathalie. 2015. „Vom Übersetzen und -adaptieren als Umcodierungsprozess komplexer Zeichengebilde. Eine Einführung", in: Mälzer, Nathalie. ed. *Comics – Übersetzungen und Adaptionen.* Berlin: Frank & Timme, 11-21.

MAHNE, Nicole. 2007. *Transmediale Erzähltheorie: eine Einführung.* Göttingen: Vandenhoeck & Ruprecht.

MANSECK, Stefanie & WIRTHMANN, Eva-Vera. 2016. „*Gael y la red de mentiras*: Das Lese-/Sehverstehen mit einer *novela gráfica* schulen", in: *Der Fremdsprachliche Unterricht Spanisch* 54, 12-17.

MCCLOUD, Scott. 2001. *Comics richtig lesen: Die unsichtbare Kunst.* Hamburg: Carlsen.

MEDIENPÄDAGOGISCHER FORSCHUNGSVERBUND SÜDWEST. 2014. *JIM-Studie 2014 – Jugend, Information, (Multi-)Media. Basisuntersuchung zum Medienumgang 12- bis 19-Jähriger.* Stuttgart. https://www.mpfs.de/studien/?tab=tab-18-1, Zugriff: 25.11.2016.

MEER-WALTER, Stephanie. 2000. „Tintin, Lucky Luke, les Schtroumpfs et les autres sur Internet: Le tour de la BD francophone", in: *Der Fremdsprachliche Unterricht Französisch* 43, 23-27.

MEIDT, Ernst-Heinrich. 1976. „Astérix im Französischunterricht. Zwei Unterrichtsbeispiele", in: *Neusprachliche Mitteilungen aus Wissenschaft und Praxis* 29/4, 202-210.

MEIDT, Ernst-Heinrich. 1979. „Astérix in der Volkshochschule. Zwei Beispiele für Unterricht mit Comics in der Erwachsenenbildung", in: *Zielsprache Französisch* 3, 116-129.

MERLIN, Ines. 2013. „Dis-lui que tu l'aimes: Titeuf, Nadia und die Objektpronomen (2./3. Lernjahr)", in: *RAAbits Französisch* 1.

MERTENS, Jürgen. 1998. „Trois ... Deux ... Un ... Schtroumpfez! Ein methodischer Weg zum Umgang mit dem Wörterbuch", in: *Der Fremdsprachliche Unterricht Französisch* 36, 52-54.

MEYER, Hilbert & FICHTEN, Wolfgang. 2009. *Einführung in die schulische Aktionsforschung: Ziele, Verfahren und Ergebnisse eines BLK-Modellversuchs.* Oldenburg: Universität Oldenburg.

MINISTERIUM FÜR SCHULE UND WEITERBILDUNG DES LANDES NORDRHEIN-WESTFALEN. 2007. *Kernlehrplan für den verkürzten Bildungsgang des Gymnasiums – Sekundarstufe I (G8) in Nordrhein-Westfalen. Englisch.* Frechen: Ritterbach.

MINISTERIUM FÜR SCHULE UND WEITERBILDUNG DES LANDES NORDRHEIN-WESTFALEN. 2008. *Kernlehrplan für das Gymnasium – Sekundarstufe I in Nordrhein-Westfalen. Französisch.* Frechen: Ritterbach.

MINISTERIUM FÜR SCHULE UND WEITERBILDUNG DES LANDES NORDRHEIN-WESTFALEN. 2009. *Kernlehrplan für das Gymnasium – Sekundarstufe I in Nordrhein-Westfalen. Spanisch.* Frechen: Ritterbach.

MINISTERIUM FÜR SCHULE UND WEITERBILDUNG DES LANDES NORDRHEIN-WESTFALEN. 2013. *Kernlehrplan für die Sekundarstufe II Gymnasium / Gesamtschule in Nordrhein-Westfalen. Englisch.* Frechen: Ritterbach.

MINISTERIUM FÜR SCHULE UND WEITERBILDUNG DES LANDES NORDRHEIN-WESTFALEN. 2014a. *Kernlehrplan für die Sekundarstufe II Gymnasium / Gesamtschule in Nordrhein-Westfalen. Französisch.* Frechen: Ritterbach.

MINISTERIUM FÜR SCHULE UND WEITERBILDUNG DES LANDES NORDRHEIN-WESTFALEN. 2014b. *Kernlehrplan für die Sekundarstufe II Gymnasium / Gesamtschule in Nordrhein-Westfalen. Spanisch.* Frechen: Ritterbach.

MOORMANN, Ruth & ZERWECK, Bruno. 2005. „Gewaltdarstellung im Comic: Der Horrorcomic ‚The Orphan'", in: *Der Fremdsprachliche Unterricht Englisch* 73, 33-36.

NESSLER-MATUTTIS, Catherine. 2005. „Ma belle femme!", in: *Der Fremdsprachliche Unterricht Französisch* 74-75, 16-18.

NIEWELER, Andreas. 2006. „Umgang mit Texten und Medien – Au plaisir de lire", in: derselbe. ed. *Fachdidaktik Französisch: Tradition, Innovation, Praxis.* Stuttgart: Ernst Klett Sprachen, 206-231.

NIJHAWAN, Subin. 2014. „Vom Comic zum Zeichentrickfilm: Sachfachunterricht mit ‚The Simpsons'", in: *Praxis Fremdsprachenunterricht Englisch* 11/3, 13-15.

PAIVIO, A. 1971. *Imagery and verbal processes.* New York: Holt, Rinehart and Winston.

PANKNIN, Christian & WIELAND, Björn. 2012. „Let's Get Outta Here: Die Handlung einer graphic novel nachvollziehen", in: *Der Fremdsprachliche Unterricht Englisch* 117, 16-21.

PLOQUIN, Françoise & ROLLAND, Dominique. 1999. „Apprendre le français avec Astérix", in: *Le Français dans le Monde* 303, 67-68.

POLLETI, Axel. 1993. „Französischbücher im Urteil von Schülern und Lehrern – Bericht über eine Umfrage", in: *Praxis des neusprachlichen Unterrichts* 2, 183-190.

POPP, Kerstin. 2016. „Desde la perspectiva del faro: Kreativer landeskundlich-literarischer Unterricht mit Paco Rocas ‚El faro'", in: *Der Fremdsprachliche Unterricht Spanisch* 54, 24-29.

PORST, Rolf. 1996. „Fragebogenerstellung", in: Goebl, Hans et al. edd. *Kontaktlinguistik. Ein internationales Handbuch zeitgenössischer Forschung.* Berlin: De Gruyter, 737-744.

PRANZ, Sebastian & BASSELER, Michael. 2005. „The American Way of (Representing) Life: Die Simpsons und gun control in den USA", in: *Der Fremdsprachliche Unterricht Englisch* 75, 16-21.

REINFRIED, Marcus. 1996. „,La Tour': Eine literarische bande dessinée", in: *Der Fremdsprachliche Unterricht Französisch* 22, 28-34.
REMMERT, Natascha. 2016. „Comics und Graphic Novels im Spanischunterricht am Beispiel von *Mil euros por tu vida*", in: *Hispanorama* 152, 20-28.
RIEMER, Claudia. 2014. „Forschungsmethodologie Deutsch als Fremd- und Zweitsprache", in: Settinieri, Julia et al. edd. *Empirische Forschungsmethoden für Deutsch als Fremd- und Zweitsprache: Eine Einführung*. Paderborn: Schöningh, 15-31.
ROGNER, Julia. 2014. „,Vous allez voir, c'est pas triste ici!': Sprechanlässe schaffen mit Riad Sattoufs ‚Retour au collège'", in: *Der Fremdsprachliche Unterricht Französisch* 131, 14-18.
SÁNCHEZ SERDÁ, Marta. 2015. „Mafalda. Una heroína de hoy y de siempre", in: *Der Fremdsprachliche Unterricht Spanisch* 50, 12-15.
SCHÄFERS, Monika. 2012. „This Is Not A Diary: Narrative Strategien von grafischer Literatur untersuchen", in: *Der Fremdsprachliche Unterricht Englisch* 117, 22-27.
SCHAUMBURG, Heike & KÜSTER, Lutz. 2016. „Digitale Medien: neue Herausforderungen, neue Chancen für den Französischunterricht – Einführung", in: Küster, Lutz. ed. *Individualisierung im Französischunterricht: Mit digitalen Medien differenzierend unterrichten*. Seelze: Klett/Kallmeyer, 40-41.
SCHEPPELMANN, Rainer & GROVAS ITURMENDI, Enrique. 1995. *Subjuntivando: Übungsprogramm zum Gebrauch des Konjunktivs im Spanischen*. Augsburg: Radike.
SCHIKOWSKI, Klaus & WIRBELEIT, Patrick. 2011. *Comic und Manga. pixi Wissen – einfach gut erklärt*. Hamburg: Carlsen.
SCHMELTER, Lars. 2014. „Gütekriterien", in: Settinieri, Julia et al. edd. *Empirische Forschungsmethoden für Deutsch als Fremd- und Zweitsprache: Eine Einführung*. Paderborn: Schöningh, 33-45.
SCHRADER, Heide. 2007. „Offenheit in Bildern – Einladung zur Kommunikation", in: dieselbe. ed. *Medien im Französisch- und Spanischunterricht*. Stuttgart: ibidem, 17-25.
SCHRÖTER, Anne & HERRMANN, Frank. 2012. „Sophisticated Suspense: Fremdverstehen anhand einer *graphic novel* trainieren", in: *Der Fremdsprachliche Unterricht Englisch* 117, 39-45.
SCHÜWER, Martin. 2005. „Teaching Comics: Die unentdeckten Potenziale der grafischen Literatur", in: *Der Fremdsprachliche Unterricht Englisch* 73, 2-7.
SCHÜWER, Martin. 2008. *Wie Comics erzählen. Grundriss einer intermedialen Erzähltheorie der grafischen Literatur*. Trier: Wissenschaftlicher Verlag.
SCHWEMER, Kay. 2014. „La gifle de la révolution: „Sidi Bouzid Kids" - der Arabische Frühling zwischen Fiktion und Realität im *roman graphique*", in: *Der Fremdsprachliche Unterricht Französisch* 131, 32-37.
SISTIG, Joachim. 2014. „Beaucoup de bling-bling et très à la mode: Luxus- und Kapitalismuskritik in „Rester normal à Saint-Tropez" analysieren", in: *Der Fremdsprachliche Unterricht Französisch* 131, 28-31.
SUÁREZ VEGA, Carla. 2016. „La novela gráfica en el aula de ELE. Una aproximación a la Guerra Civil Española a través del arte secuencial", in: *Hispanorama* 152, 30-40.
SWORD, Jacqueline. 1996. „La B.D. satirique et sa pédagogie", in: *Der Fremdsprachliche Unterricht Französisch* 22, 25-27.
THALER, Engelbert. 2005. „The Bard goes cartoon: Die Verwendung von Shakespeare-Comics", in: *Der Fremdsprachliche Unterricht Englisch* 73, 37-43.

THALER, Engelbert. 2015. „Das geht ins Auge! Visualisierung mit Infographiken", in: *Praxis Fremdsprachenunterricht* 6, 12-15.
THIELE, Sylvia. 2013. „‚La politique en BD littéraire' oder ‚der 11. September' im Französischunterricht", in: Frings, Michael & Heiderich, Jens F. edd. *Ökonomische Bildung im Französischunterricht. II. Französische Fachdidaktiktagung (Gutenberg-Gymnasium, Mainz)*. Stuttgart: ibidem, 31-40.
THIESSEN, Ellen. 2012. *Comicrezeption und die kognitive Verarbeitung bei Kindern: Eine Wirkungsanalyse am Beispiel der Abrafaxe*. München: Akademische Verlagsgemeinschaft München.
TREUMANN, Klaus Peter et al. 2007. *Medienhandeln Jugendlicher. Mediennutzung und Medienkompetenz. Bielefelder Medienkompetenzmodell*. Wiesbaden: VS Verlag für Sozialwissenschaften.
UZUNER, Fatih. 2014. „Earthquakes in San Francisco? ‚Smile!'", in: *Praxis Fremdsprachenunterricht. Englisch* 11/3, 11-12.
VERNAL SCHMIDT, Janina. 2016. „Die *novela gráfica Arrugas* und deren filmische Adaption für die Analyse von Comic und Film in der Sekundarstufe II nutzen", in: *Hispanorama* 152, 42-54.
VIGNAUD, Marie-Françoise. 1996a. „La BD de Vincent Pernet: analyse et propositions de travail", in: *Der Fremdsprachliche Unterricht Französisch* 22, 35-39.
VIGNAUD, Marie-Françoise. 1996b. „Angoulême: le festival de la BD rapporte 60 millions à l'économie locale", in: *Der Fremdsprachliche Unterricht Französisch* 22, 40.
VIGNAUD, Marie-Françoise. 1996c. „Le tour de la BD en 10 héros", in: *Der Fremdsprachliche Unterricht Französisch* 22, 41.
VIGNAUD, Marie-Françoise. 2009a. „En pleine forme dans ses bulles!: La Bande Dessinée en théorie et en pratique", in: *Der Fremdsprachliche Unterricht Französisch* 97, 2-8.
VIGNAUD, Marie-Françoise. 2009b. „Ouah! Balèze!: Die BD und den Film Persepolis analysieren", in: *Der Fremdsprachliche Unterricht Französisch* 97, 18-27.
VIGNAUD, Marie-Françoise. 2009c. „BD actuelles", in: *Der Fremdsprachliche Unterricht Französisch* 97, 28-29.
VIGNAUD, Marie-Françoise. 2009d. „Retour au collège: Eine BD als *roman graphique* lesen und verstehen", in: *Der Fremdsprachliche Unterricht Französisch* 97, 36-41.
VIGNAUD, Marie-Françoise. 2009e. „Napoléon: un homme pour un empire: Eine BD historique analysieren", in: *Der Fremdsprachliche Unterricht Französisch* 97, 42-48.
WALTER, Heribert. 1977. „Astérix le Gaulois im Französischunterricht", in: *Gesammelte Aufsätze zur Frankreichkunde (Schule und Forschung. 29)*. Frankfurt am Main: Diesterweg, 168-190.
WALTHER, Matthias. 1996. „B.D. im Internet", in: *Der Fremdsprachliche Unterricht Französisch* 22, 47.
WEINRICH, Harald. 1983. „Literatur im Fremdsprachenunterricht – ja, aber mit Phantasie", in: *Die Neueren Sprachen* 82/3, 200-216.
WEIß, Christian. 1998. „‚Asterix,Tour de Gaule' in Etappen: Binnendifferenzierte Erarbeitung eines Guide de lecture", in: *Praxis Fremdsprachenunterricht. Französisch* 8/3, 7-9.
WILTS, Johannes. 2005. *Tardi – Penna: La Débauche – Lehrerhandreichung*. Stuttgart: Klett.
ZASCHKE, Christian. 2015. „Der Comic-Professor", in: *Süddeutsche.de*, 1. Dezember 2015 http://www.sueddeutsche.de/bildung/benot-peeters-der-comic-professor-1.2757100, Zugriff: 25.11.2016.

7. Anhang

Anhang 1   Fragebogen für Lernende der Stufe 6

Anhang 2   Fragebogen für Lernenden der Stufen 8, 10 und 12

Anhang 3   Anschreiben an die Schulleitung

Anhang 4   Anschreiben an Lehrkräfte

Anhang 5   Anschreiben an Erziehungsberechtigte

Anhang 1   Fragebogen für Lernende der Stufe 6

Liebe Schülerin, lieber Schüler,

danke, dass du dich an dieser Umfrage beteiligst. Die Erfassung dient rein wissenschaftlichen Zwecken. Größtenteils geht es um Angaben zu deiner Person und um deine Einschätzung. Es ist wichtig, dass du immer ehrlich antwortest. Deine Antworten werden anonym ausgewertet und absolut vertraulich behandelt.

Vielen Dank für deine Unterstützung!

Texte und Medien in Fremdsprachenunterricht und Alltag

Zutreffendes bitte ankreuzen:
Ich bin _____ **Jahre alt.** *(bitte Zahl eintragen)*
Ich bin ☐ ein Mädchen ☐ ein Junge.

Ich besitze *(Mehrfachnennungen sind möglich)*
☐ ein eigenes Handy/Smartphone/iPhone mit Internetzugang
☐ ein eigenes Handy/Smartphone/iPhone ohne Internetzugang
☐ einen eigenen iPod/mp3-Player
☐ ein eigenes Tablet/iPad
☐ einen eigenen Computer oder Laptop
☐ eine oder mehrere eigene Spielekonsolen
☐ einen eigenen Fernseher

Bei mir zu Hause gibt es so viele Bücher:
☐ sehr wenige (bis 10 Bücher)
☐ etwa ein Bücherbrett (11-24 Bücher)
☐ etwa ein Bücherregal (25-100 Bücher)
☐ etwa zwei Bücherregale (101-200 Bücher)
☐ drei oder mehr Bücherregale (mehr als 200 Bücher)

Meine letzte Zeugnisnote im Fach Englisch war eine _____ (z.B. *3*).

Wie häufig werden folgende Texte/Medien in deinem Englischunterricht eingesetzt?

Romane	☐ nie	☐ einmal im Schuljahr	☐ monatlich	☐ wöchentlich
Kurzgeschichten	☐ nie	☐ einmal im Schuljahr	☐ monatlich	☐ wöchentlich
Gedichte	☐ nie	☐ einmal im Schuljahr	☐ monatlich	☐ wöchentlich
Zeitungsartikel	☐ nie	☐ einmal im Schuljahr	☐ monatlich	☐ wöchentlich
Zeitschriftenartikel	☐ nie	☐ einmal im Schuljahr	☐ monatlich	☐ wöchentlich
Comics	☐ nie	☐ einmal im Schuljahr	☐ monatlich	☐ wöchentlich
Mangas	☐ nie	☐ einmal im Schuljahr	☐ monatlich	☐ wöchentlich
Karikaturen	☐ nie	☐ einmal im Schuljahr	☐ monatlich	☐ wöchentlich
Fotos	☐ nie	☐ einmal im Schuljahr	☐ monatlich	☐ wöchentlich
Lieder/Musik	☐ nie	☐ einmal im Schuljahr	☐ monatlich	☐ wöchentlich
Filme	☐ nie	☐ einmal im Schuljahr	☐ monatlich	☐ wöchentlich
Fernsehserien	☐ nie	☐ einmal im Schuljahr	☐ monatlich	☐ wöchentlich
Theaterstücke	☐ nie	☐ einmal im Schuljahr	☐ monatlich	☐ wöchentlich
Handys/Smart-/iPhones	☐ nie	☐ einmal im Schuljahr	☐ monatlich	☐ wöchentlich
Tablets/iPads	☐ nie	☐ einmal im Schuljahr	☐ monatlich	☐ wöchentlich
Laptops/Computer	☐ nie	☐ einmal im Schuljahr	☐ monatlich	☐ wöchentlich
Spielekonsolen	☐ nie	☐ einmal im Schuljahr	☐ monatlich	☐ wöchentlich

Wie häufig sollten die folgenden Texte/Medien deiner Meinung nach im Englischunterricht eingesetzt werden?

Romane	□ nie	□ einmal im Schuljahr	□ monatlich	□ wöchentlich
Kurzgeschichten	□ nie	□ einmal im Schuljahr	□ monatlich	□ wöchentlich
Gedichte	□ nie	□ einmal im Schuljahr	□ monatlich	□ wöchentlich
Zeitungsartikel	□ nie	□ einmal im Schuljahr	□ monatlich	□ wöchentlich
Zeitschriftenartikel	□ nie	□ einmal im Schuljahr	□ monatlich	□ wöchentlich
Comics	□ nie	□ einmal im Schuljahr	□ monatlich	□ wöchentlich
Mangas	□ nie	□ einmal im Schuljahr	□ monatlich	□ wöchentlich
Karikaturen	□ nie	□ einmal im Schuljahr	□ monatlich	□ wöchentlich
Fotos	□ nie	□ einmal im Schuljahr	□ monatlich	□ wöchentlich
Lieder/Musik	□ nie	□ einmal im Schuljahr	□ monatlich	□ wöchentlich
Filme	□ nie	□ einmal im Schuljahr	□ monatlich	□ wöchentlich
Fernsehserien	□ nie	□ einmal im Schuljahr	□ monatlich	□ wöchentlich
Theaterstücke	□ nie	□ einmal im Schuljahr	□ monatlich	□ wöchentlich
Handys/Smart-/iPhones	□ nie	□ einmal im Schuljahr	□ monatlich	□ wöchentlich
Tablets/iPads	□ nie	□ einmal im Schuljahr	□ monatlich	□ wöchentlich
Laptops/Computer	□ nie	□ einmal im Schuljahr	□ monatlich	□ wöchentlich
Spielekonsolen	□ nie	□ einmal im Schuljahr	□ monatlich	□ wöchentlich

Mit welchen Texten/Medien würdest du dich noch gerne im Englischunterricht beschäftigen?

_____

_____

Nun zu deinem Alltag: Wie häufig liest/benutzt du folgende Texte/Medien in deiner Freizeit?

Romane	□ nie	□ einmal Jahr	□ monatlich	□ wöchentlich	□ täglich
Kurzgeschichten	□ nie	□ einmal Jahr	□ monatlich	□ wöchentlich	□ täglich
Gedichte	□ nie	□ einmal Jahr	□ monatlich	□ wöchentlich	□ täglich
Zeitungsartikel	□ nie	□ einmal Jahr	□ monatlich	□ wöchentlich	□ täglich
Zeitschriftenartikel	□ nie	□ einmal Jahr	□ monatlich	□ wöchentlich	□ täglich
Comics	□ nie	□ einmal Jahr	□ monatlich	□ wöchentlich	□ täglich
Mangas	□ nie	□ einmal Jahr	□ monatlich	□ wöchentlich	□ täglich
Karikaturen	□ nie	□ einmal Jahr	□ monatlich	□ wöchentlich	□ täglich
Fotos	□ nie	□ einmal Jahr	□ monatlich	□ wöchentlich	□ täglich
Lieder/Musik	□ nie	□ einmal Jahr	□ monatlich	□ wöchentlich	□ täglich
Filme	□ nie	□ einmal Jahr	□ monatlich	□ wöchentlich	□ täglich
Fernsehserien	□ nie	□ einmal Jahr	□ monatlich	□ wöchentlich	□ täglich
Theaterstücke	□ nie	□ einmal Jahr	□ monatlich	□ wöchentlich	□ täglich
Handys/Smart-/iPhones	□ nie	□ einmal Jahr	□ monatlich	□ wöchentlich	□ täglich
Tablets/iPads	□ nie	□ einmal Jahr	□ monatlich	□ wöchentlich	□ täglich
Laptops/Computer	□ nie	□ einmal Jahr	□ monatlich	□ wöchentlich	□ täglich
Spielekonsolen	□ nie	□ einmal Jahr	□ monatlich	□ wöchentlich	□ täglich

Anhang

Jetzt geht es darum, wie gut du dich mit Comics auskennst.
1. Welche der folgenden Comichelden „kennst" du? Woher kennst du sie? Wenn du auch ihre Namen kennst, schreib sie bitte auf.

Zeichner der Comichelden (waren im Fragebogen für die Lernenden nicht sichtbar):
Asterix (René Goscinny & Albert Uderzo); Mafalda (Quino); Catwoman (Bill Finger & Bob Kane); Superman (Jerry Siegel & Joe Shuster); Spiderman (Stan Lee & Steve Ditko); Lucky Luke (Morris); Schlumpfine (Peyo); Minnie Mouse (Ub Iwerks & Walt Disney); Charlie Brown (Charles M. Schulz); Titeuf (Zep); Batman (Bill Finger & Bob Kane); Adèle Blanc-Sec (Jacques Tardi); The Flash (Gardner Fox & Harry Lampert); Gaston Lagaffe (André Franquin); Wonder Woman (William Moulton Marston); Lisa Simpson (Matt Groening u.a.); Las Hermanas Gilda (Manuel Vázquez Gallego); Clever und Smart (Francisco Ibáñez); Tim und Struppi (Hergé)

2. **In Comics gibt es eine bestimmte Leserichtung und somit eine Sprechreihenfolge.**
   Bitte nummeriere die Sprechblasen: Wer spricht als erster, zweiter, ggf. dritter? (z.B. ①②)

   [Die hier im Fragebogen abgedruckten Ausschnitte aus Astérix. La Serpe d'or *mussten aus Gründen des Urheberrechts für die vorliegende Veröffentlichung entfernt werden. Zu sehen waren drei Szenen mit zwei bis drei Sprechern ohne die Inhalte der Sprechblasen (vgl. Goscinny & Uderzo 1969, 2A, 20B und 3B). Die Lernenden mussten die Leserichtung durch Nummerierungen rekonstruieren.]*

3. **Gefühle im Comic:** Wie fühlt sich Obelix vermutlich?

   [Hier musste ein Bild aus Astérix. Légionnaire *entfernt werden, das ohne Sprechblaseninhalt Obelix zeigt, über dessen Kopf ein Herz zerbricht und dessen ganze Körpersprache Schock zum Ausdruck bringt (vgl. Goscinny & Uderzo 1967, 8A). Er erfährt gerade, dass Falbala, in die er verliebt ist, bereits verlobt ist.]*

   Obelix ist
   ☐ glücklich verliebt   ☐ unglücklich verliebt
   ☐ positiv überrascht   ☐ entspannt

   Wie kommst du darauf?
   _____
   _____
   _____

4. **Sprechweisen im Comic:** Asterix und Obelix sind in die Fremdenlegion eingetreten. Sie besuchen den Koch.

   [Hier musste ein Bild aus Astérix. Légionnaire *entfernt werden, auf dem Asterix und Obelix als Legionäre mit dem Koch sprechen. Dessen übertrieben freundliche, da ironische Sprechweise ist durch Blümchen und Vögelchen in seiner Sprechblase angezeigt (vgl. Goscinny & Uderzo 1967, 21A). Die Übersetzung des Gesprächs war für die Lernenden sichtbar.]*

   Übersetzung
   Koch: *Würden Sie vielleicht lieber raffiniertere Speisen essen?*
   Obelix: *Oh ja! Wildschweine!*
   Asterix: *Und in ausreichender Menge; wir brauchen all unsere Kräfte!*

   In welcher Tonlage spricht der Koch? *(Mehrfachnennungen sind möglich)*
   ☐ so wie Asterix und Obelix   ☐ übertrieben freundlich
   ☐ verärgert

   Wie kommst du darauf?
   _____

5. **Text-Bild-Bezüge:** Asterix und Obelix übernachten in einer Herberge.

   [Hier mussten zwei Bilder aus Astérix. La Serpe d'or *gelöscht werden. Im ersten findet unten stehendes Gespräch statt. Die Inhalte der Sprechblasen im zweiten Bild waren gelöscht. Die Lernenden sollten erkennen, dass sich das Gesprächsthema verändert hat und dies im Bild zu erkennen ist: Obelix zeigt auf den Hinkelstein neben der Tür, spricht also darüber, und der Wirt schaut auf den Hinkelstein und ist geschockt – angezeigt durch Striche über seinem Kopf (vgl. Goscinny & Uderzo 1969, 5A).]*

   Übersetzung des ersten Bildes
   Wirt: *Herzlich willkommen! Ein Zimmer?*
   Asterix: *Genau. Und zwei Wildschweine, bitte.*
   Obelix: *Für mich auch zwei Wildschweine!*

   Was denkst du: Worüber sprechen Obelix und der Wirt im zweiten Bild?
   _____
   _____

   Wie kommst du darauf?
   _____

6. Inwiefern stimmst du den folgenden Aussagen zu: „Ich würde mich gerne im Fremdsprachenunterricht mit Comics beschäftigen, weil ...

... Comics lustig sind."

☐ stimme nicht zu   ☐ stimme eher nicht zu   ☐ stimme eher zu   ☐ stimme zu

... in Comics viele Bilder sind."

☐ stimme nicht zu   ☐ stimme eher nicht zu   ☐ stimme eher zu   ☐ stimme zu

... es in Comics wenig Text gibt."

☐ stimme nicht zu   ☐ stimme eher nicht zu   ☐ stimme eher zu   ☐ stimme zu

... Bilder das Textverständnis erleichtern."

☐ stimme nicht zu   ☐ stimme eher nicht zu   ☐ stimme eher zu   ☐ stimme zu

... Comics eine Abwechslung sind."

☐ stimme nicht zu   ☐ stimme eher nicht zu   ☐ stimme eher zu   ☐ stimme zu

Wenn du mehr als zweimal „stimme nicht zu" oder „stimme eher nicht zu" angekreuzt hast, schreib bitte noch auf, warum du dich im Fremdsprachenunterricht eher nicht mit Comics beschäftigen möchtest.

_____

_____

_____

Vielen Dank für deine Teilnahme!

Anhang 2 Fragebogen für Lernenden der Stufen 8, 10 und 12

Liebe Schülerin, lieber Schüler,

danke, dass du dich an dieser Umfrage beteiligst. Die Erfassung dient rein wissenschaftlichen Zwecken. Größtenteils geht es um Angaben zu deiner Person und um deine Einschätzung. Es ist wichtig, dass du immer ehrlich antwortest. Deine Antworten werden anonym ausgewertet und absolut vertraulich behandelt.

Vielen Dank für deine Unterstützung!

Texte und Medien in Fremdsprachenunterricht und Alltag

Zutreffendes bitte ankreuzen:
Ich besuche gerade die Klasse/Stufe: ☐ 8   ☐ 10   ☐ 12
Ich bin _____ Jahre alt. *(bitte Zahl eintragen)*
Ich bin ☐ ein Mädchen ☐ ein Junge.

Ich besitze *(Mehrfachnennungen sind möglich)*
☐ ein eigenes Handy/Smartphone/iPhone mit Internetzugang
☐ ein eigenes Handy/Smartphone/iPhone ohne Internetzugang
☐ einen eigenen iPod/mp3-Player
☐ ein eigenes Tablet/iPad
☐ einen eigenen Computer oder Laptop
☐ eine oder mehrere eigene Spielekonsolen
☐ einen eigenen Fernseher

Bei mir zu Hause gibt es so viele Bücher:
☐ sehr wenige (bis 10 Bücher)
☐ etwa ein Bücherbrett (11-24 Bücher)
☐ etwa ein Bücherregal (25-100 Bücher)
☐ etwa zwei Bücherregale (101-200 Bücher)
☐ drei oder mehr Bücherregale (mehr als 200 Bücher)

Ich lerne die folgenden Fremdsprachen:
☐ Englisch   ☐ Französisch   ☐ Spanisch   ☐ Latein   ☐ Sonstige:_____
Meine erste Fremdsprache ist: _____ (z.B. *Englisch*) Letzte Zeugnisnote: ___ (z.B. *3*)
Meine zweite Fremdsprache ist: _____   Letzte Zeugnisnote: ___
Meine dritte Fremdsprache ist: _____   Letzte Zeugnisnote: ___

Zum Unterricht in deiner ersten Fremdsprache:
Wie häufig werden folgende Texte/Medien dort eingesetzt?

Romane	☐ nie	☐ einmal im Schuljahr	☐ monatlich	☐ wöchentlich
Kurzgeschichten	☐ nie	☐ einmal im Schuljahr	☐ monatlich	☐ wöchentlich
Gedichte	☐ nie	☐ einmal im Schuljahr	☐ monatlich	☐ wöchentlich
Zeitungsartikel	☐ nie	☐ einmal im Schuljahr	☐ monatlich	☐ wöchentlich
Zeitschriftenartikel	☐ nie	☐ einmal im Schuljahr	☐ monatlich	☐ wöchentlich
Comics	☐ nie	☐ einmal im Schuljahr	☐ monatlich	☐ wöchentlich
Mangas	☐ nie	☐ einmal im Schuljahr	☐ monatlich	☐ wöchentlich
Karikaturen	☐ nie	☐ einmal im Schuljahr	☐ monatlich	☐ wöchentlich
Fotos	☐ nie	☐ einmal im Schuljahr	☐ monatlich	☐ wöchentlich
Lieder/Musik	☐ nie	☐ einmal im Schuljahr	☐ monatlich	☐ wöchentlich
Filme	☐ nie	☐ einmal im Schuljahr	☐ monatlich	☐ wöchentlich
Fernsehserien	☐ nie	☐ einmal im Schuljahr	☐ monatlich	☐ wöchentlich
Theaterstücke	☐ nie	☐ einmal im Schuljahr	☐ monatlich	☐ wöchentlich

Handys/Smart-/iPhones	□ nie	□ einmal im Schuljahr	□ monatlich	□ wöchentlich
Tablets/iPads	□ nie	□ einmal im Schuljahr	□ monatlich	□ wöchentlich
Laptops/Computer	□ nie	□ einmal im Schuljahr	□ monatlich	□ wöchentlich
Spielekonsolen	□ nie	□ einmal im Schuljahr	□ monatlich	□ wöchentlich

Zum Unterricht in deiner zweiten Fremdsprache:
Wie häufig werden folgende Texte/Medien dort eingesetzt?

Romane	□ nie	□ einmal im Schuljahr	□ monatlich	□ wöchentlich
Kurzgeschichten	□ nie	□ einmal im Schuljahr	□ monatlich	□ wöchentlich
Gedichte	□ nie	□ einmal im Schuljahr	□ monatlich	□ wöchentlich
Zeitungsartikel	□ nie	□ einmal im Schuljahr	□ monatlich	□ wöchentlich
Zeitschriftenartikel	□ nie	□ einmal im Schuljahr	□ monatlich	□ wöchentlich
Comics	□ nie	□ einmal im Schuljahr	□ monatlich	□ wöchentlich
Mangas	□ nie	□ einmal im Schuljahr	□ monatlich	□ wöchentlich
Karikaturen	□ nie	□ einmal im Schuljahr	□ monatlich	□ wöchentlich
Fotos	□ nie	□ einmal im Schuljahr	□ monatlich	□ wöchentlich
Lieder/Musik	□ nie	□ einmal im Schuljahr	□ monatlich	□ wöchentlich
Filme	□ nie	□ einmal im Schuljahr	□ monatlich	□ wöchentlich
Fernsehserien	□ nie	□ einmal im Schuljahr	□ monatlich	□ wöchentlich
Theaterstücke	□ nie	□ einmal im Schuljahr	□ monatlich	□ wöchentlich
Handys/Smart-/iPhones	□ nie	□ einmal im Schuljahr	□ monatlich	□ wöchentlich
Tablets/iPads	□ nie	□ einmal im Schuljahr	□ monatlich	□ wöchentlich
Laptops/Computer	□ nie	□ einmal im Schuljahr	□ monatlich	□ wöchentlich
Spielekonsolen	□ nie	□ einmal im Schuljahr	□ monatlich	□ wöchentlich

Zu deinen Wünschen im Fremdsprachenunterricht:
Wie häufig sollten die folgenden Texte/Medien deiner Meinung nach im Fremdsprachenunterricht eingesetzt werden?

Romane	□ nie	□ einmal im Schuljahr	□ monatlich	□ wöchentlich
Kurzgeschichten	□ nie	□ einmal im Schuljahr	□ monatlich	□ wöchentlich
Gedichte	□ nie	□ einmal im Schuljahr	□ monatlich	□ wöchentlich
Zeitungsartikel	□ nie	□ einmal im Schuljahr	□ monatlich	□ wöchentlich
Zeitschriftenartikel	□ nie	□ einmal im Schuljahr	□ monatlich	□ wöchentlich
Comics	□ nie	□ einmal im Schuljahr	□ monatlich	□ wöchentlich
Mangas	□ nie	□ einmal im Schuljahr	□ monatlich	□ wöchentlich
Karikaturen	□ nie	□ einmal im Schuljahr	□ monatlich	□ wöchentlich
Fotos	□ nie	□ einmal im Schuljahr	□ monatlich	□ wöchentlich
Lieder/Musik	□ nie	□ einmal im Schuljahr	□ monatlich	□ wöchentlich
Filme	□ nie	□ einmal im Schuljahr	□ monatlich	□ wöchentlich
Fernsehserien	□ nie	□ einmal im Schuljahr	□ monatlich	□ wöchentlich
Theaterstücke	□ nie	□ einmal im Schuljahr	□ monatlich	□ wöchentlich
Handys/Smart-/iPhones	□ nie	□ einmal im Schuljahr	□ monatlich	□ wöchentlich
Tablets/iPads	□ nie	□ einmal im Schuljahr	□ monatlich	□ wöchentlich
Laptops/Computer	□ nie	□ einmal im Schuljahr	□ monatlich	□ wöchentlich
Spielekonsolen	□ nie	□ einmal im Schuljahr	□ monatlich	□ wöchentlich

Mit welchen Texten/Medien würdest du dich noch gerne im Fremdsprachenunterricht beschäftigen?

_____
_____

Nun zu deinem Alltag:
Wie häufig liest/benutzt du folgende Texte/Medien in deiner Freizeit?

Romane	□ nie	□ einmal Jahr	□ monatlich	□ wöchentlich	□ täglich
Kurzgeschichten	□ nie	□ einmal Jahr	□ monatlich	□ wöchentlich	□ täglich
Gedichte	□ nie	□ einmal Jahr	□ monatlich	□ wöchentlich	□ täglich
Zeitungsartikel	□ nie	□ einmal Jahr	□ monatlich	□ wöchentlich	□ täglich
Zeitschriftenartikel	□ nie	□ einmal Jahr	□ monatlich	□ wöchentlich	□ täglich
Comics	□ nie	□ einmal Jahr	□ monatlich	□ wöchentlich	□ täglich
Mangas	□ nie	□ einmal Jahr	□ monatlich	□ wöchentlich	□ täglich
Karikaturen	□ nie	□ einmal Jahr	□ monatlich	□ wöchentlich	□ täglich
Fotos	□ nie	□ einmal Jahr	□ monatlich	□ wöchentlich	□ täglich
Lieder/Musik	□ nie	□ einmal Jahr	□ monatlich	□ wöchentlich	□ täglich
Filme	□ nie	□ einmal Jahr	□ monatlich	□ wöchentlich	□ täglich
Fernsehserien	□ nie	□ einmal Jahr	□ monatlich	□ wöchentlich	□ täglich
Theaterstücke	□ nie	□ einmal Jahr	□ monatlich	□ wöchentlich	□ täglich
Handys/Smart-/iPhones	□ nie	□ einmal Jahr	□ monatlich	□ wöchentlich	□ täglich
Tablets/iPads	□ nie	□ einmal Jahr	□ monatlich	□ wöchentlich	□ täglich
Laptops/Computer	□ nie	□ einmal Jahr	□ monatlich	□ wöchentlich	□ täglich
Spielekonsolen	□ nie	□ einmal Jahr	□ monatlich	□ wöchentlich	□ täglich

Anhang

Jetzt geht es darum, wie gut du dich mit Comics auskennst.
1. Welche der folgenden Comichelden „kennst" du? Woher kennst du sie? Wenn du auch ihre Namen kennst, schreib sie bitte auf.

Zeichner der Comichelden (waren im Fragebogen für die Lernenden nicht sichtbar):
Astérix (René Goscinny & Albert Uderzo); Mafalda (Quino); Catwoman (Bill Finger & Bob Kane); Superman (Jerry Siegel & Joe Shuster); Spiderman (Stan Lee & Steve Ditko); Lucky Luke (Morris); Schlumpfine (Peyo); Minnie Mouse (Ub Iwerks & Walt Disney); Charlie Brown (Charles M. Schulz); Titeuf (Zep); Batman (Bill Finger & Bob Kane); Adèle Blanc-Sec (Jacques Tardi); The Flash (Gardner Fox & Harry Lampert); Gaston Lagaffe (André Franquin); Wonder Woman (William Moulton Marston); Lisa Simpson (Matt Groening u.a.); Las Hermanas Gilda (Manuel Vázquez Gallego); Clever und Smart (Francisco Ibáñez); Tim und Struppi (Hergé)

7. **In Comics gibt es eine bestimmte Leserichtung und somit eine Sprechreihenfolge.**
   Bitte nummeriere die Sprechblasen: Wer spricht als erster, zweiter, ggf. dritter? (z.B. ①②)

   [Die hier im Fragebogen abgedruckten Ausschnitte aus Astérix. La Serpe d'or *mussten aus Gründen des Urheberrechts für die vorliegende Veröffentlichung entfernt werden. Zu sehen waren drei Szenen mit zwei bis drei Sprechern ohne die Inhalte der Sprechblasen (vgl. Goscinny & Uderzo 1969, 2A, 20B und 3B). Die Lernenden mussten die Leserichtung durch Nummerierungen rekonstruieren.]*

8. **Gefühle im Comic:** Wie fühlt sich Obelix vermutlich?

   [Hier musste ein Bild aus Astérix. Légionnaire *entfernt werden, das ohne Sprechblaseninhalt Obelix zeigt, über dessen Kopf ein Herz zerbricht und dessen ganze Körpersprache Schock zum Ausdruck bringt (vgl. Goscinny & Uderzo 1967, 8A). Er erfährt gerade, dass Falbala, in die er verliebt ist, bereits verlobt ist.]*

   Obelix ist
   ☐ glücklich verliebt   ☐ unglücklich verliebt
   ☐ positiv überrascht   ☐ entspannt

   Wie kommst du darauf?
   _____
   _____
   _____

9. **Sprechweisen im Comic:** Asterix und Obelix sind in die Fremdenlegion eingetreten. Sie besuchen den Koch.

   [Hier musste ein Bild aus Astérix. Légionnaire *entfernt werden, auf dem Asterix und Obelix als Legionäre mit dem Koch sprechen. Dessen übertrieben freundliche, da ironische Sprechweise ist durch Blümchen und Vögelchen in seiner Sprechblase angezeigt (vgl. Goscinny & Uderzo 1967, 21A). Die Übersetzung des Gesprächs war für die Lernenden sichtbar.]*

Übersetzung
Koch: Würden Sie vielleicht lieber raffiniertere Speisen essen?
Obelix: Oh ja! Wildschweine!
Asterix: Und in ausreichender Menge; wir brauchen all unsere Kräfte!

   In welcher Tonlage spricht der Koch? *(Mehrfachnennungen sind möglich)*
   ☐ so wie Asterix und Obelix   ☐ übertrieben freundlich
   ☐ verärgert
   Wie kommst du darauf?
   _____

10. **Text-Bild-Bezüge:** Asterix und Obelix übernachten in einer Herberge.

    [Hier mussten zwei Bilder aus Astérix. La Serpe d'or *gelöscht werden. Im ersten findet unten stehendes Gespräch statt. Die Inhalte der Sprechblasen im zweiten Bild waren gelöscht. Die Lernenden sollten erkennen, dass sich das Gesprächsthema verändert hat und dies im Bild zu erkennen ist: Obelix zeigt auf den Hinkelstein neben der Tür, spricht also darüber, und der Wirt schaut auf den Hinkelstein und ist geschockt – angezeigt durch Striche über seinem Kopf (vgl. Goscinny & Uderzo 1969, 5A).]*

Übersetzung des ersten Bildes *Wirt: Herzlich willkommen! Ein Zimmer?* *Asterix: Genau. Und zwei Wildschweine, bitte.* *Obelix: Für mich auch zwei Wildschweine!*	**Was denkst du: Worüber sprechen Obelix und der Wirt im zweiten Bild?** _____ _____ **Wie kommst du darauf?** _____

2. **Inwiefern stimmst du den folgenden Aussagen zu: „Ich würde mich gerne im Fremdsprachenunterricht mit Comics beschäftigen, weil ...**

… Comics lustig sind."

☐ stimme nicht zu   ☐ stimme eher nicht zu   ☐ stimme eher zu   ☐ stimme zu

… in Comics viele Bilder sind."

☐ stimme nicht zu   ☐ stimme eher nicht zu   ☐ stimme eher zu   ☐ stimme zu

… es in Comics wenig Text gibt."

☐ stimme nicht zu   ☐ stimme eher nicht zu   ☐ stimme eher zu   ☐ stimme zu

… Bilder das Textverständnis erleichtern."

☐ stimme nicht zu   ☐ stimme eher nicht zu   ☐ stimme eher zu   ☐ stimme zu

… Comics eine Abwechslung sind."

☐ stimme nicht zu   ☐ stimme eher nicht zu   ☐ stimme eher zu   ☐ stimme zu

Wenn du mehr als zweimal „stimme nicht zu" oder „stimme eher nicht zu" angekreuzt hast, schreib bitte noch auf, warum du dich im Fremdsprachenunterricht eher nicht mit Comics beschäftigen möchtest.

_____

_____

_____

Vielen Dank für deine Teilnahme!

Anhang 3 Anschreiben an die Schulleitung

[Anschrift]

Jun.-Prof. Dr. Corinna Koch
Institut für Romanistik
Didaktik des Französischen und Spanischen

Warburger Str. 100
33098 Paderborn
Raum   H 2.120
Fon   0 52 51. 60-49 06
E-Mail Corinna.Koch@upb.de
Web   http://go.upb.de/corinnakoch

Fragebogenstudie für Schülerinnen und Schüler zu Texten und Medien in Fremdsprachenunterricht und Alltag

[Datum]

[Namentliche Anrede der Schulleitung]

im Rahmen eines Forschungsprojektes an der Universität Paderborn arbeite ich derzeit an verschiedenen Bausteinen, die das Potenzial von Comics für den modernen Fremdsprachenunterricht offenlegen und für die Schulpraxis nutzbar machen sollen. Ein zentrales Anliegen ist es uns dabei, die Motivation und die Kompetenzen von Lernenden einzubeziehen, um möglichst schülerorientiert und realitätsnah forschen und Lehr-Lern-Settings konzipieren zu können.

Die im Schuljahr 2014/15 durchgeführte Fragebogenstudie, wegen der ich mich heute an Sie wende, möchte diesem Erkenntnisinteresse nachgehen und herausfinden, welche Texte und Medien Lernende im Fremdsprachenunterricht und in ihrem Alltag wie häufig nutzen, welche Kompetenzen sie im Umgang mit Comics aufweisen sowie ob und aus welchen Gründen Comics für sie einen motivierenden Unterrichtsgegenstand darstellen.

Die Zielgruppe der Fragebogenstudie sind Lernende der Stufen 6, 8, 10 und 12, um neben einem Vergleich von z.B. jungen- und mädchenspezifischen Präferenzen in diesem Bereich auch den Faktor des Alters einbeziehen zu können. Die Ergebnisse der Studie sind für unsere Arbeit von großer Bedeutung und werden unmittelbar in die Entwicklung konkreter Unterrichtssettings für die entsprechenden Jahrgangsstufen einfließen. Wir hoffen daher auf Ihre Unterstützung und die Erlaubnis alle Lernenden der vier genannten Jahrgangsstufen Ihrer Schule in die Fragebogenstudie einbeziehen zu dürfen.

Sollten Sie einverstanden sein, müsste das Einverständnis der Erziehungsberechtigten aller minderjährigen Lernenden nach § 120 des Schulgesetzes NRW eingeholt werden. Daher erhalten Sie als Anlage zu diesem Anschreiben nicht nur den Fragebogen, sondern auch ein Anschreiben zur Einwilligung der Erziehungsberechtigten. Selbstverständlich erfolgt diese Untersuchung auf freiwilliger Basis und absolut anonym.

Zur Durchführung kann ich Ihnen versichern, dass wir alles tun werden, um den Unterrichtsablauf an Ihrer Schule so wenig wie möglich zu beeinträchtigen. Die Fragebögen würden mit einer Durchführungsanleitung in Papierform nach Klassen sortiert in separaten Umschlägen geliefert, in denen die Fragebögen verschlossen zurückgegeben werden können. Die Befragung kann in jedem Unterricht, der im Klassenverband stattfindet, durchgeführt werden, bzw. für die Stufen 10 und 12 in allen Kursen eines Faches, das alle Lernenden belegen. Die Befragung nimmt ca. 15-20 Minuten in Anspruch. Nach der Befragung aller Lernenden Ihrer Schule würden die Fragebögen in den verschlossen Umschlägen wieder abgeholt.

Für Fragen stehe ich Ihnen, Kollegen/innen Ihrer Schule sowie Erziehungsberechtigten gerne zur Verfügung. Über Ihre Unterstützung bei dieser Studie würde ich mich sehr freuen und hoffe, bald von Ihnen zu hören.

Mit freundlichen Grüßen
[Unterschrift]
Corinna Koch

Anhang 4   Anschreiben an Lehrkräfte

> Jun.-Prof. Dr. Corinna Koch
> Institut für Romanistik
> Didaktik des Französischen und Spanischen
>
> Warburger Str. 100
> 33098 Paderborn
> Raum   H 2.120
> Fon   0 52 51. 60-49 06
> E-Mail Corinna.Koch@upb.de
> Web   http://go.upb.de/corinnakoch

Durchführung der Fragebogenstudie „Texte und Medien in Fremdsprachenunterricht und Alltag"

[Datum]

[Namentliche Anrede der Lehrkraft]

herzlichen Dank, dass Sie sich mit Ihrer *[Lerngruppe]* an dieser Fragebogenstudie beteiligen.

Schritt I: Einholung des Elterneinverständnisses
Laut § 120 des Schulgesetzes NRW ist es notwendig, das Einverständnis der Erziehungsberechtigten für die Teilnahme minderjähriger Schülerinnen und Schüler an einer Studie einzuholen. Aus diesem Grund finden Sie in diesem Umschlag zunächst eine ausreichende Anzahl von Einverständniserklärungen für Ihre Lerngruppe. Es wäre wunderbar, wenn Sie diese sobald wie möglich an Ihre Schülerinnen und Schüler verteilen könnten und spätestens **bis zum** *[Datum]* – dieses Datum ist auch im Elternschreiben vermerkt – wieder einsammeln würden.

Schritt II: Durchführung der Fragebogenstudie
In der Woche vom *[Datum]* **bis zum** *[Datum]* sollte dann möglichst die Fragebogenstudie in Ihrem Unterricht durchgeführt werden – alternativ in der darauffolgenden Woche. Bitte beachten Sie, dass nur diejenigen Schülerinnen und Schüler einen Fragebogen erhalten und ausfüllen dürfen, deren Eltern im Vorfeld der Teilnahme zugestimmt haben. Die Bearbeitung der Fragebögen wird etwa 15-20 Minuten in Anspruch nehmen. Bitte achten Sie auf Einzelarbeit.

Anschließend legen Sie die ausgefüllten Fragebögen bitte zurück in diesen Umschlag, kleben ihn zu und legen ihn im Sekretariat in die dafür bereitgestellte Box.

Für Ihre Unterstützung noch einmal herzlichen Dank!

Mit freundlichen Grüßen

[Unterschrift]
Corinna Koch

Anhang 5   Anschreiben an Erziehungsberechtigte

Jun.-Prof. Dr. Corinna Koch
Institut für Romanistik
Didaktik des Französischen und Spanischen

Warburger Str. 100
33098 Paderborn
Raum   H 2.120
Fon   0 52 51. 60-49 06
E-Mail   Corinna.Koch@upb.de
Web   http://go.upb.de/corinnakoch

Elterninformation und Einverständniserklärung für die Teilnahme an einer Fragebogenstudie für Schülerinnen und Schüler zu Texten und Medien in Fremdsprachenunterricht und Alltag

[Datum]

Sehr geehrte Damen und Herren,

im Rahmen eines Forschungsprojekts an der Universität Paderborn arbeite ich derzeit an verschiedenen Bausteinen, die das Potenzial von Comics für den modernen Fremdsprachenunterricht offenlegen und für die Schulpraxis nutzbar machen sollen. Ein zentrales Anliegen ist es uns dabei, die Motivation und die Kompetenzen von Lernenden einzubeziehen, um möglichst schülerorientiert und realitätsnah forschen und Lehr-Lern-Settings konzipieren zu können.

Die für das erste Halbjahr des Schuljahres 2014/15 geplante Fragebogenstudie möchte diesem Erkenntnisinteresse nachgehen und herausfinden, welche Texte und Medien Lernende im Fremdsprachenunterricht und in ihrem Alltag wie häufig nutzen. Die Zielgruppe der Fragebogenstudie sind die Stufen 6, 8, 10 und 12. Die Ergebnisse der Studie sind für unsere Arbeit von großer Bedeutung und werden unmittelbar in die Entwicklung konkreter Unterrichtssettings für die entsprechenden Jahrgangsstufen einfließen.

Selbstverständlich erfolgt diese Untersuchung auf freiwilliger Basis und absolut anonym. Die Durchführung findet im Unterricht statt und wird ca. 15-20 Minuten in Anspruch nehmen.

Wir würden uns sehr freuen, wenn Sie unsere Arbeit dadurch unterstützen würden, dass Sie uns Ihr Einverständnis geben, dass Ihr Kind an der Fragebogenstudie teilnehmen darf. Füllen Sie dazu bitte den unteren Teil dieses Anschreibens aus und geben Sie ihn Ihrem Kind **bis zum** *[Datum]* wieder mit.

Ich bedanke mich im Vorfeld für Ihre Kooperation und verbleibe mit freundlichen Grüßen

[Unterschrift]
Corinna Koch

✂--

Hiermit erkläre ich mich   ☐ einverstanden   ☐ nicht einverstanden,
dass mein Sohn / meine Tochter _____ an der Fragebogenstudie zu Texten und Medien in Fremdsprachenunterricht und Alltag teilnimmt.

_____   _____
(Ort, Datum)   Unterschrift eines/r Erziehungsberechtigten

Romanische Sprachen und ihre Didaktik (RomSD)

Herausgegeben von Michael Frings, Andre Klump & Sylvia Thiele

ISSN 1862-2909

1   *Michael Frings und Andre Klump (edd.)*
    Romanische Sprachen in Europa. Eine Tradition mit Zukunft?
    ISBN 978-3-89821-618-0

2   *Michael Frings*
    Mehrsprachigkeit und Romanische Sprachwissenschaft an Gymnasien?
    Eine Studie zum modernen Französisch-, Italienisch- und Spanischunterricht
    ISBN 978-3-89821-652-4

3   *Jochen Willwer*
    Die europäische Charta der Regional- und Minderheitensprachen in der Sprachpolitik
    Frankreichs und der Schweiz
    ISBN 978-3-89821-667-8

4   *Michael Frings (ed.)*
    Sprachwissenschaftliche Projekte für den Französisch- und Spanischunterricht
    ISBN 978-3-89821-651-7

5   *Johannes Kramer*
    Lateinisch-romanische Wortgeschichten
    Herausgegeben von Michael Frings als Festgabe für Johannes Kramer zum 60. Geburtstag
    ISBN 978-3-89821-660-9

6   *Judith Dauster*
    Früher Fremdsprachenunterricht Französisch
    Möglichkeiten und Grenzen der Analyse von Lerneräußerungen und Lehr-Lern-Interaktion
    ISBN 978-3-89821-744-6

7   *Heide Schrader*
    Medien im Französisch- und Spanischunterricht
    ISBN 978-3-89821-772-9

8   *Andre Klump*
    „Trajectoires du changement linguistique"
    Zum Phänomen der Grammatikalisierung im Französischen
    ISBN 978-3-89821-771-2

9   *Alfred Toth*
    Historische Lautlehre der Mundarten von La Plié da Fodom (Pieve di Livinallongo,
    Buchenstein) und Col (Colle Santa Lucia), Provincia di Belluno unter Berücksichtigung der
    Mundarten von Laste, Rocca Piétore, Selva di Cadore und Alleghe
    ISBN 978-3-89821-767-5

10 *Bettina Bosold-DasGupta und Andre Klump (edd.)*
Romanistik in Schule und Universität
Akten des Diskussionsforums „Romanistik und Lehrerausbildung: Zur Ausrichtung und Gewichtung von Didaktik und Fachwissenschaften in den Lehramtsstudiengängen Französisch, Italienisch und Spanisch" an der Johannes Gutenberg-Universität Mainz (28. Oktober 2006)
ISBN 978-3-89821-802-3

11 *Dante Alighieri*
De vulgari eloquentia
mit der italienischen Übersetzung von Gian Giorgio Trissino (1529)
Deutsche Übersetzung von Michael Frings und Johannes Kramer
ISBN 978-3-89821-710-1

12 *Stefanie Goldschmitt*
Französische Modalverben in deontischem und epistemischem Gebrauch
ISBN 978-3-89821-826-9

13 *Maria Iliescu*
Pan- und Raetoromanica
Von Lissabon bis Bukarest, von Disentis bis Udine
ISBN 978-3-89821-765-1

14 *Christiane Fäcke, Walburga Hülk und Franz-Josef Klein (edd.)*
Multiethnizität, Migration und Mehrsprachigkeit
Festschrift zum 65. Geburtstag von Adelheid Schumann
ISBN 978-3-89821-848-1

15 *Dan Munteanu Colán*
La posición del catalán en la Romania según su léxico latino patrimonial
ISBN 978-3-89821-854-2

16 *Johannes Kramer*
Italienische Ortsnamen in Südtirol. La toponomastica italiana dell'Alto Adige
Geschichte – Sprache – Namenpolitik. Storia – lingua – onomastica politica
ISBN 978-3-89821-858-0

17 *Michael Frings und Eva Vetter (edd.)*
Mehrsprachigkeit als Schlüsselkompetenz: Theorie und Praxis in Lehr- und Lernkontexten
Akten zur gleichnamigen Sektion des XXX. Deutschen Romanistentages an der Universität Wien (23.-27. September 2007)
ISBN 978-3-89821-856-6

18 *Dieter Gerstmann*
Bibliographie Französisch
Autoren
ISBN 978-3-89821-872-6

19 Serge Vanvolsem e Laura Lepschy
    Nell'Officina del Dizionario
    Atti del Convegno Internazionale organizzato dall'Istituto Italiano di Cultura
    Lussemburgo, 10 giugno 2006
    ISBN 978-3-89821-921-1

20 Sandra Maria Meier
    „È bella, la vita!"
    Pragmatische Funktionen segmentierter Sätze im *italiano parlato*
    ISBN 978-3-89821-935-8

21 Daniel Reimann
    Italienischunterricht im 21. Jahrhundert
    Aspekte der Fachdidaktik Italienisch
    ISBN 978-3-89821-942-6

22 Manfred Overmann
    Histoire et abécédaire pédagogique du Québec avec des modules multimédia prêts à l'emploi
    Préface de Ingo Kolboom
    ISBN 978-3-89821-966-2 (Paperback)
    ISBN 978-3-89821-968-6 (Hardcover)

23 Constanze Weth
    Mehrsprachige Schriftpraktiken in Frankreich
    Eine ethnographische und linguistische Untersuchung zum Umgang mehrsprachiger Grundschüler mit Schrift
    ISBN 978-3-89821-969-3

24 Sabine Klaeger und Britta Thörle (edd.)
    Sprache(n), Identität, Gesellschaft
    Eine Festschrift für Christine Bierbach
    ISBN 978-3-89821-904-4

25 Eva Leitzke-Ungerer (ed.)
    Film im Fremdsprachenunterricht
    Literarische Stoffe, interkulturelle Ziele, mediale Wirkung
    ISBN 978-3-89821-925-9

26 Raúl Sánchez Prieto
    El presente y futuro en español y alemán
    ISBN 978-3-8382-0068-2

27 Dagmar Abendroth-Timmer, Christiane Fäcke, Lutz Küster und Christian Minuth (edd.)
    Normen und Normverletzungen
    Aktuelle Diskurse der Fachdidaktik Französisch
    ISBN 978-3-8382-0084-2

28 Georgia Veldre-Gerner und Sylvia Thiele (edd.)
    Sprachvergleich und Sprachdidaktik
    ISBN 978-3-8382-0031-6

29 Michael Frings und Eva Leitzke-Ungerer (edd.)
    Authentizität im Unterricht romanischer Sprachen
    ISBN 978-3-8382-0095-8

30 Gerda Videsott
    Mehrsprachigkeit aus neurolinguistischer Sicht
    Eine empirische Untersuchung zur Sprachverarbeitung viersprachiger Probanden
    ISBN 978-3-8382-0165-8 (Paperback)
    ISBN 978-3-8382-0166-5 (Hardcover)

31 Jürgen Storost
    Nicolas Hyacinthe Paradis (de Tavannes)
    (1733 - 1785)
    Professeur en Langue et Belles-Lettres Françoises, Journalist und Aufklärer
    Ein französisch-deutsches Lebensbild im 18. Jahrhundert
    ISBN 978-3-8382-0249-5

32 Christina Reissner (ed.)
    Romanische Mehrsprachigkeit und Interkomprehension in Europa
    ISBN 978-3-8382-0072-9

33 Johannes Klare
    Französische Sprachgeschichte
    ISBN 978-3-8382-0272-3

34 Daniel Reimann (ed.)
    Kulturwissenschaften und Fachdidaktik Französisch
    ISBN 978-3-8382-0282-2

35 Claudia Frevel, Franz-Josef Klein und Carolin Patzelt (edd.)
    Gli uomini si legano per la lingua
    Festschrift für Werner Forner zum 65. Geburtstag
    ISBN 978-3-8382-0097-2

36 Andrea Seilheimer
    Das grammatikographische Werk Jean Saulniers
    Französischsprachige Terminologie und Sprachbetrachtung in der *Introduction en la langue espagnolle* (1608) und der *Nouvelle Grammaire italienne et espagnole* (1624)
    ISBN 978-3-8382-0364-5

37 Angela Wipperfürth
    Modeterminologie des 19. Jahrhunderts in den romanischen Sprachen
    Eine Auswertung französischer, italienischer, spanischer und portugiesischer Zeitschriften
    ISBN 978-3-8382-0371-3

38 Raúl Sánchez Prieto und M.ª Mar Soliño Pazó (edd.)
    Contrastivica I
    Aktuelle Studien zur Kontrastiven Linguistik Deutsch-Spanisch-Portugiesisch I
    ISBN 978-3-8382-0328-7

39 Nely Iglesias Iglesias (ed.)
    Contrastivica II
    Aktuelle Studien zur Kontrastiven Linguistik Deutsch-Spanisch-Portugiesisch II
    ISBN 978-3-8382-0398-0

40 Eva Leitzke-Ungerer, Gabriele Blell und Ursula Vences (edd.)
    English-Español: Vernetzung im kompetenzorientierten Spanischunterricht
    ISBN 978-3-8382-0305-8

41 Marie-Luise Volgger
    Das multilinguale Selbst im Fremdsprachenunterricht
    Zur Mehrsprachigkeitsbewusstheit lebensweltlich mehrsprachiger Französischlerner(innen)
    ISBN 978-3-8382-0449-9

42 Jens Metz
    Morphologie und Semantik des Konjunktivs im Lateinischen und Spanischen
    Eine vergleichende Analyse auf der Grundlage eines Literaturberichts
    ISBN 978-3-8382-0484-0

43 Manuela Franke und Frank Schöpp (edd.)
    Auf dem Weg zu kompetenten Schülerinnen und Schülern
    Theorie und Praxis eines kompetenzorientierten Fremdsprachenunterrichts im Dialog
    ISBN 978-3-8382-0487-1

44 Bianca Hillen, Silke Jansen und Andre Klump (edd.)
    Variatio verborum: Strukturen, Innovationen und Entwicklungen
    im Wortschatz romanischer Sprachen
    Festschrift für Bruno Staib zum 65. Geburtstag
    ISBN 978-3-8382-0509-0

45 Sandra Herling und Carolin Patzelt (edd.)
    Weltsprache Spanisch
    Variation, Soziolinguistik und geographische Verbreitung des Spanischen
    Handbuch für das Studium der Hispanistik
    ISBN 978-3-89821-972-3

46 Aline Willems
    Französischlehrwerke im Deutschland des 19. Jahrhunderts
    Eine Analyse aus sprachwissenschaftlicher, fachdidaktischer
    und kulturhistorischer Perspektive
    ISBN 978-3-8382-0501-4 (Paperback)
    ISBN 978-3-8382-0561-8 (Hardcover)

47   Eva Leitzke-Ungerer und Christiane Neveling (edd.)
     Intermedialität im Französischunterricht
     Grundlagen und Anwendungsvielfalt
     ISBN 978-3-8382-0445-1

48   Manfred Prinz (ed.)
     Rap RoMania: Jugendkulturen und Fremdsprachenunterricht
     Band 1: Spanisch/Französisch
     ISBN 978-3-8382-0431-4

49   Karoline Henriette Heyder
     Varietale Mehrsprachigkeit
     Konzeptionelle Grundlagen, empirische Ergebnisse aus der Suisse romande und didaktische
     Implikationen
     ISBN 978-3-8382-0618-9

50   Daniel Reimann
     Transkulturelle kommunikative Kompetenz in den romanischen Sprachen
     Theorie und Praxis eines neokommunikativen und kulturell bildenden Französisch-,
     Spanisch-, Italienisch- und Portugiesischunterrichts
     ISBN 978-3-8382-0362-1 (Paperback)
     ISBN 978-3-8382-0363-8 (Hardcover)

51   Beate Valadez Vazquez
     Ausprägung beruflicher Identitätsprozesse von Fremdsprachenlehrenden am Beispiel
     der beruflichen Entwicklung von (angehenden) Spanischlehrerinnen und
     Spanischlehrern
     Eine qualitative Untersuchung
     ISBN 978-3-8382-0635-6

52   Georgia Veldre-Gerner und Sylvia Thiele (edd.)
     Sprachen und Normen im Wandel
     ISBN 978-3-8382-0461-1

53   Stefan Barme
     Einführung in das Altspanische
     ISBN 978-3-8382-0683-7

54   María José García Folgado und Carsten Sinner (edd.)
     Lingüística y cuestiones gramaticales en la didáctica
     de las lenguas iberorrománicas
     ISBN 978-3-8382-0761-2

55   Claudia Schlaak
     Fremdsprachendidaktik und Inklusionspädagogik
     Herausforderungen im Kontext von Migration und Mehrsprachigkeit
     ISBN 978-3-8382-0896-1

56 *Christiane Fäcke (ed.)*
    Selbstständiges Lernen im lehrwerkbasierten Französischunterricht
    ISBN 978-3-8382-0918-0

57 *Christina Ossenkop und Georgia Veldre-Gerner (edd.)*
    Zwischen den Texten
    Die Übersetzung an der Schnittstelle von Sprach- und Kulturwissenschaft
    ISBN 978-3-8382-0931-9

58 *Stéphane Hardy, Sandra Herling und Sonja Sälzer (edd.)*
    Innovatio et traditio – Renaissance(n) in der Romania
    Festschrift für Franz-Josef Klein zum 65. Geburtstag
    ISBN 978-3-8382-0841-1

59 *Victoria del Valle und Corinna Koch (edd.)*
    Romanistische Grenzgänge: Gender, Didaktik, Literatur, Sprache
    Festschrift zur Emeritierung von Lieselotte Steinbrügge
    ISBN 978-3-8382-1040-7

60 *Corinna Koch*
    Texte und Medien in Fremdsprachenunterricht und Alltag
    Eine empirische Bestandsaufnahme per Fragebogen mit einem Schwerpunkt auf Comics
    ISBN 978-3-8382-0873-2

Sie haben die Wahl:
Bestellen Sie die Schriftenreihe
Romanische Sprachen und ihre Didaktik
einzeln oder im **Abonnement**

per E-Mail: vertrieb@ibidem-verlag.de | per Fax (0511/262 2201)
als Brief (***ibidem***-Verlag | Leuschnerstr. 40 | 30457 Hannover)

Bestellformular

☐ Ich abonniere die Schriftenreihe *Romanische Sprachen und ihre Didaktik* ab Band # ____

☐ Ich bestelle die folgenden Bände der Schriftenreihe *Romanische Sprachen und ihre Didaktik*

____ ; ____ ; ____ ; ____ ; ____ ; ____ ; ____ ; ____ ; ____ ; ____

Lieferanschrift:

Vorname, Name ....

Anschrift ....

E-Mail... | Tel.: ....

Datum .... | Unterschrift ....

Ihre Abonnement-Vorteile im Überblick:
- Sie erhalten jedes Buch der Schriftenreihe pünktlich zum Erscheinungstermin – immer aktuell, ohne weitere Bestellung durch Sie.
- Das Abonnement ist jederzeit kündbar.
- Die Lieferung ist innerhalb Deutschlands versandkostenfrei.
- Bei Nichtgefallen können Sie jedes Buch innerhalb von 14 Tagen an uns zurücksenden.

***ibidem*-Verlag**
Melchiorstr. 15
D-70439 Stuttgart
info@ibidem-verlag.de

www.ibidem-verlag.de
www.ibidem.eu
www.edition-noema.de
www.autorenbetreuung.de